政権奪取秘史

二階幹事長・菅総理と田中角栄

大下英治
Ohshita Eiji

さくら舎

はじめに　流れの〝先〟を見る

長期政権がうかがえる菅義偉の能力基盤

世間では菅義偉《すがよしひで》の自民党総裁選立候補を、「まさか」と受け止めた人が多いようだ。また、菅政権は令和三年（二〇二一年）九月の安倍晋三《あべしんぞう》前総裁の本来の任期満了に伴う総裁選までのつなぎと考える人もいるようだが、私の意見は違う。菅総理は長期安定政権を築くだろう。第二次安倍政権が歴代最長となったのは、菅官房長官の存在が大きい。官僚を抑え込んできた菅長官の手腕がよくわかる話を、本人から聞いたことがある。

菅官房長官は、官邸にいわゆる霞が関の役人から上がる数多くの意見を聞いて、最終決定までに一つの案件につき三つの選択肢に絞り込む。その三つを総理に報告し決定してもらうが、ただ選択肢を提示するだけではない。総理にＡＢＣ案のうち「私はどの案を採るか」を必ず伝えたという。

これは大変なことだ。ただし菅長官がすべてを決めてきたという意味ではない。「この案がいい」と個人の意見を主張したのではなく、自分のよく知る安倍総理なら、この案を選ぶだろう、さらに選んだあとにどういう方向性に向かうか、総理はもちろん知っているが、自分のほうがわかる部分もある。お互いの思考をブレンドして、ＡＢＣから一案を選ぶというのだ。

あの長期政権のなかで、二人の意見が食い違ったのは一度だけだったという。総理と官房長官との意見が一致しなければ、内閣は絶対にうまくいかないから、菅長官の恐ろしいほどの能力がうかがい知れる。

安倍政権の強さは危機管理にもあった。第一次安倍政権に優秀な人は多くいたが、ばらばらで物事が決まらなかった。そこで第二次安倍政権では、官房長官と副長官の会議を毎日朝十時前後におこなうことにした。首相動静には載らない秘密会議だ。

出席者は菅官房長官と、今井《いまい》尚哉《たかや》総理秘書官、杉田《すぎた》和博《かずひろ》内閣官房副長官、衆議院と参議院の副官房長官（第四次安倍内閣では西村康稔《にしむらやすとし》衆院議員と野上浩太郎《のがみこうたろう》参院議員）、そして安倍総理。問題を起こした議員のクビを切るかというような人事から国会対策まで、あらゆる決断を統一しておこなう、第二次安倍政権の頂上秘密部隊だった。

菅のすごさは、内閣官房に内閣人事局を作り、人事面から官僚を掌握したことだ。自分の省庁のことばかり考えやすい官僚を牛耳り、抑え込んだ。縦割り行政を打ち壊した。


新型コロナが深刻化するまでは、官邸主導は揺るがなかった。菅長官と今井秘書官の二人が協力して安倍総理を支えたからだ。

今井秘書官は、私の取材に語っている。

「安倍総理のことを考えて菅官房長官に自分の意見をどんどん言う。ただし、菅官房長官がＮＯと言えばすぐ引く。私はあくまで政治家ではない。その区別をわかっているから蒸し返さない」

菅―今井の二人の関係がしっかりしていたから、官邸主導が機能したのだ。

ところが、令和元年九月、今井総理秘書官が総理補佐官を兼務した。総理補佐官は基本的に国会議員のポストだったから、今までにない人事だ。背景にはモリカケ問題があったと思う。

森友学園問題の最初の答弁で、安倍総理はとっさに口にしてしまった。

「私や妻が関係していたら総理も議員も辞める」

議員まで辞めると言われて野党は色めき立った。さらに加計《かけ》学園問題でも大騒ぎしたから、結果的に安倍総理が最も力を入れていた憲法改正を前に進めることができなかった。安倍政権の支持率は高かったが、安倍総理だけは絶対に認めないとする人々が常に三割程度いたからだ。

モリカケ問題を主に処理し、安倍政権を守ったのは今井秘書官だ。安倍総理の妻の昭恵《あきえ》夫人や親しい友人の加計孝太郎《こうたろう》理事長の問題を、菅長官など政治家に頼むことはできない。将来のある身だからだ。

その意味で、今井秘書官は安倍ファミリー的になったと言える。総理が苦しいとき、菅よりも今井に傾いたのは確かだと思う。

以下は私の想像だが、その流れで今井秘書官がコロナ対策までリードするようになったのではないか。たとえばアベノマスク問題。菅官房長官なら推進しなかったはずだ。政治家は失敗したとき、どれほどの批判や責任が降りかかるか、人一倍計算が働く。選挙の洗礼を受けない官僚にはそれがない。

その結果、よかれと思って採用した案が次々と裏目に出た。歌手の星野源《ほしのげん》とのコラボレーション動画や、頓挫《とんざ》した三十万円の給付金すらも、今井グループの提案だったのだろう。

菅長官と今井秘書官のバランス関係が崩れたことで、官邸のコロナ対策にほころびが生じた。

安倍政権時代、菅長官は次の総理を狙う態度をまったく見せず、万事控えめにしていた。しかし世間は菅官房長官が力を増し始めたと噂する。

私の見立てでは、その当時、今井秘書官や安倍総理の中に、菅長官への微妙な警戒心が生まれたかもしれない。それは権力トップの人間にとって自然な成り行きだ。

一方、菅官房長官と親しい河井克行《かわいかつゆき》・案里《あんり》夫妻、黒川弘務《くろかわひろむ》検事長、それに和泉洋人《いずみひろと》首相補佐官まで不倫問題で「文春砲」に撃たれ、すべて菅長官にマイナスに作用した。

誰が『週刊文春』に情報を持ち込んだのか。明らかに狙い撃ちで、菅官房長官はそこで一歩退いたが、結果を見ればそれが強運だったと言える。

総裁選菅勝利の背景を読む

私が近著『内閣官房長官』（ＭｄＮ新書）を刊行した令和二年四月は、菅官房長官がコロナ対応から外されていた時期だ。それでも出版したいと思い、菅官房長官にインタビューを申し込んだ。いまは時期が悪いと延期の返答を予想していたが、意外にもＯＫだった。

普通なら二の足を踏むだろう。これも私の想像だが、コロナ対策が難航するなかで、菅長官は、このままやりたいようにやらせておこう、失敗の先に、必ず自分に出番が戻ってくるはずだと自信を持っていたのだと思う。だから出版に同意したのだろう。

人間万事塞翁《さいおう》が馬という。コロナ禍にあって、菅官房長官は逆に運をつかんだ。もし菅長官がコロナ対策の先頭に立ち、失敗していたら、今の流れはない。あのとき外されていたのがよかったのだ。

加えて、コロナ対策がうまくいかなかった理由の一つに、省庁のＩＴ化の遅れがあった。菅新政権がデジタル庁を提唱しているのも、コロナの教訓が身にしみたからで、これもマイナスをプラスに転化していくだろうという例だ。

私は今回の総裁選の三候補をこう見ていた。

「平時の岸田《きしだ》、乱世の石破《いしば》、大乱世の菅」

コロナ対応で今井補佐官が突出し、失敗した。岸田文雄《ふみお》政調会長も三十万円給付の頓挫で転んだ。そうなると、安倍総理は石破茂《しげる》政権を意識せざるをえない。もし万が一、石破政権にでもなったら、役人が忖度《そんたく》して、それまで隠してきた書類が次々と明るみに出るだろう。モリカケでも桜を見る会でもいい、石破新政権の覚えがめでたくなるなら役人はやるはずだ。そうなれば何が飛び出してくるかわからない怖さがある。

これが大きなプレッシャーとなり、安倍総理の体調にも響いたのではないか。後継を岸田に任せたらどうなるか。石破は二十数%の支持率なのに、岸田は三～四%しかない。いつまでも化けない。減収世帯への三十万円の給付金を閣議決定までしたのに、根回しもできずに撤回したような実力で、はたして石破に勝てるのか。しかも、コロナ対策で今井をはじめとする官邸スタッフが予想外の失敗を繰り返す。安倍総理は、さすがに参ってしまったのではないだろうか。

公明党は、一度は世帯三十万円の給付で同意した。ところが制度が複雑で、いつもらえるのか、誰がもらえるかもわからない。すると二階俊博《にかいとしひろ》自民党幹事長が、国民全員への十万円給付にしたほうがいいと申し入れた。二階幹事長は公明党と話がついていたと思う。

十万円で決着し、二階幹事長の存在感がいっそう増し、岸田は失速した。安倍総理も、こうなったら、石破は絶対に嫌だ。それより二階と菅に政権を託してもいいと考えるようになった。この七年八カ月、菅官房長官のほうが岸田政調会長より自分によく尽くしてくれた、と。そこから菅総裁誕生の流れが固まっていった。

もう一つ、菅の勝利の理由は、二階幹事長と組んだことだ。

四年前の二月に、私が司会をして、二人の初対談を『週刊朝日』でやったことがある。当時、二人は仲が悪いのではと世間では思われていた。

その晩、三人でホテルで食事をした。安倍政権と中国との関係がまだよくなかった頃だから、菅官房長官は改まって、二階幹事長に、頼んだ。

「今年は真正面から中国と向き合いますので、幹事長よろしくお願いします」

二階幹事長は、「おう、それは当然だ」と意気投合し、そこから二人の関係はより強くなっていった。

私の見るところ、いま永田町で、本当に喧嘩《けんか》のできる政治家の筆頭は菅と二階であろう。喧嘩の強いやつは誰が強いかわかる。強い者同士は、間違っても喧嘩を吹っ掛けない。逆に組める。

私は令和元年七月、『ふたりの怪物　二階俊博と菅義偉』（ＭｄＮ）を上梓《じょうし》した。

二人とも、田中《たなか》派の流れを汲《く》む政治家であることを強調したい。二階は生粋《きっすい》の田中派出身。田中角栄《かくえい》の弟子を任じる梶山静六《かじやませいろく》の弟分が菅。闘争本能を持っているから闘い上手だ。

その闘争心がない政治家は、新型コロナ禍の混乱時代に勝ち残れない。修羅場《しゅらば》をくぐってきた大乱世向きの菅と二階は、その点でも似ている。

その後の二階と菅の地下での密かな動きは本文に書くが、今回の菅官房長官の総裁選出馬も、二階幹事長がまたたく間に一番槍《いちばんやり》でまとめてしまった。

菅がギリギリで出馬宣言をおこなった翌日、じつは私は二階幹事長と飲んでいた。

「こんな忙しいときに、大丈夫ですか」

そう心配すると、二階幹事長はポツリ。

「（総裁選の）幕が開いたときには、もう闘いは終わっているのさ」

【目次】政権奪取秘史　二階幹事長・菅総理と田中角栄

第四章　錚々たる「二階軍団」の横顔

第五章 福田康夫政権発足の舞台裏

第六章　麻生太郎政権の成立と蹉跌

政権奪取秘史　二階幹事長・菅総理と田中角栄

第一章　菅義偉総理誕生の内幕

菅義偉総理の語る二階俊博

令和二年（二〇二〇年）九月に内閣総理大臣に就任した菅義偉《すがよしひで》は、第二次安倍《あべ》政権の官房長官を務めていた当時、七年八カ月の長期政権をともに支えた二階俊博《にかいとしひろ》幹事長について、以下のように語ったことがある。

「二階幹事長と深く付き合うようになったのは、第二次安倍内閣で二階さんが予算委員長を務められたことがきっかけです」

二階は、平成二十五年（二〇一三年）十月十五日に召集された臨時国会で衆議院予算委員会の委員長に就任した。

当時、メディアは、二階が予算委員長に起用された理由として、国会改革に取り組むために、国対経験が豊富で与野党に幅広い人脈を持つ二階に白羽の矢が立ったと報じている。

菅が二階について、さらに語った。

「予算委員長のときの采配ぶりが凄かったんです。相談すると、どんな要望でも受け入れてくれる懐の深さがあり、難しい頼みでも一度約束すると、必ず実現してくれました。そのときに『この方は頼りになるなあ。どんな仕事でもしっかりやっていただける』と信頼を置くようになりました」

実際、二階は、このとき予算委員長として審議を取り仕切り、予算を早期に成立させている。

平成二十六年度の予算案は、平成二十六年二月二十八日の衆院本会議で可決されたが、このときの予算委員会の審議日数は、二月十日から二十八日までの十四日間。平成十二年に総理と全閣僚が出席する基本的質疑が導入されて以降で、平成十二年と並び、最も審議日数が短いスピード通過だった。審議時間で見ても、約七十時間と三番目の早さであった。

それ以降、菅と二階の親交はじょじょに深まっていったという。

「二階さんと食事をする機会も増えて、親しくさせていただくようになりました。二階さんと食事をしたときに、お互いの話をすると、まったく一緒の経歴だったんです」

菅と二階の二人には、政治家としての共通点が多い。菅は小此木彦三郎《おこのぎひこさぶろう》の下で十一年、同じく二階も遠藤三郎《えんどうさぶろう》の下で十一年、ともに豊富な国会議員の秘書経験があった。また、菅は横浜市議を二期八年、二階も和歌山県議を二期八年と、地方議員経験者であり、世襲議員の多い自民党においては、数少ない非世襲の党人派の実力者だった。

当時、菅はこうも語っている。

「二階さんも遠藤三郎先生の事務所のなかで一番年下で可愛がられたそうなのですが、わたしも小此木事務所で一番の若手で、通産大臣の秘書官にしてもらうなど、可愛がってもらいました。それと、お互いが初めて出馬した地方議員時代の選挙も、大激戦の末での勝利だったことまで共通しています。だから、二階さんに対して親近感も湧いて、距離も近くなりました。それ以来、ご指導をいただいています」

二階は、かつて田中派に所属し、田中角栄《たなかかくえい》の薫陶を受けた数少ない現役の国会議員の一人である。また、菅が新人議員時代に、自民党総裁選で支援した梶山静六《かじやませいろく》も、田中角栄の薫陶を受けた議員であった。

菅は田中角栄をどう見ていたのか。

「当時は憧れでした。わたしも秋田出身ですから。田舎の人はみんな憧れを持って、田中角栄さんを見ていたと思います。それと、わたしが秘書として仕えた小此木彦三郎も、田中さんとは親しくさせてもらっていました。わたし自身は田中角栄さんの影響を意識することはありませんが、二階さんをはじめ、田中派の流れを汲《く》む人は温かい人が多いですよね」

二階は、平成二十六年九月三日に実施された党役員人事と内閣改造で、党三役の一つである総務会長に就任した。このとき、幹事長には谷垣禎一《たにがきさだかず》が起用され、政調会長には稲田朋美《いなだともみ》が就任した。

この人事以降、二階は、総務会長、そして幹事長として、今日にいたるまで一貫して党の要職に起用され続けている。

菅がさらに語った。

「平成二十六年九月の党役員人事で総務会長に就任されました。安倍総理も、二階さんの予算委員長としての仕事ぶりを評価されていたので『ぜひやってもらおう』という気持ちになっていたようでした。総務会長としても、仕事師で、本当に頼りになりました。六十年ぶりとなる農協改革を実現したときも、総務会で反対する方の意見にも耳を傾けながら、全体の流れをみて、最後はまとめるべきところにしっかりとまとめてくれました。わたしは二階さんが総務会長の時代から内々にご相談し、まとめていただいていたんです。軽減税率の問題も、節目節目で幹事長にご相談していました」

その後、二階は、平成二十八年八月三日に谷垣の後任の幹事長に就任した。菅は語った。

「その後、二階さんは幹事長になられましたが、幹事長としても党全体をしっかりまとめてもらっています。官邸と党が、一体にならないと強い政権はできませんから、幹事長としての二階さんの存在はすごく大きいですね。

法案も、党内に多少の異論があるものでも、最後には国会日程に合わせて、まとめていただけますから、安心してお任せしています。安倍総理もいつも感謝されていました。幹事長の下で党にしっかりと法案を精査してもらっているのはありがたいことです。やはり、政府の仕事は『法案を成立させてこそ評価される』というところがあります。何か新しいことをするにしても、法律を作らないと進みません。例えば、携帯電話の事業者間で競争がしっかり働く新たな枠組みが実施されましたが、これも電気通信事業法を国会で改正することができたからです。

やはり政権を維持していくには、政府と政権与党との連携がうまくとれていないと難しい。また政府で他党のことまで対応することはできません。全体として予算枠はどうするか、法案はどういう形に仕上げるかといったことも、与野党間でお互いに意思疎通を図ることが大事だと思っています。

二階幹事長は、一度約束したことはきっちりやっていただけます。お互いに気を遣わずとも阿吽《あうん》の呼吸とでも言いますか、政府としてやりたいことを丁寧にご説明すれば、必ずやっていただけます。特に平成三十一年〜令和元年の通常国会（第一九八回国会）は、召集が一月二十八日と普段よりも遅かったのですが、補正予算も本予算もお願いした通りに調整していただいて、とてもありがたく思いました」

なお、令和元年の参院選後の内閣改造・党役員人事で、二階幹事長を代えるのか、それとも続投させるのかが注目されたとき、菅は、安倍総理に「党の安定は二階幹事長でないともちません」と二階の幹事長続投を強く勧めた、と報じられている。安倍総理は、二階の続投を選んでいる。

安倍晋三の語る菅義偉と二階俊博——「官邸と党の要」

安倍晋三《しんぞう》総理は、筆者に菅義偉官房長官について次のように語っている。

「第二次安倍政権には、第一次安倍政権で政権運営を経験した人も多い。成功も失敗も、ともに経験しています。私自身も含めて、失敗から多くのことを学んでいます。菅義偉官房長官は、第一次

二階俊博

安倍内閣で総務大臣として支えてくれていました。菅官房長官は、アンテナを広く張り、なにか問題があれば、事前にそれを摘んでおくような役割を果たしてくれています。彼は、非常に闘将タイプの人間ですから、平時にも強いですが、乱世にも強いというタイプです」

官邸を守る菅官房長官と、党を守る二階俊博幹事長とのコンビについて、菅官房長官が筆者に語ったのは、前記した大きな信頼を込めたものだった。

「二階幹事長には、党を全部まとめていただいていますから助かっています」

そして、二階幹事長との意思の疎通についても、菅が語るものは同じであった。

「折に触れてご指導いただいています。法案はどういう形に仕上げるかといったことも、お互いに意思疎通を図ることが大事だと思っています。二階幹事長とは、お互いに気を遣わずとも阿吽の呼吸で進めていけています」

二階幹事長は、長い政治家生活のなかで、複数の官邸を見てきている。その経験からしても、第一次安倍内閣と比較して、第二次安倍政権が、これほど長期政権になったのは、どこが優れているのか。二階が語る。

「何より人事面の采配はとてもうまくいっていると感じている。例えば、人事でいうと、菅義偉官房長官については、安倍総理と最も気が合う人材を登用していると感じる。具体的には、総理に話した内容は、官房長官に言わなくても必ず伝わっている。また、官房長官に話を通せば、総理にも必ず伝達される。この両者の信頼関係が、内閣の運営において大きな効果を発揮している」

総理にABCの三つの案を用意して「総理はどう思われますか」と提案する場合、単なるABCだけではなく、菅は「B案がいいと思いますが、総理はどう思われますか」と提案するという。それについて菅官房長官は語っている。

「今、ほとんど違いはないんです。総理の考え方はわかってますから。こういう感じでいかがですか、ということは必ず上げて、了解をもらってます」

二階も安倍総理と菅官房長官の関係について語っている。

「総理と官房長官の間に、ほとんど違いがないことが、今日の安倍政権、自民党政権の安定のもとなんですよ。ですから、我々も安心していられます」

ときに官邸と党がぎくしゃくしたりということが、普通はあるが、菅官房長官は安倍政権ではそれがないという。菅が語る。

「幹事長に難しい問題をまとめていただいています。農業改革にしても、党内でいろんな意見が出てきますよね。わたしは幹事長が総務会長時代から、内緒でご相談させていただいて、まとめていただいたんです。軽減税率の問題も、これは表に出てませんが、全部、幹事長にご相談させていただきました」

二階幹事長と菅官房長官は、官邸と党の要として密に連絡をとりあっている。

平成三十年二月十七日の二階幹事長の誕生日には、菅長官が党本部の幹事長室を訪ねている。

平成三十一年二月二十三日に地元の和歌山県御坊《ごぼう》市の御坊市民会館でおこなわれた二階の妻の怜《れい》子《こ》の偲《しの》ぶ会にも、官房長官は足を運んでいる。二階は感謝している。

「党と内閣でともに協力して政権を支えていかなくてはいけませんから、なにかあれば一緒に協力しあうという仲ですよ。菅さんはまだ若いから将来、総理候補になる可能性も十分あるでしょう」

二階幹事長は、月刊誌『文藝春秋』（二〇一九年五月号）で、ポスト安倍の有力候補として菅長官の名前を挙げて、次のように語っている。

「菅さんは、この難しい時代に官房長官として立派にやっておられますね。それは素直に評価に値すると思っています。また、彼はそういうこと（ポスト安倍の総裁候補）にも十分耐えうる人材だと思っています」

想定外の安倍総理辞任と公認選出手続きの〝幹事長一任〟

令和二年八月二十八日午後二時七分、『列島ニュース』を放送中だったＮＨＫは、画面上段に臨時の速報テロップを流した。

「安倍首相　辞任の意向を固める　持病悪化で国政への支障を避けたい」

安倍総理の辞任を伝えたＮＨＫの第一報は、永田町だけでなく日本中を駆け巡った。

平成二十四年十二月十六日の第四十六回衆議院議員選挙に勝利して発足した第二次安倍政権は、近年まれにない長期政権となっていた。

第二次安倍政権は、大胆な金融緩和を主軸とする「アベノミクス」と呼ばれる経済政策を推進し、消費税を平成二十六年と令和元年の二回、引き上げた。

さらに、集団的自衛権の行使を可能とした安全保障法制や、特定秘密保護法、共謀罪などを成立させるなど、歴代の政権が取り組もうとしなかった難しい政策テーマにも積極的に取り組んでいた。

その一方で、安倍総理自身や昭恵《あきえ》夫人の関与が追及された森友・加計《かけ》学園問題や「桜を見る会」などの問題も相次ぎ、長期政権における弊害も指摘され始めていた。

令和二年に入ると、政権はさらに苦境に立たされつつあった。新型コロナウイルス感染症の拡大により、予定されていた東京オリンピック・パラリンピックの一年延期が決定する。

また、新型コロナウイルスへの対応では「アベノマスク」と揶揄《やゆ》された布マスクの全戸配布や、安倍総理が自宅でくつろぐ動画の投稿などが世間の批判にさらされた。支持率はジワジワと低下し続けていた。

五月におこなわれた『朝日新聞』の世論調査では、内閣支持率は、第二次安倍政権で最低の二九％を記録し、厳しい政権運営を強いられていた。

そんなさなか、八月に入って以降の永田町における最大の関心事は、安倍晋三総理の体調問題であった。安倍総理は、八月十七日に、東京都新宿区にある慶應義塾大学病院に約七時間半滞在して日帰り検査を受診していた。さらに、翌週の八月二十四日にも、追加検査として通院した。

ちなみに二度目の検査を受けた八月二十四日は、安倍総理が自らの大叔父である佐藤栄作《さとうえいさく》の持つ総理大臣連続在職日数記録の二千七百九十八日を超える二千七百九十九日目であり、最長記録を更新した日でもあった。

安倍総理の体調問題は、今回が初めてではなかった。第一次安倍政権の退陣時にも、持病の潰瘍《かいよう》性大腸炎《せいだいちょうえん》の悪化で、突然の辞任に追い込まれていた。そのため、今回も、通院後に安倍総理から具体的な説明がなかったこともあって、「持病が悪化しているのでは」との推測が流れていた。

安倍晋三

その一方、菅義偉官房長官をはじめとした官邸サイドは、安倍総理の健康不安説を一様に否定していた。菅は、八月二十六日の記者会見で、健康不安説を打ち消すかのように語った。

「安倍総理自身が、これからまた仕事を頑張りたいとおっしゃっている。わたし自身が毎日お目にかかっても、お変わりはないと思っている」

こうした声や、前日の二十七日に、二十八日の午後五時から、安倍が新型コロナ対策に関する記者会見を開くという官邸の発表があったため、永田町では「会見で自身の健康状態について説明し、続投するのでは」という楽観的な見方が主流になりつつあった。

ＮＨＫの一報は、そのような総理続投の観測を打ち消すだけでなく、午後五時にセットされた記者会見の目的が辞任表明にあったことまでも明らかにした。

じつは、ＮＨＫが一報を伝える前から官邸では、異変が起きつつあった。

それは二十八日午前十時からの閣議の終了後だった。安倍総理は、閣議後、麻生太郎《あそうたろう》副総理兼財務大臣と二人だけで会談した。

安倍は、このとき初めて、麻生大臣に辞任する意向を伝えたという。

麻生にとっても安倍の辞任は予想外だった。麻生は、前日の夜、自らが率いる麻生派（志公会）の幹部たちと会食し、希望的な観測を伝えていた。

「総理は元気になっているから、辞めることはないだろう」

驚いた麻生は、安倍総理を強く慰留した。だが、安倍が一度決断したその考えを翻《ひるがえ》すことはなかった。

ＮＨＫの一報が駆け巡っていたのと同じ時刻、自民党の二階俊博幹事長は、千代田区平河町にある自民党本部で当事者の安倍総理と会談していた。会談には、二階の右腕である最側近の林幹雄《はやしもとお》幹事長代理も同席していた。二階は、この会談で、安倍から辞任の意向を直接伝えられ、今後の党運営などについても協議した。

二階は、安倍の辞任の意向を受けて、午後三時から、自民党の臨時役員会を開催した。臨時役員会では、安倍の後任を選ぶ総裁選についての協議をおこない、後任選びの手続きが幹事長の二階に一任されることが決まった。

党内からは、政治空白を避ける狙いから、両院議員総会による総裁選挙とする方向で調整することになり、九月一日の総務会で正式に決定したうえで、党総裁選挙管理委員会で具体的な総裁選の日程を決定することになった。

自民党の党則では、任期途中に総裁が退任した緊急時は、両院議員総会で後任を選ぶことができると定められている。その場合は、三九四票の国会議員票と都道府県連に各三票割り当てられた一四一票の計五三五票で総裁選はおこなわれる。

任期途中での退任のため、次の総裁の任期は、安倍総理の残り任期の令和三年九月末までとなる。

二階は、自民党本部で記者団に語った。

「時間の問題もある。十分ゆとりがあれば当然党員投票は考えるべきだが、そこに至るかどうか皆さんのご意見を聞いて判断したい」

安倍総理の退任記者会見が示したもの

八月二十八日午後五時、安倍総理は、記者会見に臨んだ。

安倍総理は、会見の冒頭で、新型コロナ対策の新たな「政策パッケージ」を表明し、さらに、北朝鮮の脅威に備えて安全保障政策の新たな方針について協議していることも説明した。そののち、辞任について語った。

「十三年前、わたしの持病である潰瘍性大腸炎が悪化をし、わずか一年で総理の職を辞することになり、国民の皆さまには大変なご迷惑をおかけいたしました。その後、幸い新しい薬が効いて体調が万全となり、そして国民の皆さまからご支持をいただき、ふたたび総理大臣の重責を担うこととなりました。

この八年近くの間、しっかりと持病をコントロールしながら、なんら支障なく、総理大臣の仕事に日々全力投球することができました。しかし、本年、六月の定期検診で再発の兆候が見られると指摘を受けました。その後も、薬を使いながら、全力で職務に当たってまいりましたが、先月中ごろから、体調に異変が生じ、体力をかなり消耗する状況となりました。

そして八月上旬には、潰瘍性大腸炎の再発が確認されました。今後の治療として現在の薬に加えまして、さらに新しい薬の投与をおこなうこととといたしました。今週初めの再検診においては、投薬の効果があるということは確認されたものの、ある程度継続的な処方が必要であり、予断を許しません。

政治においては、最も重要なことは結果を出すことである。政権発足以来七年八カ月、結果を出すために全身全霊を傾けてまいりました。病気と治療を抱え、体力が万全でないというなか、大切な政治判断を誤ること、また、結果を出さないことはあってはなりません。国民の皆さまの負託に自信を持って応えられる状態でなくなった以上、総理大臣の地位にあり続けるべきではないと判断いたしました。総理大臣の職を辞することといたします。

現下の最大の課題であるコロナ対応に障害が生じるようなことはできる限り避けなければならない。その一心でありました。悩みに悩みましたが、感染拡大が減少傾向へと転じたこと、そして冬を見据えて対応策をとりまとめることができたことから、新体制に移行するのであればこのタイミングしかないと判断いたしました」

安倍総理は、残された課題について語った。

「この七年八カ月、さまざまな課題にチャレンジしてまいりました。残された課題も残念ながら多々ありますが、同時にさまざまな課題に挑戦するなかで達成できたこと、実現できたこともあります。すべては国政選挙のたびに力強い信任を与えてくださった、背中を押してくださった国民の皆さまのおかげであります。本当にありがとうございました。そうしたご支援をいただいたにもかかわらず、任期をあと一年残し、他のさまざまな政策が実現途上にあるなか、職を辞することになったことについて国民の皆さまに心よりおわびを申し上げます。

拉致問題をこの手で解決できなかったことは、痛恨の極みであります。ロシアとの平和条約、また憲法改正、志半ばで職を去ることは断腸の思いであります。

しかし、いずれも自民党として国民の皆さまにお約束した政策であり、新たな強力な体制のもと、さらなる政策推進力をつけて実現に向けて進んでいくものと確信しております。

もとより、次の総理が任命されるまでの間、最後までしっかりとその責任を果たしてまいります。そして治療によって、なんとか体調を万全として、新体制を一議員として支えてまいりたいと考えております。国民の皆さま、八年近くにわたりまして、本当にありがとうございました」

安倍は、その後の記者との一問一答で、総裁選のかたちや、自身の意中とする後継候補について訊かれて、答えた。

「次の自民党総裁をどのように選出していくかということについては、執行部等にお任せしておりますので、わたしが申し上げることではないと思いますし、誰かということもわたしが申し上げることではないだろうと、思っております」

また、記者から辞任を具体的に判断した時期や、相談相手の有無について訊かれて、答えた。

「月曜日（八月二十四日）にそういう判断をしました。そのなかで、この秋から冬に向けてのコロナ対策をとりまとめなければならない。そして、その実行の目処《めど》を立てる、それが今日の日となったということであります。この間相談したかということですが、これはわたし自身、自分一人で判断をしたということであります」

記者会見は、突然の辞任となった第一次政権のときとは違い、政策に一定の道筋をつけて退陣する形をつくるという安倍総理の思いがにじむものであった。

二階は、安倍総理について語った。

「七年八カ月、堂々たる結果を残されました。わたしもそばで仕えていて、信頼の置ける人でしたから、率直にいろいろと申し上げてきましたが、総理から何か言われて、意見が違うということはまったくなかったですね。安倍総理は度量が大きく、我々に注文をつけるということはなかったですね。任せると言ったら、任せる。その代わり、こちらも、安倍総理の信頼に一生懸命応えないといけないと心に決めていました」

自民党の歴史を見ると、幹事長を踏み台に自ら総理を目指す動きを見せる政治家もいた。だが、二階は、その気になることは一度もなかったという。

「わたしは一度お仕えするということを決めたら、その通りにやります。自分の取り分というか、このポストを使って何かをしようというのではなくて、滅私奉公でいこう、と。これは当然ですよ。邪《よこしま》な考えを持っても仕事をするうえで邪魔になるだけです。

よく政治は、駆け引きやテクニックなどと言う人もいますが、平凡な言い方になりますが、誠実や信頼、基本が一番大事ですよ。知ったようなふりをして、いろんなことを言う人もいますが、真実一路でなければ、人を説得することも、人を動かすこともできません。そういう意味では、政界にはそう悪い人はいないんです。結局、選挙の洗礼がありますから、そういう人は選挙民に見抜かれて淘汰《とうた》されていくようになっています」

ポスト安倍をめぐる表の動き・裏の動き

安倍総理の辞意が報じられると、次の総理の座を目指す候補者たちがにわかに動きを活発化させた。

ポスト安倍の有力候補の一人である岸田《きしだ》文雄《ふみお》政調会長は、八月二十八日午後、安倍総理が退陣を表明する前に新潟で講演し、語った。

「ぜひ、総裁選挙には挑戦したい」

岸田は、講演を終えたのち、すぐに帰京した。夕方には永田町の派閥の事務所で自身が会長を務める岸田派（宏池会《こうちかい》）の緊急会合を開催し、力を込めて語った。

「心を合わせて、これからの政局に臨んでいきたい」

岸田文雄

石破茂

前回の総裁選で安倍総理と一騎打ちして、敗れた石破《いしば》茂《しげる》元幹事長も、この日の夕方、自身が会長を務める石破派（水月会）の派閥幹部らを集めて、今後の対応を協議した。

石破は、夜のBSの番組に出演して、立候補について語った。

「週明けには申し上げなければならない」

自民党内ではそのほかにも、麻生派の河野《こうの》太《た》郎《ろう》防衛大臣、竹下派（平成研究会）の茂木《もてぎ》敏充《としみつ》外務大臣、無派閥の野《の》田《だ》聖子《せいこ》元総務大臣、細田派（清和政策研究会）の下村博文《しもむらはくぶん》選挙対策委員長らの立候補が取り沙汰され始めていた。

岸田や石破が動き始めるなかで、最もその動向に注目が集まっていたのが、七年八カ月の第二次安倍政権を官房長官として支え続けた菅義偉であった。菅は、安倍総理が辞任の意向を表明した記者会見で、そのそばに座り、表情を変えずに前方を見据えていた。

菅義偉官房長官は、二階俊博幹事長と以前から良好な関係にあった。

前述したように、二階と菅の二人には、もともと政治家としての共通点が多かった。二階は遠藤三郎のもとで十一年、菅は小此木彦三郎のもとで同じく十一年と、ともに豊富な国会議員の秘書経験があった。

また、二階は和歌山県議八年、菅も横浜市議八年という地方議員の出身でもあり、世襲議員の多い自民党においては、数少ない非世襲の党人派の実力者であった。

二階の最側近の林幹雄幹事長代理によると、二階と菅はここのところ、折に触れて会合を重ねていた。

通常国会が閉会した令和二年六月十七日にも、二階と林、菅、さらに森山裕《もりやまひろし》国会対策委員長の四人で会食をしていた。

林によると、このときすでに、二階は雑談のなかで、ポスト安倍を争う総裁選がおこなわれた際に出馬するように菅に促していたという。

「やってみたら、いいじゃないか。そのときは陰ながら応援するよ」

さらに七月一日にも、二階と菅は、政治評論家の鈴木《すずき》棟一《とういち》をまじえて、都内の日本料理店で会談をした。このときは、林は、最初と最後だけ顔を出したという。

さらに八月二十日夜にも、二階と菅は、日本料理店で会食した。このときは、政治評論家の篠原《しのはら》文也《ふみや》が同席した。

林によると、こうした食事の席で、たびたび菅の出馬が話題になっていたという。またメディアを通じて、菅と二階がお互いについて言及する機会も増えていた。

二階は、八月三日の記者会見でも菅について言及していた。

「しっかりとやっておられる。大いに敬意を表している」

また八月七日のテレビ番組でも、語っている。

「菅さんも立派な指導者として活躍していただいている」

菅も、八月十八日のテレビ番組で二階について語っていた。

「わたしども安倍政権はいろいろな仕事をしている。仕事ができるのは党をしっかり幹事長が主導していただいているからだ」

二階と菅は、九月に設立される「地方創生・未来都市推進議員連盟」の呼びかけ人にも名を連ねていた。この議連の動きも、二階と菅がポスト安倍を見据えて動き出したと考える声が永田町にはあった。この議連には二階派の議員だけでなく、菅とも親しい森山裕国対委員長、細田派会長の細《ほそ》田《だ》博之《ひろゆき》元官房長官らも参加が予定されていた。

菅自身は、メディアに問われるたびに、ポスト安倍に名乗りをあげることについて否定し続けていた。

「まったく考えていない」

だが、その一方で、じょじょに菅待望論は高まりつつあった。

安倍も、令和二年七月二十一日発売の月刊誌『Ｈａｎａｄａ』のインタビューのなかで菅に言及していた。

「有力な候補者の一人であることは間違いない」

辞任翌日の〝四者会談〟で出馬を決意した菅

自身の動向が注目を集めるなか、菅義偉官房長官は総理が辞任した翌日の八月二十九日から動き出していた。

総裁選にのぞむ菅が頼りにしたのが、政権を党側で支えた二階俊博幹事長と森山裕国会対策委員長だった。この日の昼、森山から林幹雄幹事長代理に電話が入った。

「菅さんが、『二階さんに会いたい』と言っている」

一年前の党役員人事では、安倍は、一時的とはいえ、二階を交代させ、自らの後継含みで岸田文雄政調会長の起用を検討していた。

だが、菅は「党内がまとまらない」と二階の続投を進言していた。国会運営を担う国対委員長に森山の登用を進言したのも菅だった。

菅は、森山を通じて、林と連絡をとり、夜に二階と会談する段取りをつけた。

菅との会談をおこなう前に、二階と林、森山の三人はANAインターコンチネンタルホテル東京の寿司屋「乾山《けんざん》」で夕食をとり、その後、三人で一台の車に乗り込み、赤坂の議員宿舎に移動した。

午後八時に議員宿舎に到着すると、三人は、応接室で、菅と会談した。酒も飲まず、お茶だけで二十分ほど話し込んだ。

菅は、二階に言った。

「総裁選に出ようと思うので、よろしくお願いします」

二階はすぐに応じた。

「応援するから、しっかりやってくれ」

菅の出馬が決まった瞬間であった。

菅は、いつ出馬表明をするかについても語った。

「九月一日に総務会で総裁選の手順が決まるようだから、その総務会で決まってから出馬の声明をしたいと思います」

林が応じた。

「それはけっこうだけれど、もう今日から根回ししていろいろ動かないと後れをとるから、すぐに動いたほうがいい」

「わかりました」

その日の会談は二十分ほどで、すぐに別れたという。

菅総理誕生にいち早く動いた二階が、菅を支持した理由について語る。

「一言で言えば、誠実、信頼がおける人です。菅さんは官房長官として七年八カ月総理を支えてこられましたからね。誠実であることは人間において大事なことですが、同時に政治においても、とても大事なことです。やはり、信頼がおける人間じゃないと大きな仕事はできません。菅さんは、今度総理になられましたが、さらに国際的に羽ばたいていかれることを期待しています」

二階と菅は、幹事長と官房長官として安倍政権を支え続けていた。

森山裕

二階が菅について、さらに語る。

「人によっては、『あのとき、ああ言ったけれど、実際には事情があって違ったんですよ』なんて言い訳を言ってくる人もいますが、菅さんにはそれがまったくない。『自分が、自分が』っていう人も多いけれど、菅さんはそういうふうに表に出るタイプじゃないから、信頼できます。駆け引きをすることもなく、真一文字に進んでいくタイプなんです。そこが信頼できます」

二階が語る。

「わたしは出馬の話を聞いて、『全力投球で我々も支援します』と約束しました。願望としては圧倒的に勝利したいと思いましたが、選挙ですから、やってみないともちろんわかりません。ですが、予想していた以上の見事な結果でしたね。多くの人が支持を表明してくれて、見事にスムーズに進みましたが、菅さんご本人の日ごろの人望でしょうね」

菅の出馬が報じられた八月三十日以降、菅支持の流れは日を増すごとに党内で大きくなっていく。だが、この段階で、集まった四人が勝利を確信していたわけではないという。

林がこのときの状況を振り返って語る。

「勝利の確信はないが、いい勝負にはなると思っていた。これは推測だが、おそらく菅さんは安倍総理から退任を告げられた際に、支援を得られるという感触を受けたんじゃないかな。二階派の四十七人、菅さんを支持する無派閥議員が約四十人、九十八人の細田派の議員のうちの七割の支持が得られれば、それだけでかなり計算が立てられるから」

この段階では、他派の動向はまだ明確ではなかった。特に麻生派は、河野太郎が出馬する可能性や、領袖《りょうしゅう》の麻生太郎会長が岸田に目をかけていたこともあり、岸田支持を打ち出す可能性もあった。

他の派も同様で、細田派では、下村博文や稲田朋美が出馬を模索していた。竹下派でも、茂木敏充外務大臣が出馬する可能性があった。そのため、派閥として一致した行動を決めるのに時間が必要だった。

他の派閥が総裁選への対応をめぐり身動きがすぐにとれないなか、二階率いる二階派（志帥《しすい》会）

は菅支持で一気に動いていく。

菅は、この日自身のブログで、新型コロナウイルスへの政府の新たな対応について紹介したあと、安倍の辞任に触れつつ、総裁選出馬への決意とも読めなくもない文章を書いている。

《昨日、安倍総理は辞任を表明しました。

8年前の安倍総裁誕生、そして安倍政権の発足以降は内閣官房長官として、ずっと側で支えてきた私としても大変残念ですが、国民の命と暮らしを守るために、全力で職責を全うしてまいります。》

菅が二階に支援を要請する一方、石破や岸田の陣営から二階派に支援の要請がくることはなかったという。林が語る。

「結局、どちらからも正式な要請はなかったけれど、日曜日（三十日）の昼には菅さんの出馬と二階派が支持するニュースが出ている。土日が明けて動こうと思っていたら、その間に一気に流れができて動けなかったのじゃないかな」

大きな流れをつくった志帥会（二階派）の菅支持の動き

菅からの応援要請を受けてから、二階の動きは素早かった。

八月三十日の日曜日午後、志帥会の幹部が自民党本部に集まり、総裁選の対応を話し合った。会長代行を務める河村建夫《かわむらたけお》元官房長官は会議後、記者団に菅を支持することを表明した。

「総理の残り任期についての責任があるのではないか。政権の懸案事項などは、菅長官がすべて承知している。一つの流れとして責任がある」

河村が二階派の菅支持を表明した時点で、昨晩の動きを嗅ぎつけたマスコミが「菅氏、総裁選に立候補へ」との速報を流し始めていた。この日の夜、菅は周囲に意欲を口にした。

「俺がやらざるを得ない。これで出なかったら、逃げたと言われちゃうよ」

一方、岸田も、出馬に向けて動き出していた。前日の二十九日には石原派（近未来政治研究会）を率いる石原伸晃《いしはらのぶてる》元幹事長と会談し、この日は、最大派閥の細田派の細田博之会長、麻生派会長の麻生太郎副総理兼財務大臣と相次いで会談し、立候補を前提に協力を求めた。

会談で、麻生は岸田に語った。

「総理の意向がはっきりしていないから、決められない」

会談後、岸田は意欲を見せ、語った。

「総裁選に挑戦しようと思っている。ルールや日程が決まってから正式表明することになる」

もう一人の有力候補の石破茂は、滋賀県大津市でおこなわれた自民党滋賀県連の会合に出席した。

石破は、執行部が検討する総裁選の方式を批判した。

「党員一人ひとりを大事にする自民党でありたい。国会議員のための自民党ではない」

会合後、自らの対応について問われると、意欲をにじませて語った。

「無責任なことはできない」


八月三十一日の月曜日、菅を支持する動きは、党内で加速度的に広がっていった。

最初に動いたのは、平成八年十月の衆院選で初当選した菅の同期生だった。

この日午後、国会内の菅の事務所に、二階派の吉川貴盛《よしかわたかもり》前農水大臣や櫻田義孝《さくらだよしたか》元五輪担当大臣、岸田派の竹本直一《たけもとなおかず》科学技術担当大臣、麻生派の棚橋泰文《たなはしやすふみ》衆院予算委員長や佐藤勉《さとうつとむ》元総務大臣ら七人が訪れて、菅に立候補を要請した。

夕方には、菅に近い無派閥の議員グループ「ガネーシャの会」のメンバー十四人も事務所を訪れ、菅に立候補を要請した。

　要請を受けて、菅は語った。

「コロナと経済を両立させていかなければならない。今後、前向きに検討していく」

　この日は、菅自身も、細田派の細田博之元幹事長、参院自民党や竹下派に強い影響力を持つ青木《あおき》幹雄《みきお》元参院会長と会談し、立候補を表明する考えを伝えた。

　二階派以外の派閥も、菅支持に続々と傾き始めていた。

　第二派閥の麻生派も、菅支持の方針を決めた。会長の麻生太郎副総理は、立候補を模索していた河野太郎防衛大臣と会い、一本化に協力するように求めた。

　麻生派と並ぶ第二派閥の竹下派にも、菅を推す声は高まっていた。

　細田派も、この日夜に幹部会合を開き、菅支持の方針を決めた。下村博文選挙対策委員長と稲田朋美幹事長代行は立候補を見送ることが決まった。

　すでに森山裕国対委員長が菅政権成立に向けて動いていた石原派も、菅支持の方向で固まりつつあった。石原伸晃元幹事長は、記者団に語った。

「政策の継続性も非常に重要だし、コロナは一日にして終了しない」

　二階の右腕の林幹雄幹事長代理によると、麻生派が菅の支持を決めた時点で、菅の勝利を確信したという。林が語る。

「麻生派が支持を決めた時点で勝ったと思ったけれど、あんなに一斉に週が明けてすぐに各派が菅支持に流れてくるとは思わなかった。一気に菅支持の大きな流れができたからね。やはり、二階幹事長は、大事な局面でのタイミング、政治勘は凄《すご》いものを持っている。タイミングだけでなくて、そこからのスピードも早いからね」

菅支持の大きな流れができるなかで、苦しい状況に立たされたのが、岸田と石破の二人だった。

岸田は、八月三十一日午前の官邸で、安倍総理と向き合い、支援を求めた。

「総裁選に向けた準備を進めています。お力添えをお願いします」

だが、安倍の言葉は素っ気なかった。

「自分の立場からは、個別の名前を出すことは控えている」

岸田は厳しい表情で官邸をあとにした。

岸田はこの前日の三十日、麻生とも会談し、「総理の意向がはっきりしていないから決められない」と言われ、好感触を得られなかった。

岸田の戦略は、安倍の出身派閥の細田派や、麻生派の支援を早々に取り付けて、自身の率いる岸田派と合わせて、議員票で他の候補を圧倒するのが狙いだった。

だが、菅の立候補と二階派がつくった流れによって、その目論見《もくろみ》はすでに崩れていた。

石破にとっても菅の参戦は誤算だった。

石破派は所属議員が十九人と少なく、他派の協力を頼りにせざるをえなかった。

石破は、派閥のパーティーの講師を頼んでいた二階と、無派閥の議員に影響力のある菅官房長官の協力をあてにしていた。だが、菅が突如出馬し、総裁候補となったことで、議員票を拡大する目処が立たなくなった。

流れは菅総裁誕生へとうねっていく

九月一日午前、自民党の総務会で、総裁選については、投票権を国会議員と都道府県連の代表者に限る「簡易型」とすることが決まった。従来の総裁選と比べて、地方の意見が反映されにくいという声もあり、各都道府県連に予備選挙を要請することにした。

この要請もあって、総務会で菅に三票すべてを投じることを決定した菅の出身地の秋田県連以外の四十六都道府県連では、予備選挙や、党員へのアンケート調査を実施した。このことによって、実際にはほとんどの都道府県連で、党員・党友による投票がおこなわれた。

総裁選の実施方針が決まるなか、この日もさらなる動きがあった。

九月一日、菅は麻生と会談し、立候補の意向を伝えた。

麻生は、この会談で菅に訊いた。

「いつから、総理になろうと思ったんだ」

菅は、自身に近い若手議員を集め、石破と岸田のどちらが安倍の後継にふさわしいか聞いたところ、大半が石破の名を挙げたことを説明し、さらに語った。

「出なければいけないと決意しました」

この日午後、河野太郎防衛大臣は、総裁選に立候補しない考えを表明した。

「仲間といろいろ相談をして今回は出馬しないことにした」

河野の不出馬により、総裁選は、この日に出馬を正式に表明した石破と岸田の二人と、二日に出馬表明を予定している菅による三つ巴の構図が確定した。

河野太郎

また、石原派も菅の支持を決定し、さらに竹下派も、翌二日の派閥の総会で菅の支持を正式に決定することが決まった。ここに、党内七派閥のうち、二階派、細田派、麻生派、竹下派、石原派の五派閥が菅を支持することが決まり、菅が新総裁に選ばれる流れはさらに強まっていく。

九月二日午前、二階派の会長代行を務める河村元官房長官や事務局長の平沢勝栄《ひらさわかつえい》らは、菅の議員会館の事務所を訪れて、菅の総裁選への立候補を要請する連判状を手渡した。

林によると、この連判状は週が明けた八月三十一日から二階派の全議員が署名し、作ったものだという。今回は、安倍の再選、三選時には署名をしなかった伊吹文明《いぶきぶんめい》元衆院議長も真っ先に署名したという。

連判状を受け取った菅は、語った。

「大変ありがたい。天下国家のために全力を尽くして頑張る」

この日夕、菅は、青系のスーツとネクタイを身に着けて、総裁選出馬表明の記者会見に姿を見せた。七年八カ月の間、一日二回、政権のスポークスマンとして官邸で会見をこなしてきた菅だが、この日は緊張した面持ちで、冒頭からコップの水を口にふくんだ。

菅は、安倍政権の継承を訴えた。

「第二次安倍内閣が発足して以来、七年と八カ月にわたり、内閣官房長官として、総理のもとで日本経済の再生、外交安全保障の再構築、全世代型社会保障制度の実現など、この国の未来を左右する重要な課題に取り組んでまいりました。今年に入ってからは、新型コロナウイルス感染症の拡大という、かつてない事態に直面するなかで、その感染拡大と医療崩壊を防ぎ、同時に社会経済活動を再開していくという課題に、真正面から取り組んでまいりました。

こうしたなかで陣頭指揮を執られていた安倍総理が道半ばで退かれることになりました。首相の無念な思いを推察をいたしております。しかし、この国難にあって、政治の空白は決して許されません。一刻の猶予もありません。この危機を乗り越え、すべての国民の皆さんが安心できる生活を一日も早く取り戻すことができるために、一人の政治家として、安倍政権を支えた者として、今なすべきことは何か熟慮をしてまいりました。

そして、わたしは、自由民主党総裁選挙に立候補する決意をいたしました。安倍総裁が、全身全霊を傾けて進めてこられた取り組みをしっかり継承し、さらに前に進めるために私の持てる力をすべて尽くす覚悟であります」

細田博之

麻生太郎

竹下亘

菅は、自らの生い立ちについても語り、さらに、縦割り行政の打破や、安倍政権の継承などを訴えた。

一方で、菅陣営では、派閥間のつばぜり合いも始まっていた。

この日の夕方、細田派の細田博之、麻生派の麻生太郎、竹下派の竹《たけ》下亘《したわたる》の三人の各派会長は、合同記者会見を開き、菅支持を表明した。三派領袖が並ぶ異例の会見は、麻生の発案によるもので、他派閥に先駆けて菅擁立の流れをつくった二階派に対する巻き返しであった。菅への支持表明が遅れた三派は、新政権に自派の影響力を少しでも残そうと必死であった。

二階率いる二階派とは対照的に、菅支持に向けた三派の動きは鈍かった。

麻生派は岸田文雄政調会長を軸に総裁選を描いていたことに加えて、河野太郎防衛大臣の擁立論も浮上していた。細田、竹下両派でも立候補に意欲的な派閥幹部を抱えたことが、いずれも迅速な意思決定の足かせになった。

九月三日、八日告示の総裁選を前に、菅、岸田、石破の三陣営が本格的に始動した。菅陣営は、菅を支持する五派閥の事務総長クラスや無派閥の側近議員らが都内のホテルに集まり、四日の選対本部立ち上げに向けた準備会合を開いた。

菅も出席し、協力を求めた。

「安倍政権を継承しながら、しっかりと全身全霊で頑張る」

選対本部長には無派閥の小此木《おこのぎ》八郎《はちろう》元国家公安委員長、事務総長には竹下派の山口泰明《やまぐちたいめい》組織運動本部長が就任した。

菅支持の参院議員は地方対策に力を入れることを語った。

「地方票の六割は欲しい。地方票で石破に圧倒されるとまずい」

岸田陣営も、永田町の派閥事務所に集まり、選対本部会合を開き、岸田がこの日発表した政策をパンフレットなどに印刷し、各議員が地元で支援を呼びかける方針を決めた。

石破陣営も、都内のホテルで選対本部の事務所開きをおこなった。石破派のほか、無派閥の渡海《とかい》紀三朗《きさぶろう》元文部科学大臣や、竹下派の三原朝彦《みはらあさひこ》衆院議員も出席した。

石破は記者団に語った。

「党員に向けて精いっぱい訴えたい。自分の思っていることを全身全霊で訴えることに尽きる」

自民党総裁選が告示された九月八日、三候補者の陣営は、推薦人名簿を届け出た。

菅の推薦人は、代表に浜田靖一《はまだやすかず》が就任し、二階派からは平沢勝栄、吉川貴盛、鶴保庸介《つるほようすけ》の三人が名を連ねた。

この日、二階は、通算の幹事長在職日数が一千四百九十八日に達し、自らの師である田中角栄の記録を更新し、歴代最長となっていた。二階は、自民党本部で記者団にそのことを問われ、語った。

「一日一日、夕刻を迎え、一日終わると、また明日頑張ろうと。それが積み重なり、そういうことになった。誰それの記録に追いつくとかは一切考えたことはない」

田中角栄の記録を抜いたことを問われて、さらに語った。

「考えてみれば恐れ多い。考えたこともない」

二階は、幹事長としての心掛けについても語った。

「多くの党員がいて、全国的な、立派な組織を先輩たちの力で築き上げてきた。組織は一朝一夕にできるものではない。我々はあらためて謙虚に、真摯《しんし》に向き合っていかなければならない」

第二十六代総裁の選出と二階幹事長続投で菅内閣発足

九月十四日、自民党総裁選の投・開票がグランドプリンスホテル新高輪でおこなわれた。

国会議員票、各三票の都道府県連票を合計した開票の結果、菅義偉が議員票二八八票、県連票八九票で合計三七七票、岸田が議員票七九票、県連票一〇票で合計八九票、石破が議員票二六票、県連票四二票で合計六八票であった。菅は初回の投票で過半数を得て、第二十六代総裁に選ばれた。

菅義偉

菅は、都道府県連票でも、トップの八九票で、全体の六三%を獲得した。過去に挑戦した総裁選で地方票で強さを見せた石破茂元幹事長は都道府県連票の二九%となる四二票と伸び悩んだ。議員票との合計では二位につけた岸田文雄政調会長は、さらに伸び悩み、都道府県連票の七%にあたる一〇票だった。

今回の総裁選は、地方票が通常より少ない簡易型でおこなわれたが、当初から議員票で優位につけた菅がその勢いのまま、都道府県連票でも優勢を保った。

地元出身の菅に三票を入れることを総務会が決めた秋田県を除く、四十六都道府県が予備選を実施したが、菅は、そのうち三十八都道府県の予備選でトップの票を集めた。

また、最も多く得票した候補者に三票すべてを投じる「総取り方式」を採用した東京、神奈川、和歌山、山口など七都県連のすべてで勝利を収めた。

菅は、得票率に応じて各候補者に割り振るドント方式の地域でも順調に票を積み上げた。


九月十五日、菅義偉新総裁は、党役員人事に着手し、自民党の新執行部が決まった。

総裁選で菅支持の流れをつくった二階は、幹事長に再任した。政調会長には、細田派の下村博文が就任、総務会長には、麻生派の佐藤勉が就任、選挙対策委員長には、竹下派の山口泰明が就任した。二階以外の三人は、いずれも菅の同期生で、菅を支持した派閥から選ばれた。

また、二階とともに、菅支持の流れをつくった森山裕国会対策委員長の再任も決まった。


九月十六日、国会で首班指名がおこなわれ、菅義偉内閣が発足した。

安倍政権の継承を意識し、主要閣僚は実績と安定を重視する守りの布陣となった。

麻生太郎副総理兼財務大臣、茂木敏充外務大臣、梶山弘志《かじやまひろし》経済産業大臣、小泉進次郎《こいずみしんじろう》環境大臣、萩生田《はぎうだ》光一《こういち》文部科学大臣、西村康稔《にしむらやすとし》経済再生担当大臣、赤羽《あかば》一嘉《かずよし》国土交通大臣、橋本聖子《はしもとせいこ》五輪担当大臣の八人が再任された。

さらに官房長官に就任した加藤勝信《かとうかつのぶ》や、行革担当大臣に就任した河野太郎、総務大臣に就任した武田《たけだ》良太《りょうた》など、横滑りも含めると、閣内への留任は十一人に上った。

再入閣は、上川陽子《かみかわようこ》法務大臣、田村憲久《たむらのりひさ》厚生労働大臣、小此木八郎国家公安委員長、平井《ひらい》卓也《たくや》デジタル改革担当大臣の四人だった。

初入閣は、岸信夫《きしのぶお》防衛大臣、野上浩太《のがみこうた》郎《ろう》農水大臣、平沢勝栄復興大臣、井上信治《いのうえしんじ》万博担当大臣、坂本哲志《さかもとてつし》一億総活躍担当大臣の五人だった。

二階派から入閣した二人の実状

今回の組閣では、二階派からは、閣内で横滑りした武田良太と初入閣の平沢勝栄の二人が入閣した。

九月十六日午後、加藤勝信官房長官が武田良太総務大臣と平沢勝栄復興大臣の名前を読み上げると、二階派の派閥事務所では、テレビを見ていた所属議員から歓声が起こり、まるで祝勝会のような雰囲気となった。

二階派は四十七人の第四派閥ながら、二階の幹事長続投に続き、武田に加えて入閣待機組の平沢も念願の初入閣を果たした。

平沢勝栄

二階は、初入閣した平沢勝栄と横滑りで総務大臣になった武田良太についても語った。

「平沢さんも優秀な人ですからね。本人も地元の皆さんも喜んでいるでしょう。武田大臣にも期待しています。新内閣でも新たな実績を残すと思いますよ。しっかりやっていると、誰かが見ていますからね」

林幹雄幹事長代理が平沢の初入閣について語る。

「やっぱり大臣になると、選挙区の人がホッとするんですよ。選挙区の応援団が一番喜んでくれるから」

復興大臣となった平沢は、岐阜県出身だが、父親の仕事の関係で昭和二十九年（一九五四年）から昭和三十九年まで福島県内で過ごし、福島県立福島高校を卒業した。

平沢は、入閣が決まると報道陣に語った。

「被災地が発展できるように、しっかりと支えることが大事になっていく」

総務大臣に就任した武田も、菅総理が力を入れる携帯電話料金の値下げを所管することになった。

武田は、菅総理の意向を受けて、九月十七日午前の記者会見で、携帯電話料金について引き下げを目指す考えを表明した。

「見直す必要がある。一刻も早く結論を出したい。携帯電話はぜいたく品ではなく、国民の命に関わる重要な通信手段だ。安く利便性が高く、納得感のある料金体系が求められている」

菅義偉内閣の発足を受け、『朝日新聞』が九月十六日と十七日に実施した世論調査で内閣支持率は六五％、不支持率は一三％であった。高い支持率を背景に、解散総選挙を急ぐという声も永田町では出ている。

二階は、発足した菅政権について語る。

「スタートラインがしっかりしたということは政権にとっても、大事なことだし、国にとっても重要なことです。これだけみんなが支えているという実態は政権を強くしますから。ほとんどの都道府県で予備選が実施されたことも良かったですね。地方の意向を十分反映した結果になりましたから」

九月十七日、二階は、石破茂元幹事長率いる石破派が都内で開いたパーティーで講演した。

二階は、平成二十七年に自身が訪中団を率いて訪中したことに触れつつ、日中関係について語った。

「中国とは長い冬の時代があったが、今や誰がみても春を迎えている。わたしが三千人の訪中団を率いたのがきっかけだ」

二階は、さらに、新型コロナウイルスの感染拡大を受けて延期となっている習近平《しゅうきんぺい》国家主席の来日についても発言した。

「穏やかな雰囲気で実現できるよう心から願う。中国は引っ越しのできない隣人だ。仲良く手を組み、お互いに共通のことを考える国柄となるよう、切磋《せっさ》琢磨《たくま》すべきだ」

衆議院の任期が残り一年を切るなかで、果たして総選挙はいつになるのか。二階は、解散総選挙について語った。

「解散は、総理のご決断に負うところが多いですが、幹事長の立場から言うと、いつ解散があっても、たとえ明日解散があっても、すぐに戦えるだけの準備はしておかないといけません。そういう意味ではいつ解散があっても、候補者の調整も多少はありますが、準備万端、整えています」

林幹雄幹事長代理が衆院選の見通しについて語る。

「コロナが沈静化しないと、解散は打てないんじゃないかと思う。わたしの持論は来年の九月の総裁選を本格的におこない、経済対策の論戦をして、全国で党員投票をおこなう。そして、他の候補者も閣内に入れて、挙党一致内閣で臨時国会の冒頭に解散をしてもいいと思う。そうすれば、追い込まれ解散にならない。無理に解散を急がなくても、菅政権の実績をつくることはできると思う」

安倍政権下の辣腕幹事長となった二階起用の理由《わけ》

時を少し戻す。令和二年九月十八日、筆者は、退任直後の安倍晋三前総理にインタビューに応じてもらい、七年八カ月に及んだ第二次政権や、長期政権を支えた二階俊博幹事長の功績、後任の菅義偉総理について語ってもらった。

平成二十八年七月十六日、当時、幹事長だった谷垣禎一が自転車事故で、頸髄損傷《けいずいそんしょう》をしたため入院する。

このとき安倍は、職務困難を理由に辞任した谷垣の後任に、総務会長だった二階を指名した。以降、二階は幹事長として一貫して第二次安倍政権を支え続けている。

安倍がこのときの事情について語る。

「谷垣さんの前任の幹事長は石破茂さんでしたが、石破さんの後任を考えたときも、その人選に非常に苦労しました。石破さんとは総裁選をともに戦い、そのときは多くの地方票を獲得されていましたから。『石破さんに代わって誰に頼もうか』ということで、前総裁にあたり、自民党の野党時代に党をまとめていただいた谷垣さんにお願いしました。党内の信望も厚い谷垣さんに引き受けていただいたことで『石破さんが交代するのか』という党内の空気が、このときかなり落ち着いたんです。その谷垣さんが不慮の事故で幹事長を辞めざるを得ないという状況になってしまった。谷垣さんの存在は大きく、代わりになる人はめったにいません。

やっぱり、与党が安定していなければ、政策を進めることはできない。政権の力の源泉は、党の安定に尽きます。かつての自民党には、河野《こうの》一郎《いちろう》のような実力者と言われた人たちがいましたが、そういう実力者として、わたしの頭に浮かんだのが、二階俊博さんだったんです」

河野一郎は、日本自由党の幹事長や自由民主党の総務会長を務め、第一次鳩山一郎《はとやまいちろう》内閣の農林大臣や、池田勇人《いけだはやと》内閣で副総理を務めるなど、戦後の保守政界の重鎮の一人であった。現在、菅義偉内閣で行革担当大臣を務める河野太郎の祖父にあたる。

安倍は、二階を幹事長に起用したとき、二階について「自民党で最も政治的技術を持っている。まさに政治のプロ」と評している。

安倍がさらに二階の幹事長起用について語る。

「政治巧者とも言いましたが、二階さんには第一次安倍政権で国会対策委員長を務めていただいたときも、本当にしっかり仕事をしてもらっていました。そういう面では、いろいろと信頼していましたので、この人しかいないと幹事長にお願いをしました。前任の谷垣さんは、温厚な性格もあって、自民党全体を包み込むように党を掌握していました。二階さんは、長年蓄積された政治に関する知識と技術で党を掌握してくれました」

「タイミングの魔術師」二階が主導した安倍長期政権

平成二十四年十二月の衆院選で勝利し、政権を奪還して以来、安倍総裁率いる自民党は、合計六度の国政選挙に勝利をおさめた。安倍が選挙について語る。

「やはり政権の強さは、選挙で勝つことで生まれてきます。政権奪還のときの衆院選を含めて、衆参でそれぞれ三回ずつ国政選挙を乗り切りましたが、特に参院選というのは難しかったですね。衆院選の反動や、有権者のバランス感覚など、さまざまな要素が反映されやすいので、毎回、本当に薄氷を踏む思いで戦っていました。二階さんにも選挙ではとてもお世話になりました。候補者調整などで、特に力を発揮してもらいましたよ」

平成二十八年八月三日に幹事長に就任した二階は、自民党の党則改正も主導し、平成二十九年三月の自民党大会で総裁任期の「三期九年」への変更を主導している。

　安倍がそのことについても語る。

「党則の改正は、高村正彦《こうむらまさひこ》副総裁が本部長を務め、茂木敏充政調会長が本部長代理を務めた自民党の党・政治制度改革実行本部で党内議論を進めたのですが、党内には党則改正に反対の論陣を張っている人たちもいました。そのあたりを、やっぱり二階さんの懐の深さで政治的におさめていただきました。

　二階さんは政治的な力もありますが、政治的な発言をするタイミングが抜群なんです。もちろん誰が発しても、同じ効果が生まれるわけではありません。二階さんだからこそ効果を発揮できる発言を、最良のタイミングで繰り出します。やはり秘書時代からの長い政界での経験で培った勘が抜群なんでしょうね。わたしは、二階さんを〝タイミングの魔術師〟だと思っています」

　二階は、遠藤三郎の秘書になって以来、六十年近く政界にいる。野党経験も長いため、公明党をはじめとする他党とのパイプも誰よりも太い。さらに二階は、一度できた相手との縁を自分のほうから切るということは一切せずに、あらゆる人間関係を大事にする。

　安倍も、総理在任中、さまざまな場面で二階に支えられたという。

「例えば、予算委員会などで政府が追及されて苦境に立っていても、二階さんは、いつもどっしりとしています。会うと『こんな問題は微々たる問題ですから、党は任せておいてください』と言ってくれます。『党も大変ですよ』なんて言ってくることは一度もありませんでした」

　二階は、中国との外交も、積極的におこなっている。安倍が二階の外交について語る。

「外交は、お互いの間口を広くしておくことが必要ですから。中国は隣国であり、体制も異なることから中国との間にはさまざまな問題があります。なかには日本としては、きっちり筋を通さなければならないことや、国益や主権に直結することもあります。

　しかし、そういう問題を解決するためにも、話し合わなければなりませんから、そういう窓口を中国との間でも、常に開いておこうというのが、二階さんの考えです。

　ときには、二階さんのルートで、先方にサインを送ったりすることはできますから。二階さんもそのあたりを心得てやっておられるんだと思います。二階さんは、長きにわたって中国との間で、パイプを培っていますから、先方にも、信頼されていますから」

強い政権をつくる根幹は党と内閣の安定関係

安倍は、日本のような議員内閣制の国で、強い政権をつくるためには、与党との安定した関係が欠かせないと語る。

「やっぱり政権を維持するうえでは、与党である自民党との関係が大事なんです。

以前、二〇一六年（平成二十八年）七月から二〇一九年七月にかけてイギリスの首相を務めたテリーザ・メイさんと大統領と首相の違いについて議論したことがあります。

大統領というのは、常に野党と対峙《たいじ》し、倒されるときは、野党によって倒されます。ですが、首相というのは、野党と対峙しているように見えて、実際には与党との関係において、引きずり下ろされるケースが多い。彼女もブレグジット（英国のEU離脱）をどうするか。与党・保守党との関係で悩まされていました。

　このように首相は、野党と対峙してるだけじゃなく、後ろの与党も見ておかなければなりません。そういう意味では、二階さんが幹事長を務めてくれていることで安心できました。長期政権を築くうえで与党の幹事長の役割は大きいんです。最初は総裁選に勝った勢いでいきますが、後半になってくるほど政権運営が難しくなってきますから。政治的技術のある二階さんの存在は、重しとなりましたよ」

一時期は、総裁四選も取りざたされていたが、安倍自身には、その意欲はなかったという。

「体調とは関係なく、四選は考えていなかったです。すでにわたしの任期中に一度任期を延ばしていますからね。誰か次の人のときにさらに延ばすのはわかりますが、任期中に二回延ばすというのは考えていませんでした」

七年八カ月もの長期政権の要因をどう考えているのか。安倍は語った。

「短命に終わった第一次政権の経験も大きかったです。一度総理を経験したということが、糧《かて》になり、第二次政権に活かすことができました。

それといろんな巡り合わせもありましたが、やっぱり、人に恵まれたというのが最大だと思っています。二階幹事長もそうですが、第一次政権が終わったあとに、『もう一回頑張ろう』と応援し続けていただいた同志や同僚の議員の皆さんがいたということですね」

小泉純一郎《こいずみじゅんいちろう》総理の政務秘書官であり、第二次安倍政権で内閣官房参与を務めた飯島勲《いいじまいさお》は、小泉官邸と第二次安倍官邸を比較して、かつて筆者にこう評したことがあった。

「小泉さんは確かにカリスマであったが、小泉のために命を捧げてもいいというような気持ちで支えている議員はほとんどいなかった。一方、安倍さんには、安倍さんのためには命を捧げてもいいというような覚悟で支える議員がそろっている」

安倍が第二次政権を支えていたスタッフへの感謝について語る。

「多士済々の皆さんが厳しい総裁選挙をともに戦ってくれて、そのあとも、内閣、あるいは党で、それぞれの持ち場で、支え続けていただきました。

それと官邸のスタッフです。第一次政権での秘書官だった今井《いまい》（尚哉《たかや》）さんは、第一次政権後も交流が続いて、第二次政権では、総理秘書官、総理補佐官として、ずっと支えてくれました。第一次政権で内閣広報官だった長谷川《はせがわ》（榮一《えいいち》）さんも、第二次政権で総理大臣補佐官と内閣広報官を務めてくれました。

北村《きたむら》（滋《しげる》）さんも、第一次政権の総理秘書官でしたが、第二次政権でも、内閣情報官、そして昨年九月からは国家安全保障局長に就任して支え続けてくれました。

佐伯《さいき》（耕三《こうぞう》）さんも、第一次政権時代から今井秘書官の補佐役として携わってくれて、第二次政権では、内閣参事官と総理秘書官を務めてくれました。

今井尚哉

杉田和博

事務の官房副長官を務めてくれた杉田《すぎた》（和博《かずひろ》）さんもそうですが、本当にたくさんのスタッフが一生懸命支えてくれました。

第二次政権で外務省出身の秘書官を務めてくれた鈴木《すずき》（浩《ひろし》）さんは、わたしの官房長官時代の秘書官です。外遊時には、寝食を忘れて尽くしてくれました。第二次政権で財務省出身の秘書官の中江《なかえ》（元哉《もとや》）さんも、官房長官時代の秘書官です。中江さんは、第一次政権では塩崎《しおざき》（恭久《やすひさ》）官房長官の秘書官も務めてくれています。中江さんの後任の総理秘書官の新川《しんかわ》（浩嗣《ひろつぐ》）さんにも支えられました。第一次政権時代を知るスタッフも多くて、彼らが悔しい気持ちを共有して、一生懸命に取り組んでくれました。

ほかにも麻生政権のときに総理秘書官をしていた柳瀬《やなせ》（唯夫《ただお》）さん

も第二次政権で総理秘書官をしてくれました。防衛省からは島田《しまだ》（和久《かずひさ》）さんが第二次政権で総理秘書官を務めてくれ、現在は、防衛事務次官です。島田さんの後任の増田《ますだ》（和夫《かずお》）さんも優秀な方です。

現在、警察庁の警備局長を務める大石《おおいし》（吉彦《よしひこ》）さんも、第二次政権発足以来、六年余りも秘書官を務めてくれました。後任の原《はら》（和也《かずや》）秘書官も最後まで仕えてくれました。

女性初の総理秘書官となった山田《やまだ》（真貴子《まきこ》）さんは、今度の菅内閣では女性初の内閣広報官に就任しました。女性では、女性初の特許庁長官を務めた宗像《むなかた》（直子《なおこ》）さんにも、総理秘書官時代には支えられました。

短い期間でしたが、締めくくりで頑張ってくれた外務省の船越《ふなこし》（健裕《たけひろ》）秘書官、そして卓越したスピーチライターの谷口《たにぐち》（智彦《ともひこ》）内閣官房参与、副参事官の日野《ひの》（由香里《ゆかり》）さんは、国内でのスピーチを手伝ってくれました。

多くの一流のスタッフに恵まれたからこそ、長期政権が実現できたと思っています。

それと新元号の発表や、即位の礼などを無事に実現するにあたっては、内閣官房副長官補を務めた古谷《ふるや》（一之《かずゆき》）さんや、内閣審議官兼皇位継承式典事務局長を務めた山崎《やまさき》（重孝《しげたか》）さんのおかげです。山崎さんは現在内閣府の事務次官ですが、たまたま山口県出身という縁もあり、本当に命がけでやってくれました。そういう人たちに恵まれました」

かつて筆者に安倍の母の洋子《ようこ》は、安倍のことを「政策はおじいさま（岸信介《きしのぶすけ》）、性格はお父様（安《あ》倍《べ》晋太《しんた》郎《ろう》）」と語っていた。

総理大臣として祖父の岸信介のことを意識することはあったのだろうか。安倍が語る。

「わたしが祖父のことを思い起こしたのは、平成二十七年の平和安全法制の制定時です。あのときも国会にはデモ隊が毎日来ましたから。ですが、祖父が安保改正をしたときと比べると、たいしたことはないと自分に言い聞かせ、乗り越えられました。安保のときは二十万人もが集まり、官邸を守れるかどうかというところまでいきましたからね」

最終的に菅を推した安倍の「安心して任せられる」内実

前述したように、令和二年九月十六日、第二次安倍政権を官房長官として支え続けた菅義偉が安倍の後任の総理大臣に指名された。

安倍が菅について語る。

「菅さんとは、わたしが二期生で、菅さんが一期生のときに、何かの会合で一緒になったのが最初です。当時、亡くなった中川昭一《なかがわしょういち》さんを中心に『日本の前途と歴史教育を考える議員の会』をやっていたのですが、そのなかで菅さんが『教科書問題というのは大きな問題です。わたしも応援したい』とおっしゃっていましたね。わたしの記憶には強く残っています。

その後、北朝鮮の船舶の入港を禁止する『特定船舶入港禁止法』を制定するときにも、頑張ってくれました。当時から、非常に行動力のある人で、わたしは、『国士だな』と思ったんです。歴史教科書の問題も拉致問題も、地元の選挙には関わりのない話ですが、本気で取り組んでましたから。

それ以来ずっと同志で、第一次政権のあともわたしに『もう一度安倍さんにやってもらう』と言い続けてくれました。誰もそんなことを言ってないときからです。そして平成二十四年の八月十五日に総裁選への立候補をどうするか考えているときにも『絶対出るべき』と背中を押してくれました。官房長官という本当に大変な職務を担い、政権をずっと支えてくれました。森喜朗《もりよしろう》元総理がよく『滅私奉公』という言葉を使いますが、まさにその精神で、政権と日本に尽くしてくれました」

安倍の妻の昭恵《あきえ》も、菅のことをよく評価するという。

「わたしの妻も、菅さんの仕事ぶりを見て、『あんなに一生懸命に仕事をしているんだから、あなたはもっと菅さんに感謝しなければダメよ』なんてよく言われます」

今回の総裁選で、安倍は、表立って活動したわけではないが、最終的に菅を推したという。

安倍が語る。

「任期途中での辞任というかたちになりましたので、菅さんには安心して任せられるという気持ちがありました。岸田さんも、外務大臣時代の仕事ぶりも評価していますので、これからもいろんな場面で活躍していくと思っています。いろんな選択肢があるのが自民党の良さですから」

こうした安倍の菅と二階への評価、またその背景にはいったいどのようなものがあるのだろうか。

次章からは、時をさかのぼりつつこの内実に迫ってみよう。

第二章　〝亥年参院選〟勝利の辣腕幹事長

鬼門の亥年選挙の成否は一人区のゆくえが左右

平成二十四年（二〇一二年）に自民党総裁に復帰して以来、国政選挙を連勝してきた安倍晋三総理にとって、令和元年（二〇一九年）七月の参院選は特別な意味をもっていた。

十二年に一度の「亥年選挙《いどし》」は、春の統一地方選の疲れで地方議員の活動が低下し、鬼門《きもん》のように、直後の参院選に悪影響を招くとされてきた。第一次安倍内閣で迎えた平成十九年の参院選は惨敗を喫し、政権転落への分水嶺となった。

令和元年六月二十四日、自民党の二階俊博幹事長は、自民党本部で『毎日新聞』などのインタビューに応じた。

二階は、今夏の参院選の勝敗ラインについて語った。

「(与党で）六十三議席確保することが最低だろう」

二階は、勝敗ラインについて、自公両党で改選議席の百二十四議席の過半数との認識を示した。自公の改選議席は七十七議席で、十四議席減の結果でも「勝利」となることになる。

安倍総理は、六月二十二日のインターネット番組で「与党で過半数を確保することだ」と語っていたが、改選議席の過半数か、非改選議席を含めた全体（二百四十五議席）の過半数かは明言していなかった。

二階の発言は、安倍総理の発言を補足した形であった。

そのうえで、二階はさらに語った。

「総理としては必ず勝利する、という意味で厳しめに言っておくことが順当だ」

十月の消費税率一〇％への引き上げに関しても、二階は増税前後の今秋の解散の可能性を否定しなかった。

「選挙戦術上は消費税の問題は極めて重要なポイントだ。だからといって衆院解散と消費税とを並べて考えるのではなく、国民の意見を聞き、慎重に対応していく姿勢が大事だ」

令和元年七月の参院選において、注目されていたのは、三十二の一人区での勝敗であった。

自民党は、平成三十年の年末に三十二の一人区を「激戦区」「警戒区」「安定区」の三つに分類し、接戦具合に応じて支援体制を検討していた。

当初は、三年前の参院選で敗れた青森県や岩手県などの十一選挙区が激戦区に指定されていた。

だが、選挙区情勢の変化などを踏まえて、今年（令和二年）四月に秋田県や滋賀県、愛媛県などの五選挙区をこれまでの「警戒区」から「激戦区」に格上げし、重点的な対策を講じるようになった。

今回の参院選は、安倍総理にとっては念願の憲法改正に向けた戦いとなり、非常に重要な意味合いがあった。

今回の参院選は、第二次安倍政権発足後の平成二十五年の参院選で、現行制度下で自民党が最多の六十五議席を獲得したときに当選した議員が改選を迎えることになる。

甘利明

改選百二十四議席の過半数に当たる六十三議席を取れるかが焦点だが、甘利明《あまりあきら》選対委員長は反動減を見越して「至難の業」と厳しい見通しを示していた。

そのため、勝敗ラインは「自公で安定多数」として具体的な数値に言及せず、政権への責任論に予防線を張っていた。

一方、連立与党の公明党は、三年前の参院選では、選挙区七、比例区七の合計十四議席を獲得していたが、今回は選挙区で七人の候補者を擁立するとともに比例代表で六議席以上の獲得を目指し、合わせて十三人以上の当選を目標としていた。

また二階幹事長と甘利選対委員長は、連名で衆院議員を対象に参院選候補者への支援活動の計画書を五月末までに提出するように要請した。

どこでどのような規模の街頭演説や集会をおこなうのかなどの予定を記入させて提出し、衆院議員が参院選に積極的に協力するように意識を徹底させた。

二階によると、参院選前に安倍総理が衆院を解散し、衆参同日選を断行するとの憶測が広がるなかで、衆院議員の引き締めも狙ってのことだったという。

日本列島一万三〇〇〇キロを駆ける二階

令和元年七月四日、第二十五回参議院議員選挙が公示された。

二階は、幹事長として自民党の情勢調査などを踏まえて、激戦区を中心に日本各地を応援のために飛び回った。

二階は、平成二十八年八月に幹事長に就任して以来、平成二十九年の衆院選や、苦戦が予想されていた新潟県知事選挙や山梨県知事選挙を勝利に導き、自民党の内外に選挙に強い幹事長として強く認識されている。

幹事長代理兼選対委員長代理を務める林幹雄によると、公示日から投開票日前日までの二階の総移動距離は、なんと約一万三〇〇〇キロにも及んだという。東京とカリブ海に浮かぶキューバの直線距離が約一万二五〇〇キロだから、それよりも長いくらいだ。

ちなみに、安倍総理の参院選中の総移動距離は約二万キロだったという。

今回の参院選での二階の公示日以降の足取りを追いながら、各選挙区の実相を紹介していく。

選挙戦初日の七月四日、二階は、林をともなってまず山形県に応援に入った。

この参院選で自民党が重要視していたのが三年前に苦戦した東北各県であった。

二階は、東北各県における参院選の勝利に向けて、農業票を固めるために必死に動いていた。

二階は、平成三十年の秋から参院選を見据えて、一時自民党との間が冷え切っていた全国農業協同組合中央会（ＪＡ全中）との関係修復に地道に取り組んできた。

平成三十年十一月には宮城県を訪れて、東北のＪＡ全中関係者らと意見交換の機会をもった。

さらに二階は、二階の地元のＪＡ和歌山中央会の会長も務める中家徹《なかやとおる》ＪＡ全中会長と安倍総理との会食もセッティングした。

また、平成三十一年四月のＪＡ全中主催の会合にはビデオメッセージを送り、

「政治に重要なことは信頼と実行だ。自民党はＪＡグループとともに行動する」

と、寄り添う姿勢を見せた。

二階の行動が功を奏したこともあり、前回参院選では鬼門だった東北各県で、自民党候補に対して、農政連が推薦をしてくれるようになっていた。

二階が選挙戦初日にあえて山形を選んだのは、東北重視の姿勢を見せる面もあった。

山形県選挙区では、現職の自民党公認の大沼瑞穂《おおぬまみずほ》が野党各党が推す無所属の芳賀《はが》道也《みちや》と激戦を繰り広げていた。

芳賀が地元の民放で長年アナウンサーを務めていたこともあり、抜群の知名度を誇っていたため、大沼は苦戦していた。

山形では、二階は、天童市と山形市の二カ所で大沼の個人演説会に弁士として参加した。

二階は、山形市内で開かれた演説会で切々と訴えた。

「選挙も政治も、一人の力ではできない。多くの皆さんの力で初めてなし得る。その言葉の重要性を痛切に感じる」

農業県の山形では、国政選挙のたびに自民党の候補者がTPP（環太平洋戦略的経済連携協定）に対する農家の反発に苦しめられてきた。TPPが平成三十年の年末に発効したことも踏まえて、自民党は「今回ここで苦戦すれば、他の農業県にも影響が出る」と判断し、山形を「象徴区」に位置づけたうえで二階をはじめとする党幹部を集中的に投入していた。

二階の山形重視には理由があった。農協対策である。農協は三年前の参院選で自民党の候補者をまったく応援してくれず、敗因の一つとなっていた。

二階はもともと、JA山形中央会の会長であり、JA全農の会長でもある長澤豊《ながさわゆたか》とパイプを持っていた。そのため、大沼の演説会に行く前に、長澤会長のもとに足を運び、挨拶をした。その甲斐もあって、長澤会長も、二階とともに演説会にまで来てくれて、大沼を支援するスピーチをしてくれたという。

結局、大沼は二六万三一八五票を獲得するも、二七万九七〇九票を獲得した芳賀の前に落選した。

翌七月五日、二階は、山形の隣県の宮城県に応援に入った。

宮城県でも現職の愛知治郎《あいちじろう》が立憲民主党公認で野党共闘の候補者として出馬した新人の石垣《いしがき》のりこと争っていた。

二階と親しかった愛知和男《かずお》元衆院議員の長男で、すでに三期の実績がある愛知治郎だが、予想外の苦戦がささやかれていた。

二階は、東日本大震災で多くの被害を受けた石巻市で街頭演説に立った。ここでも多くの人が集まっていた。

この選挙区では、愛知は四六万五一九四票を獲得するも、四七万四六九二票を獲得した石垣の前に苦杯をなめた。

七月六日、二階は、山梨県に入った。山梨県では、現職の森屋宏《もりやひろし》が再選を目指していた。三年前の参院選では山梨県では野党共闘が推す宮沢《みやざわ》由佳《ゆか》が自民党の候補相手に勝利していた。平成三十一年一月の知事選で自民党が推す長崎幸太郎《ながさきこうたろう》が勝利したとはいえ、油断のならない選挙区であった。

長崎幸太郎は、知事選のときに支援を受けた森屋宏を自らの後援会をフル稼働させて、全力で応援していた。

その甲斐もあってか、森屋は、一八万四三八三票を獲得し、一五万〇三二七票を獲得した野党共闘が推す市来《いちき》伴子《ともこ》に大差をつけて勝利した。

さらに七月七日には、二階は、大分県に入った。

森屋宏

大分県では、安倍総理に近い現職の磯崎陽輔《いそざきようすけ》が無所属の安達澄《あだちきよし》と大激戦を繰り広げていた。大分県も三年前には野党側が勝利していたこともあり、与党側の苦戦が予想された。

磯崎は二一万九四九八票を獲得したが、二三万六一五三票を獲得した安達の前に落選した。

さらに二階は、七月十一日には兵庫県に入った。

兵庫県では、自民党公認の加田裕之《かだひろゆき》が激戦を繰り広げていた。

三年前から定数が三に増えた兵庫県は、自民党の加田、公明党の新人の高橋光男《たかはしみつお》、日本維新の会の現職の清水貴之《しみずたかゆき》、立憲民主党の新人の安田真理《やすだまり》の四名による全国屈指の激戦区であった。

二階派の谷公一《たにこういち》が自民党の兵庫県連会長を務めていたこともあり、二階は必死に応援した。

また二階は、今回の参院選では公明党への応援にも力を入れた。特に公明党が重点候補として力を入れていたのが兵庫県選挙区の新人の高橋光男であった。

二階は、六月十八日に大阪市内で二階後援会主催の演説会を開催した。

この演説会には、千人ほど聴衆が集まり、彼らを前に二階は高橋への支持を呼びかけた。

二階は、三年前にも同じように兵庫県選挙区から出馬した公明党の伊藤孝江《いとうたかえ》を支援するために、神戸市で千人規模の集会をおこなっていた。

今回も、同じように神戸市で開催することも検討したが、兵庫県で開催するのは加田裕之に悪いと配慮して、大阪で開催することになった。

選挙の結果、高橋は五〇万三七九〇票を獲得し、二位で当選した。

ちなみに、加田は四六万六一六一票を獲得し三位で当選する。

その後二階は、十三日と十四日に北海道へ入った。二階派から出馬する岩本剛人《いわもとつよひと》への支援であった。

定数三の北海道選挙区では、北海道議の岩本のほかに、北海道知事を四期務めて抜群の知名度を誇る高橋《たかはし》はるみも自民党から出馬していた。高橋に票が集まりやすいため、岩本は苦戦していた。

北海道には、二階派の現職国会議員が三人いる。伊東良孝《いとうよしたか》と武部新《たけべあらた》、自民党道連会長であり農水大臣を務める吉川貴盛だ。

二階は、岩本とともに、彼らの選挙区である釧路市、北見市、札幌市で応援演説をおこなった。

選挙の結果、岩本は、四五万四二八五票を獲得し、三位で当選した。

その後、二階は、七月十六日に福岡県に入った。このときは林も同行したという。

定数三の福岡県選挙区には、自民党公認の現職の松山政司《まつやままさじ》、公明党新人の下野六太《しものろくた》、立憲民主党公認の現職の野田国義《のだくによし》らが出馬していた。

二階は、公明党の下野の応援で北九州市で演説をした。

二階派には、鳩山二郎《はとやまじろう》、宮内秀樹《みやうちひでき》、武田良太と三人も福岡県を選挙区とする衆院議員がいた。彼らも、二階とともに公明党の下野の支援に向けて動いていた。

下野は、四〇万一四九五票を獲得し、二位で当選した。

「小沢王国」での戦いと〝辛勝〟の成果

七月十七日には、二階は、二階派に所属する平野達男《ひらのたつお》の応援のために岩手県に入っている。

平野は、野党共闘が推す無所属の横沢高徳《よこさわたかのり》と横一線の大激戦を繰り広げていた。

岩手県は「小沢王国」と呼ばれるほど小沢一郎《おざわいちろう》が強固な地盤を持っている。

小沢一郎

今回の選挙でも、小沢が共産党の志位和夫《しいかずお》委員長らとタッグを組んで、野党統一候補として横沢の擁立を主導していた。

二階は、かつて新生党や新進党で側近として小沢と行動をともにしてきた。

そのため、当初は「応援に入ればマスコミが『小沢対二階の師弟対

平野達男

宮崎雅夫

清水真人

決』と書き立て、相手を下手《へた》に刺激しかねない」として、表立って応援に入るのを避ける話もあった。

　しかし、終盤情勢を分析した結果、平野が激しく競り合っている実態が明らかになり、方針を転換することになった。

　さらに、これまでの地方遊説は「ハコ」と呼ばれる屋内の集会を中心としていたが、岩手県では街頭に立つ決断をし、直接有権者に支持を訴えた。

　林によると、平野は、他の東北地方の候補者と同じように、選挙前の調査に比べて、公示後の調査の数字の伸びがイマイチだったという。

　選挙の結果、平野は二七万二七三三票を獲得したが、二八万八二三九票の横沢の前に敗れた。

　七月十八日、二階は、地元の和歌山で、比例区に出馬した新人の宮《みや》崎《ざき》雅夫《まさお》の応援に入った。

　この日、二階は、有田川市でおこなわれた宮崎の演説会に参加し、支持を訴えた。

　農水省出身で全国土地改良政治連盟顧問や全国水土里《みどり》ネット会長会議顧問を務める宮崎は、二階派の新人候補であり、絶対に落とせない候補者であった。

　結局、宮崎は、一三万七五〇二票を獲得し、自民党の十七位で当選を果たした。比例区で当選した新人は、優先的に二位に順位づけられた三浦靖《みうらやすし》をのぞけば、宮崎と本田《ほんだ》顕子《あきこ》の二人だけであった。

　さらに二階は、七月十九日には、群馬県の館林市でおこなわれた清水《しみず》真人《まさと》の個人演説会に参加した。群馬県選挙区選出で、二階派に所属する中曽根《なかそね》弘文《ひろふみ》元外務大臣からの依頼だったという。

県議出身の清水は、四〇万〇三六九票を獲得し、圧勝。選挙後に二階派入りを果たしている。

このように二階は、各地で自民党の候補者の演説会に駆けつけたり、支持団体の事務所に支援の依頼に行くなどして、票固めを進めた。

選挙の結果、自民党は選挙区で三十八、比例区で十九、合計で五十七議席を獲得した。

選挙区、比例区でともに七議席を獲得し、合計十四議席だった公明党と合わせて、自公は七十一議席を獲得。

非改選の七十三議席と合わせて、百四十四議席となり、過半数の百二十三議席を上回る結果となった。

その一方で、焦点となっていた憲法改正を可能にする三分の二となる百六十四議席には改憲に前向きな日本維新の会の十六議席を合わせても、到達しなかった。自民党、公明党、日本維新の会の三党の合計は、三分の二に四議席足りない百六十議席となった。

自民党単体での選挙結果は、公示前の六十七議席から十議席減という結果であった。

が、三年前の参院選での獲得議席の五十六議席と比較すると、まずまずの結果ともいえるものであった。

落ちた選挙区の原因は何か――林幹事長代理の語る重要ポイント

今回の参院選は、ダブル選挙となる可能性が以前からささやかれていた。幹事長代理兼選対委員長代理である林幹雄も、今回の参院選で二階幹事長のもと、全国各地を奔走していた。

林は、ダブル選の可能性について語った。

「感覚的にはないだろうと思ったけれど、こればかりはわからないところがあった」

一方、安倍総理は、選挙後、ダブル選を視野に入れていたことに言及している。

投・開票日の七月二十一日夜には、テレビ番組に出演した際、ダブル選挙について選択肢として念頭にあったことを語っている。

「迷わなかったと言えば嘘になる」

林自身、今回の参院選にはどのような気持ちで臨んでいたのか。

林が語る。

「勝てるとは思っていました」

自民党による事前の調査の数字も良かった。また、林自身の政治家としての皮膚感覚でも悪くなかった。

特に事前調査で、三年前に与党が苦戦していた東北地方で良い数字が出ていた。これは自民党にとって好材料といえた。

三年前の参院選では、東北六県のうち、秋田県をのぞく五県で野党が一人区を制し、与党側の一勝五敗であった。

が、事前の調査の数字では、うまくいけば四勝二敗くらいにはなりそうな数字であった。

しかし、結局、野党側が巻き返し、与党は、青森県と福島県で勝ったものの、岩手県、秋田県、宮城県、山形県で敗れてしまった。

林によると、選挙戦に入っても、他の地域に比べて東北は自民党の候補者の票の伸びが弱く、最初の調査に比べて票が伸びたのは福島県の森雅子《もりまさこ》くらいであった。

結局、秋田県、山形県、宮城県、岩手県の四県は選挙戦中盤から伸びがなく、盤石だった青森県でも立憲民主党公認の小田切《おだぎり》さとるに追い上げられ、接戦での勝利となった。

林は、事前予想では、六十議席は超えると見ていた。

自民党は今回は一人区で十敗を喫した。

東北四県のほかには、新潟県、長野県、滋賀県、愛媛県、大分県、沖縄県で敗北した。

林は、一人区での苦戦の要因をどのように見るのか。

「二階幹事長は平成三十一年二月の自民党大会でも語っていましたが、選挙は最後は候補者の自己責任。落ちた選挙区には何か原因があるんです。結局、本人がこの六年間でどれだけ真剣に活動してきたかというところが一番重要なポイントです」

二階は、平成三十一年二月の自民党大会で党務報告のなかで、選挙について以下のように語っている。

「当選への王道は、政治に対する候補者自らの情熱を有権者に必死に伝えることである。候補者自身が死に物狂いになれば、周りも死に物狂いで支える。まずは候補者自身が誰よりも汗をかき、地道に有権者一人ひとりに対して丁寧に、謙虚に、思いや政策を伝えていくことが必要である。政治に停滞は許されない。我々は一丸となって各選挙を戦い、勝利する」

党本部では、二階のこの方針のもとで、候補者の真剣さをいかに有権者に伝えるか、ということをテーマにポスターを作り、国会議員や各都道府県連に配ったほどであった。

二階は、参院選後、筆者のインタビューを受けて、今回の参院選についても語った。

「選挙は最後は本人の日ごろの活動に尽きる。日ごろ本人がやっていないのに、周りがいくら必死になってもうまくいかない。

本人が一生懸命運動靴をすり減らして地域を回っていて、それでも大変だとなると、みんなも必死になって応援してくれるものですよ。結局、本人がどれだけ熱意があるかが一番大事です」

二階は、選挙の際に、事前調査の数字にはそこまでこだわらないという。

「わたしは自分の選挙も含めて、予測や調査にはあまりこだわらないんです。そんなものを眺めている暇があったら、選挙区を歩いて有権者一人ひとりと接したほうがいい。調査はあくまで結果だから、それに文句を言っても始まらない。そんなものを気にする暇があるなら、もっともっと攻めなきゃダメなんです」

今回の参院選の結果をどう見ているか。

「議席は一つでも多いほうがよいわけで、勝利に対しての意欲はキリがありませんが、それでも、順当なところであったのかなと思っています。

わかりきったことを言うようで恐縮ですが、政治は選挙に勝たないとダメです。選挙がすべてと言うと、なんか選挙ばかり考えているようですが、国民の皆さんが何を考えているのか、どんな注文があるのかをつかむのが選挙なんです。だから選挙の結果は政治家が国民の皆さんの声にどう応えているかという問いへの結果でもあるわけです」

野党の戦い方をどう見ているか。

「スポーツの試合とは違いますから、相手に合わせてどうこうということは考えません。それぞれの戦術があるでしょうから、どうぞしっかりおやりなさいという気持ちです。野党が弱いからこの程度にしておくかというような気持ちで選挙を戦ったら絶対にダメです。野党に関係なく、自民党として国民の皆さんにどう向き合っていくかが重要ですよ」

林幹雄は、幹事長代理として二階の各地への応援に地元の千葉県で選挙活動があるとき以外はほとんど同行した。

　また、二階の代理として選挙応援に向かう場合もあった。

　一人区で敗れた場合は、候補者本人と地元の自民党支部とがうまくいっていないケースが多かったという。

　いつ選挙になるかわからない常在戦場の衆議院とは異なり、参議院は選挙区こそ大きいが解散がないため、六年の任期は保証されている。

　そのため参議院議員は、人によっては気が緩み、有権者と接する日常的な活動を怠りがちである。

　また三年ごとに半数が改選されるのだが、当選したあと三年後の参院選には力を入れない議員もいる。

　今回の参院選では、選対の反省会で、三年後の参院選では現職議員に自分の選挙と同じような活動量で選挙活動をすることを義務づけるべき、と林は提言した。

　六年に一度ではなく、三年に一度は選挙があるという感覚になってもらうことが重要なのだ。

　もちろん、なかには自分が出馬しないときでも積極的に活動している参議院議員もいる。

　林の地元の千葉県選出で今回改選を迎えた石井《いしい》準一《じゅんいち》は、その点自分の出馬しないときの参院選も自分の選挙戦として捉え、徹底した活動をおこなっている。

　石井は、三年前の参院選では自ら新人候補者の弁護士の元榮《もとえ》太《た》一郎《いちろう》を発掘し、自分の選挙と同じくらいの力の入れ方で支援し、見事初当

石井準一

元榮太一郎

前尾繁三郎

選に導いた。

今回の参院選では元榮が石井の再選のために全力で活動し、石井は六九万八九九三票を獲得し、定数三の千葉県選挙区で見事トップ当選を果たしている。

幹事長連続在職日数が歴代最長になった二階と志帥会の新人たち

令和元年八月三日、自民党の二階俊博幹事長の連続在職日数が一千九十六日に達し、歴代最長となった。

二階は、幹事長に就任した平成二十八年八月以降、陣頭指揮を執った衆院選と参院選で連勝するなど選挙に強いという実績を残している。

その一方で、二階が率いる二階派（志《し》帥《すい》会）と他派閥との争いもメディアをにぎわせていた。

ちなみに、これまでの幹事長の連続在職日数のトップは、池田勇人総理大臣時代に幹事長を務めた前尾《まえお》繁三郎《しげさぶろう》元衆院議長の一千九十五日だった。

通算では、佐藤栄作総理のもとで二度務めた田中角栄元総理の一千四百九十七日に、自民党の野党転落時代と小渕《おぶち》恵三《けいぞう》総理のもとで、二度務めた森喜朗元総理の一千三百五十八日が続く。

七月三十日の記者会見では、二階にこのことに関連する質問がとんだ。

「二階幹事長が幹事長に就任されてから、まもなく三年です。今週末には、前尾繁三郎元衆議院議長を抜いて、連続在職記録が一位となり、また通算の在任記録でも、田中角栄元総理らに次いで三位ということになります。この間、選挙での勝利や外交などでさまざまな実績があると思いますが、幹事長としてこの記録についてのご所感をお願いします」

二階は答えた。

「日々、党の前進のために懸命に働いてきたことは事実ですが、在任期間がどうだとか誰とどうだとかと、そんなことは一切考えたことありませんから、前尾さんとやっているわけでもなければ、誰とやっているわけでもありませんせん。それはそのときの歴史であって、我々の先輩であるということは承知しておりますが、わたしの在任期間とは関係はありません」

この日は同様の質問が、もう一つ飛んだ。

「在任日数の関係について、二階幹事長は政界で尊敬される田中角栄先生にかなり日数として迫る形になります。田中先生に在任日数が迫るという部分について、どのようなお気持ちをお持ちでしょうか」

二階は答えた。

「特別の感情を持っているわけではありません。田中角栄先生は田中角栄先生の時代の幹事長であって、わたしは今、皆さんのご協力をいただいて幹事長を務めているということであって、それが何も日数がどうだとか年数がどうだとかということで判断するものではないと思っていますから。だけど、そういう大先輩に日数が近づいたということに関しては、長くいすぎたかなと、こう思っているだけです」

参院選後、志帥会には四人の新人議員が入会した。北海道の岩本剛人、群馬県の清水真人、広島県の河井《かわい》案里《あんり》、比例区の宮崎雅夫の四人だ。

さらに、かつて民主党や民進党に所属し、平成三十一年三月に自民党に入党していた衆院議員の鷲尾《わしお》英一郎《えいいちろう》も入会した。

そのため、現職の平野達男が落選したものの志帥会に所属する議員は、衆院議員三十六人、参院議員が十人となり、合計で四十六人となった。加えて無所属の細野《ほその》豪志《ごうし》も所属している。

これによって志帥会に所属する議員の数は、現職の参院議員の落選が続いた宏池会《こうちかい》（岸田派）と同数となり、清和政策研究会（細田派）、志公会（麻生派）、平成研究会（竹下派）に次ぐ党内第四派閥となった。結果的に、志帥会はさらに自民党内での発言力を増すことになった。

特にこれまで七人だった参議院議員が三人増えて二桁の十人となったことは大きかった。

二階率いる志帥会は、令和元年九月七、八日に福島県郡山市で毎年恒例の夏季の派閥研修会をおこなった。

東日本大震災の被災地の福島で、二階がライフワークとする「国土強靱化《きょうじんか》」を推進する姿勢を示すことを狙いとして開催することになった。

志帥会には、福島県を選挙区とする国会議員はいなかった。が、国土強靱化に熱心な県会議員が多く、「福島県国土強靱化研究会」に所属する県議が二十人ほどもいた。

その縁があって、今回福島での開催になったという。

研修会には国会議員だけでなく、地方議員や各議員の後援者なども参加し、総勢五百人以上が参加した。

冒頭に二階が挨拶をし、派閥の結束を呼びかけた。

「皆さんの大きな期待に応えるべく決意を新たにしている。我々は団結の力で頑張っていかなくてはならない」

二階は、さらに派閥の意義について語った。

「派閥は切磋琢磨《せっさたくま》、勉強の場である。我が派閥はゴルフはしない。派閥のことをとやかく言う人がいるが、それは派閥に入ったことのない人の言うことだ」

研修会の一日目は、サッポロビール株式会社の高島英也《たかしまひでや》代表取締役社長、株式会社ＩＨＩの斎藤《さいとう》保《たもつ》代表取締役会長、毎日新聞社の山田《やまだ》孝男《たかお》特別編集委員、日本経済新聞社の芹川洋一《せりかわよういち》論説フェロー、尾崎正直《おざきまさなお》高知県知事が講演をおこなった。

さらに二日目は、午前七時三十分からの朝食勉強会で、政治解説者の篠原文也と全国市長会の会長を務める福島県相馬市の立谷《たちや》秀清《ひできよ》相馬市長が講演をおこなった。

その後、福島県楢葉《ならは》町のＪヴィレッジ、大熊町の帰還困難区域や中間貯蔵施設、南相馬市にあるロボットテストフィールドなどを視察した。

〝安倍四選〟の可能性の模索

令和元年九月十一日、自民党は臨時総務会を開き、新役員を決定した。党四役は、二階俊博幹事長、岸田文雄政務調査会長が再任され、新たに鈴木俊一《すずきしゅんいち》総務会長、下村博文選挙対策委員長が就任した。

また、これまで筆頭副幹事長を務めていた稲田朋美が幹事長代行に就任し、林幹雄と金田《かねだ》勝年《かつとし》が幹事長代理に留任し、さらに参議院議員の石井準一も幹事長代理に就任した。

さらに参議院自民党も、参院議員会長の関口昌一《せきぐちまさかず》のほか、世耕弘成《せこうひろしげ》参院幹事長、松山政司《まつやままさじ》参院政策審議会長、末松信介《すえまつしんすけ》参院国会対策委員長の就任を決定した。

臨時総務会後に開かれた新体制初の役員会で、安倍晋三総理は語った。

「令和初の国政選挙で頂いた国民の負託に応えるべく、党と政府で一体となって、さまざまな政策に取り組んでいく」

安倍総理は、党是である憲法改正についても言及した。

「国民の理解が何よりも大切。広報活動などを党一丸で力強く進めていく」

その後、新しい党四役による記者会見のなかで、二階俊博幹事長は抱負を語った。

「政治の安定なくして国民生活の安定はない。党や政権の安定的な運営に全力を挙げていきたい。挑戦なくして新しい時代は切り拓《ひら》けないという決意のもと、我々は常に挑戦を続けていく」

安倍総理の連続四選についても言及した。

「もし総裁がそういう決意を固めたときは、党を挙げて支援していきたい」

さらに二階は、安倍総理が宿願とする憲法改正についても語った。

「党を挙げて努力を重ねたい。国民がいかに考えているか、謙虚に耳を傾けながら進めたい」

また、この日発足した第四次安倍第二次改造内閣では、菅義偉官房長官と麻生太郎副総理兼財務大臣以外の閣僚が交代することとなった。

外務大臣には茂木敏充前経済再生担当大臣が就任し、防衛大臣には河野太郎前外務大臣が就任した。その他では高市早苗《たかいちさなえ》が総務大臣に、加藤勝信前総務会長が厚生労働大臣に再登板することになった。

初入閣は十三人でこれまでの安倍内閣で最多となり、環境大臣に小泉進次郎が就任することがサプライズとして受け止められた。

二階派からは二人が入閣し、武田良太が防災担当大臣兼国家公安委員長に、衛藤晟一《えとうせいいち》が一億総活躍担当大臣に就任した。

自民党の派閥別にみると、菅官房長官のほかに菅原一秀《すがわらいっしゅう》経済産業大臣、河井克行《かわいかつゆき》法務大臣、高市総務大臣、江藤拓《えとうたく》農水大臣、小泉環境大臣が入閣した無派閥が六人で最多。

　二階派以外の派閥からは、萩生田光一文部科学大臣、西村康稔経済再生担当大臣、橋本聖子五輪担当大臣が入閣した細田派が三人、麻生財務大臣、河野防衛大臣、田中和徳《たなかかずのり》復興大臣が入閣した麻生派が三人、茂木外務大臣と加藤厚労大臣が入閣した竹下派が二人、竹本直一科学技術担当大臣と北村誠吾《きたむらせいご》地方創政担当大臣が入閣した岸田派が二人であった。

　一方、石原派と石破派、谷垣グループからの起用はなかった。

　二階は、今回の内閣改造によって、幹事長をさらに続投することになった。二階が今回の人事について語る。

「幹事長は党のまとめ役ですから、結果的に、わたしのほうにお鉢がまわってきたわけですが、全方位でしっかりやってくれる人がやれば誰でもいいと淡々と思っていました。今後は、指名をいただいた総理の期待に応えるように全力でお支えしたいと思っています」

　二階の幹事長留任を衆院選への布石と見る意見も一部にはある。

　このことについて二階は、どう考えているのか。

「すぐに解散があるということは読みすぎだと思います。ですが、この間の参院選を戦って勝利を得ることができたわけで、その勢いで、次の戦いに挑戦していこうと総理が決意された際には、しっかりこれを支えてよい結果が出るように準備は怠りなくやっていきます」

　二階は、安倍総理の四選についても筆者に口を開いた。

「安部総理は年齢的にもまだ若いし、国際的にも活発に活動をしていて、国民の期待も高い。もし総理にその意志があるならば、支えたいと思っています」

　他のポスト安倍候補についてはどのように考えているのか。

小泉進次郎

「もちろん、今、意欲をもっておられる人や、熱意をたぎらせている人もいるかもしれませんが、現在はあまり表に出てきていません。そういう人が出てくればしっかりやってもらったらいいと思っています。自民党は多士済々ですから、次の若手のなかにも立派な議員はいると思っています。かつては三角大福中のように総裁の椅子を巡る激しい争いがありましたが、今は上品になったというか、政策本位の争いになってきました。どなたも国民の期待に応えられるんじゃないでしょうか」

二階は、今回の組閣についても語った。

「それこそ全方位にしっかりした安定した内閣をつくったと思ってます。賛同以外にありませんよ」

サプライズとなった小泉進次郎の初入閣についても語った。

「自民党の期待の星ですから、当選回数などを超えて抜擢したことはそれだけ新鮮味があって良かったんじゃないですか。もちろん、小泉人気だけに乗っかるのはよくありませんから、ほかの閣僚も内心で奮起をして活躍してほしいなと期待しています」

小泉進次郎は、かつて二階のもとで、筆頭副幹事長を務めていた。二階は政治家小泉進次郎をどう見ているか。

「内外から評価されるだけのことはありますよ。若いときからずっと注目され、鍛えられてきた面はあるわけですから、それは良い効果があったんじゃないでしょうか」

二階は、稲田朋美の幹事長代行就任についても語った。

「期待されているだけあって、本人の政治的なセンスも、何が重要かってことをみるのも、非常に落ち着いた立派なものをもっています」

また、二階に近い林幹雄幹事長代理の留任についても語った。

「他の部署でさらに活躍する場面があってもいいんじゃないかと思いますが、やはり幹事長代理というのは、幹事長に代わり、さまざまな仕事をしますから、ここで大いに経験を積んで、次のステップに備えてもらいたいと思っています。林君はお父さんの林大幹《はやしたいかん》先生も立派な方でしたが、林君自身も、政治家として人に信頼されるという点では抜群のものをもっていて、わたし自身が教えられることも多いですよ」

二階派から二人が初入閣したことについても語った。

「二人とも日常活動から見て、大いに頑張っていますから、派閥の仲間として気持ちよく送り出しています。しっかり活躍してくれると思いますよ」

対韓国・中国、国土強靱化……百花繚乱の政策展開

最近では、日本と隣国である韓国との関係悪化が盛んに報じられている。二階はどう見ているのか。

「韓国とは、歴史的にも深い関係にあるから、仲良くやっていくことは大事。同時に世界各国が日本が韓国とうまくやっていけるかどうかに注目しているという点にも注意しないといけない。韓国だけの問題と考えずに世界の問題と自覚して、友好的な関係を築いていくことが大事です。

もちろん、過去のさまざまな問題がありますから、韓国には韓国の言い分があり、日本には日本の言い分がありますから、なかなか難しいところはありますが、お互いに冷静に仲良くやっていきましょうと一致点を見出せることはできるはずです。引っ越したりはできないんだから、どちらも

仲良くやっていく以外にしょうがない。

わたしは心配していません。国民のみなさんの普段の交流に任せれば、自然とうまくいくと思っています。

わたしは観光交流をライフワークとしてやっていますが、政治的な難しい問題を民間レベルの交流に持ち込むことなく、お互いに友好関係を保っていければいいなと思っています。最近のメディアは対立を少しあおりすぎですよ。そんなことをしても誰も得をしません」

二階は、中国と日本との関係についても語った。

「日本と中国は、お互いに古い歴史があり、つながりも深い。そこは乗り越えていかないといけません。日本がアジアのなかである一定の発言力をもたないと世界では通用しませんから」


二階は、災害から国土を強くする国土強靱化にライフワークとして取り組んでいる。

「自然災害は恐るべきことですが、政治が負けているわけにはいきません。やるべきことは多いです。災害対策の費用を考えてもらえればわかりますが、事前防災に力を注ぐことは結局、結論としては国が得をすることなんです。災害対策の予算を削っている間に、大きな災害が起きたら、想定外の損失が生まれる。

だから、もっと事前防災を積極的にやるべきです。もちろん財務省が予算を気にするのもわかりますが、人の命がかかっている問題なんです。予算がどうとか、シーリングがどうとか、そういう話とは根本的に違うんです。

日本の国土を安全にすることは、住民の生活を守ることと同じ。国民の命を守ることに対して誰も反対する人はいません。やはり、政権を担当している政党がより真剣にやらないと進まないと思っていますし、先を見通して対策をする先見性が政治家にも必要です」

二階は、幹事長としてどのように党運営に気を配っているのか。

「少なくとも、党内でご意見のある人や何か提案のある人、構想のある人が積極的に動けるような機会をつくっていきたいと思っています。例えば、政策で何かやりたいということだっていい。百花繚乱《ひゃっかりょうらん》のごとく、自民党内のあちらこちらで、政策の花が広がっていくようにやっていかないといけないと思っています」

幹事長としての役割についても語った。

「総理の示す方向に向かって、党が一丸となって進んでいけるような体制をつくっていくことが大事だと思っています。もちろん、今はみんな協力的です」

二階は、憲法改正についても語った。

「憲法改正の議論は、今までも濃密な積み重ねがありますから、それに現代的なことを加えて、できるだけ早く成案を得るように努力しないといけない。おのずから円満な点を見出さないといけません。

憲法改正は自民党の党則を改正するのではなく、国民の皆さん全体に関わることですから、野党のご意見も十二分に反映しないといけません。むしろ自民党の主張を抑えてでも、野党の意見を十分に取り入れていかないと。与党はまとめる立場ですから、それくらいの度量を示さないといけません」

令和二年七月に改選を迎える小池百合子東京都知事について、二階はどう思っているのか。

「都民の支持を得て、都知事の仕事を特定の党に頼らずに独りの力で乗り込んで立派にやられているんですから、彼女の活躍に期待したいと思っています。

これから自民党として来年の知事選をどうするのかについては、自民党東京都連としてどう考えているのかが重要。選挙の候補者を立てるならば、勝てる候補者を立てないと意味がない。参加するだけでは意味がないから、参加した以上は成果をあげないといけません。党本部としては、都連の意見を聞いて慎重に対応したいと思っています。一にも二にも今の小池都知事に勝る人材、候補者を見つけてくることが大事ですね」

第三章　角栄超え最長幹事長の足跡

武田良太と衛藤晟一の初入閣にみる〝幹事長ライン〟確立

令和元年（二〇一九年）九月十一日、自民党は臨時総務会を開き、新役員を決定した。

党四役は、二階俊博幹事長、岸田文雄政務調査会長がそれぞれ再任され、新たに鈴木俊一総務会長、下村博文選挙対策委員長が就任した。

二階は、この人事で幹事長を続投することになり、四期目に突入した。

人事の直前は毎回のことながら、さまざまな噂が自民党内を駆け巡っていた。なかには、「二階が三期務めた幹事長を退任し、副総裁に就任する」という噂もあった。

が、林幹雄幹事長代理は確信していた。

〈交代という話が出ても、では誰にやらせるのかという具体的な話はまったく出てこない。どう考えても、二階幹事長の続投以外ありえないだろう〉

しかも、二階は幹事長に就任して以来、平成二十九年の衆院選、令和元年の参院選と陣頭指揮を執った国政選挙で連勝していた。

さらに、国政選挙だけでなく、比較的野党が強い新潟県や山梨県の知事選挙でも自民党系の候補者を勝利させていた。

林はそれらの事績を振り返りながら、思った。

〈やはり選挙で結果も出し、党内も安定しているなかで、わざわざ幹事長を代えるという道理はないだろう〉

結果的に林の予想通り、二階の幹事長続投が決まり、林も引き続き幹事長代理に就任した。

二階や林が所属する志帥《しすい》会（二階派）からは、武田良太が国家公安委員長兼内閣府特命担当大臣

（防災）、行政改革、国家公務員制度、国土強靭化の各担当大臣に、衛藤晟一が内閣府特命担当大臣（沖縄及び北方対策、消費者及び食品安全、少子化対策、海洋政策）、一億総活躍、領土問題の各担当大臣に就任した。二人とも初入閣だった。

参議院議員の衛藤は、もともとは衆議院議員で平成二年二月の衆院選で初当選を果たしていた。そのため、林や安倍総理ら平成五年初当選組の一期先輩にあたる。

衛藤は、特に安倍総理と昔から親しかった。安倍が若き日に自民党の社会部会長に就任したのも、衛藤との関係があったからだと言われていた。

第二次安倍内閣が平成二十四年十二月に発足して以降、衛藤は、今回入閣するまでずっと国政の重要課題担当の総理大臣補佐官として、安倍をサポートし続けていた。

衛藤は、かつては清和会（現在の清和政策研究会の前身）に所属し、三塚《みつづか》博《ひろし》が会長を務めていた平成十年九月に亀井《かめい》静香《しずか》らとともに派を飛び出した。志帥会がその翌年の平成十一年三月十八日に結成されたときから参加している。現在の志帥会では、河村建夫や伊吹文明、中曽根弘文らと同じく古参メンバーの一人だ。

志帥会からのもう一人の入閣は、武田良太だった。衆議院議員の武田は、平成十五年の衆院選で福岡県十一区で当選し、現在六期目である。

武田は、入閣前には、自由民主党幹事長特別補佐兼副幹事長を務め、第二次安倍内閣では平成二十五年九月三十日から平成二十六年九月三日まで防衛副大臣も務めている。

志帥会からは、武田のほかに派閥の事務局長を務める平沢勝栄も推薦されていたが、平沢の入閣はならなかった。

林によると、武田の評判はすこぶる良いという。

「幹事長特別補佐兼副幹事長を二期務めていたので、二階幹事長とわたしとも一緒に仕事をする機会が多かった。すごくフットワークが良い。嫌な仕事を避けたがる議員も多いなか、武田は仕事を頼まれたら男気を感じてやり遂げるタイプなんです。お酒も強いので、若い議員の面倒見も抜群に良い。うちの中堅議員のなかでは伸びるでしょう」

林は、志帥会の議員たちについて語る。

「うちのメンバーは仕事をやらせればしっかり仕事をやります。二階会長は口癖のように、二言目には『政治家は一度言ったことは絶対実行しろ。できないなら、言うな』とよく言ってますが、その二階イズムは派閥の議員たちにも浸透しています。一番の実践者の二階会長を間近で見ているわけだから勉強になりますよ」

さらに志帥会に所属するわけではないが、政調会長時代から当時、総務会長だった二階と良好な関係を築いている清和政策研究会（細田派）に所属する稲田朋美も、今回の人事で筆頭副幹事長から幹事長代行へと昇格した。

稲田は、次期総裁選への出馬についても意欲をみせている。

林は思う。

〈稲田さんも六十一歳だから、あまり悠長にはしていられない。総裁選への出馬も、もちろん安倍総理が三選で引退する場合に出馬するという意味だろうけれど、女性議員のリーダーを目指す資格は十分にある。細田派が派の総裁候補として推すかどうかにもよるが、注目は集まるはず〉

"ポスト安倍"への胎動を探る⁉

二階幹事長―林幹事長代理のコンビも、令和元年八月からは四年目に突入した。

林が語る。

「今の自民党は二階幹事長の重しが効いていることもあって、変な不協和音がまったくありません」

幹事長在任期間が四年目になったこともあり、幹事長室では党内融和を図るために、各派閥の会長や事務局長と積極的に食事会をおこなうようになった。

令和元年九月二十五日の夜には、二階と林は、宏池会《こうち》（岸田派）の岸田文雄政調会長と望月義夫《もちづきよしお》事務総長、根本匠《ねもとたくみ》前厚生労働大臣らと東京都内の中華料理店で会合を開いた。

二階は、この席で次の総裁選への出馬が取り沙汰される岸田を激励した。

「宰相の座に駆け上がってください」

さらに十月三日の夜には、二階と林は、石破茂元幹事長と会食した。このときには、石破の側近の山本有二《やまもとゆうじ》元農林水産大臣が同席している。

山本は、平成二十九年の衆院選で、高知県二区から出馬したが、選挙区では敗れ、比例の四国ブロックで復活当選を果たしていた。

令和元年八月に尾崎正直高知県知事が次期衆院選の高知県二区から自民党公認で立候補を目指す考えを表明した。尾崎が九月の志帥会の派閥研修会に講師として参加したこともあり、石破派は二階派に対して、警戒感があるなかでの開催だった。

が、林によると、この日は和気あいあいとした雰囲気の会食になったという。

十月十六日夜には、二階と林は、都内の日本料理店で麻生太郎副総理兼財務大臣、麻生の側近の松本純《まつもとじゅん》国対委員長代理と会食した。

会合は麻生政権の同窓会でもあった。麻生政権では、二階は経済産業大臣、林は幹事長代理や国家公安委員長、松本は官房副長官を務めていた。二階や麻生は、各地に甚大な被害をもたらした台風十九号への対応や臨時国会の運営などについて意見交換したという。

さらに、二階と林は、翌十七日には、無派閥の野田聖子元総務大臣らとも会食した。

十月二十三日の夜には、二階と林は、都内の日本料理店で、安倍総理の出身派閥で党内最大勢力の九十七人の衆参議員が所属する清和政策研究会を率いる細田博之憲法改正推進本部長と会食した。二階と林のほかに、金田勝年幹事長代理と稲田朋美幹事長代行、細田派では細田のほかに、塩谷《しおのや》立《りゅう》元文部科学大臣、下村博文元文部科学大臣、派閥の事務総長を務める松野博一《まつのひろかず》が同席した。

十月二十四日夜、二階と林は、都内のホテルで、第二派閥の平成研究会（竹下派）の茂木敏充外務大臣、派閥の事務総長を務める山口泰明自民党組織運動本部長と会食した。

このほかにも、十一月三日には、谷垣グループの逢沢一郎《あいさわいちろう》元外務副大臣ら、十一月二十二日には石原派（近未来政治研究会）の石原伸晃元経済再生担当大臣と会食。石原との会食には、野田毅《のだたけし》と坂本哲志も同席したという。

林が幹事長室がおこなった一連の会食について語る。

「メディアは面白おかしく書き立てますが、どこの派とも終始良好な雰囲気で、安倍政権をしっかり支えていきましょうという話をしました。個々の問題について、そういうときにはわざわざ話しませんん。それはお互いさまですからね」

災害対応の課題を問う――林幹雄の代表質問

令和元年十月七日、林幹雄幹事長代理は、自民党を代表して、十月四日に召集された第二〇〇回臨時国会の本会議の代表質問に立った。

本来、与党の自民党では代表質問は幹事長や政調会長などがおこなうことが多い。だが、九月に林の地元の千葉県を「令和元年房総半島台風」が襲い、県南部を中心に甚大な被害があったこともあり、地元事情を知る林に白羽の矢が立った。

「令和元年房総半島台風」は、関東地方に上陸したものとしては観測史上最強クラスの勢力のもので、九月九日に上陸し、千葉県を中心に甚大な被害を出した。

のちに総務省消防庁が発表したところによると、人的被害は、東京都と千葉県での死者三人、埼玉県と千葉県、神奈川県、茨城県での重傷者十三人を含む一都六県で百五十人が重軽傷を負った。住宅被害は千葉県を中心に七万棟を超え、このうち九割以上が一部破損であった。また、断水や停電も、千葉県南部を中心に長期間続くなど大きな被害があった。

林は代表質問で自民党を代表し、語った。

「自由民主党の林幹雄です。わたしは、自由民主党・無所属の会を代表して、安倍内閣総理大臣の所信表明演説に対し、質問いたします。

冒頭、今朝、能登半島沖の我が国のEEZ（排他的経済水域）内で、水産庁の漁業取締船と北朝鮮の漁船が衝突し、漁船は転覆。現在乗組員を救助しているという事案が発生いたしました。

水産庁はこの漁船に対し、EEZ内から退却するよう警告していたとのことですが、水産庁の行動は法律に基づく正当な行動であります。その後の人命救助においても速やかにおこなわれております。政府は今後事案の詳細を明らかにし、しっかり対応していただきたいと思います。安倍総理の答弁をお願いします」

林幹雄

林はまず台風十五号について、質問した。

「この夏も、佐賀県を中心とする大雨や台風十五号、十七号などの影響で、日本各地で甚大な被害が発生しました。これらの災害によりお亡くなりになられた方々に、心からの哀悼《あいとう》の意を表しますとともに、被害に遭われた方々に深くお見舞いを申し上げます。

台風十五号は、観測史上最大の風速を記録し、千葉県を中心として、多くの地点で強風や豪雨に襲われました。長期間にわたる停電で、市民生活、道路などの交通、水道などのライフライン、生産や物流などの企業活動に深刻な影響が生じ、被害の大きさを改めて認識しました。

農業用ハウスや畜舎は倒壊し、野菜・果物・畜産等、農林水産業における被害額は、東日本大震災による被害額を超え、この災害で離農するとの声も少なくありません。農林水産業者への経営安定や今後の営農、早期の事業再開に最大限の支援が必要です。

秋の行楽シーズン真っ只中にあって、観光業も大きなダメージを受けました。災害廃棄物は膨大で、広域で連携し、万全な対応が必要です。

千葉県内の住宅被害は二万軒を超え、補修のスピードを上げないと安心して年末年始を過ごせない状況です。屋根に被害のあった被災家屋の多くで、屋内が浸水するなど被害が広がっています。半壊の住宅に対しては、災害救助法による公費負担がされることになるようですが、一部損壊でも日常生活に支障をきたすようなケースには、制度を柔軟に適用することも考えるべきであります。

停電長期化の主な原因は、鉄塔の倒壊や倒木により送電網が大きな被害を受けたことであると言われていますが、同様の問題は、昨年の台風二十一号や、北海道胆振《いぶり》東部地震でも発生しています。

停電してもすぐに復旧するのが日本の電力供給の強みだったはずなのに、これだけ復旧に時間を要したということは、既存の体制では、激化する自然災害に対応できないことを示しています。

全国の電力会社で過去の経験を共有し、専門家を交え長期停電の検証をおこない、電柱の地中化や強度化など、送電網等の電力供給体制の強化、非常用電源の確保、家庭用発電機への補助等、電源のバックアップ体制について、真剣に考えるべきであります。

大規模な通信障害も発生し、情報にまったくアクセスできない地域も多数発生しました。今回の通信障害に対する復旧プロセスの検証を踏まえ、携帯電話の基地局への非常用電源の設置など、強靱な通信網の整備が急務です。

ＪＲ・私鉄・バスの運休で、一万人を超える利用者が成田空港に足止めとなりました。昨年の西日本豪雨では関西空港が、北海道胆振東部地震では新千歳空港が孤立しており、来年の東京五輪を見据えたとき、公共交通機関の強化は喫緊の課題です。

例えば首都圏においては、羽田、成田、茨城の三空港で発着の調整を行う枠組みを作ることや、災害時の外国人への対応が遅れている地方空港の機能の充実を図るなど、非常時に強い柔軟な航空政策も必要です。

政府の初動対応は迅速で、台風接近前から、関係省庁災害警戒会議を開催したり、閣僚懇談会の場を活用するなど、しっかりと対応してきたと思います。武田防災担当大臣は、就任翌日には千葉県の香取市と多古町に入り、被災現場を調査されました。

自衛隊は給水・入浴支援をはじめ、倒木処理、ブルーシートを張る等、最大約一万人体制で活動し、感謝の声が多く上がっています。ボランティアの皆さんの心温まるご支援にも、感謝申し上げるものであります。

他方、停電の影響で電話が通じず、被害が広大な範囲に及んだことから、全体の把握が難しく、自治体間でスムーズな連携ができなかったことも事実です。

全容の把握には、被災自治体や地方整備局における機動的な対応が必要であり、今後、防災ヘリやドローンを積極的に活用すべきであります。

東電の見通しの甘さは大変遺憾であり、社会的責任の重さを考え直していただきたいと思います。地球温暖化が進み、台風はいまやゲリラ台風ともスーパー台風とも言われ、被害も激甚化しています。過去五年間における激甚災害の指定は二十五件にものぼります。

今般の台風十五号は、佐賀県の大雨や十七号などと一体として、柔軟かつ早期に、激甚災害に指定される見込みとなりました。これは、自治体や住民に大きな勇気を与えるものであります。

災害は、いまや日本全国どこでも発生することを想定し、オールジャパンで対応しなければ、国民の生命や生活を守ることはできません。

国の職員による助言や被災経験のある自治体からの職員派遣など、プッシュ型の人的支援をはじめ、全国千七百四十一の自治体のうち、わずか百十五市区町村でしか策定されていない国土強靭化地域計画を早急に策定する必要があります。地方創生と国土強靭化を調和させることも効果的です。

以上、これまで述べた復旧・復興や災害対応の課題について、安倍総理のお考えをお尋ねいたします」

林は、このほかにも、全世代型社会保障検討会議や、就職氷河期世代支援、経済、環境問題、外交・安全保障、ハンセン病、過疎対策、観光、教育、憲法改正などについて質問した。

実は、千葉県選出の国会議員が自民党を代表して代表質問に立ったのは、川島正次郎《かわしましょうじろう》元副総裁、水田三喜男《みずたみきお》元政調会長に続いて、林で三人目であったという。

首里城の再生、新型コロナ苦境の解消……〝全方位〟災害対策始動

令和元年十月十七日、二階が本部長を務める自民党台風十九号非常災害対策本部の第二回会合に副本部長として出席した林は、対策本部会合終了後に、二階と佐藤信秋《さとうのぶあき》事務局長代理とともに被害

状況を確認するために、東京をヘリコプターで出発したのち、埼玉県、群馬県、栃木県、福島県、茨城県の災害現場を上空から視察した。

林たちは、群馬県では、利根川の氾濫《はんらん》を守ったと称賛される八《や》ッ場《んば》ダムを訪れた。山本一太《やまもといちた》群馬県知事や地元選出で、自民党群馬県連会長を務める小渕優子《おぶちゆうこ》元経済産業大臣より説明を受けた。

報道陣の取材に応じた二階は語った。

「八ッ場ダムが一定の効果をあげた。この経験を大いに生かして国の防災についていっそうの努力を進めたい」

出迎えた山本一太群馬県知事も報道陣に説明した。

「（試験）貯水を始めていたので容量に余裕があったという非常に幸運な状況もあったが、治水効果は発揮した」

さらに、二階や林たちは、福島空港で、橋本克也須賀川《はしもとかつやすかがわ》市長、自民党福島県連の佐藤憲保《さとうのりやす》県議会議員会長、太田光秋《おおたみつあき》県連幹事長から福島県内の被災状況についても説明を受けた。

林は、視察を通して、さらに決意を新たにした。

〈厳しい冬を抱える地域が多い被災地域の一日も早い復旧復興に向けて、自民党としてできることはなんでもやっていく〉

二階は、自民党の国土強靭化推進本部長を務め、林は、本部長代行を務めている。

また、林は、二階の指名を受けて、自民党の観光立国調査会の会長を務めている。

令和元年十月三十一日未明に、沖縄県那覇《なは》市にある首里《しゅり》城で火災が発生し、正殿と北殿、南殿が全焼し、合わせて七棟の建屋、延べ四八〇〇平方メートルが焼失した。

首里城は、沖縄最大規模の城郭で、四百五十年間にわたり琉球《りゅうきゅう》王国（一四二九年～一八七九年）の政治と文化の中心地だった。

正殿は戦前、国宝に指定されたが、昭和二十年に第二次世界大戦の沖縄戦で焼失した。

戦後、昭和三十三年に守礼門が復元され、昭和六十一年には国が国営公園整備事業として首里城の復元が決定され、平成四年に正殿などが完成した。

平成十二年には、首里城跡が「琉球王国のグスク及び関連遺産群」として、世界遺産に登録された。この年七月の九州・沖縄サミットでは各国首脳を迎えた社交夕食会も開かれた。

消失した首里城は、その後、国費で復旧することになり、最終的に令和二年三月二十七日に、令和八年までの完成を目指すとする工程表案が閣議決定され、令和四年から本格着工されることが決まった。

首里城は、沖縄観光における重要なスポットだ。林や二階も、国費での復旧に向けて、必死に動いた。令和元年十二月三十日には、二階や林は、那覇市の首里城を視察した。二階は、視察後、記者団に語った。

「沖縄の負担となることがないように再建に向けてやれることは、国、自民党が先頭に立って全力を傾けて取り組んでいきたい」

二階はさらに呼びかけた。

「一緒になって首里城の再建、復活に向けて、きょうから立ち上がろうではないか」

視察には、自民党沖縄県連の幹部や沖縄県の謝花《じゃはな》喜一郎《きいちろう》副知事も同行した。

二階は、さらに那覇市内のホテルでおこなわれた自民党沖縄県連の幹部との会合にも出席した。

林によると、二階は令和二年六月に予定される沖縄県議会議員選挙に関して、各候補が選挙区内をくまなく歩き回るよう檄《げき》を飛ばした。

「第一党になって県政を牛耳るくらいにならなきゃダメだ。それには他人のせいにしないで、一人ひとりが徹底して歩いて、当選してくれ。候補が履く運動靴は嘘をつかない。運動靴なら何足でも買って差し上げる」

二階の檄は功を奏した。令和二年六月七日投・開票の沖縄県議会議員選挙で、自民党は改選前の十四議席から三議席増の十七議席となり、勢力を伸ばした。

米軍普天間《ふてんま》飛行場（宜野湾《ぎのわん》市）の名護市辺野古《へのこ》移設に反対する玉城《たまき》デニー知事の支持派が二十五議席を獲得して過半数を維持したものの、玉城県政の求心力低下をうかがわせる結果となった。


新型コロナウイルス感染症の流行により、現在、ここ十年インバウンド（訪日外国人観光客）の増加などで好調だった観光産業には厳しい状況になっている。

林や二階は、現在、観光産業の振興のために、必死に動いている。

令和二年三月二日には、自民党本部で、林が本部長を務め、二階が最高顧問を務める自民党観光立国調査会の幹部会を開催した。

この日は、新型コロナウイルスの感染拡大によって需要が落ち込んでいる旅行・宿泊事業者と意見交換した。

林によると、キャンセルが相次ぐ宿泊施設への経営支援や運転資金の無利子融資を求める声が上がった。

調査会では、意見を踏まえて観光業への支援策を取りまとめ、近く政府に提言する方針を固めた。

会合後、二階は、記者団に語った。

「ただちに対応することが大事だ。政府に対して、ほとんど命令に近い形で要望したい」

今後、新型コロナウイルスの感染が流行するなかで、当面インバウンドの観光客は見込めなくなる。

林は語る。

「インバウンドが当面難しいなかでは、国内の観光需要を活発にしなきゃいけない。そのためには、自民党としても、クーポンなどの刺激策をさらに整備していく声を政府にあげていきます」

中国・日本間コロナ感染対応のエール――ジャック・マーの書簡

令和二年になり、中国で新型コロナウイルスが猛威をふるうなか、二階は、旧知のアリババグループの創業者であるジャック・マーから「防護服を手配してほしい」という依頼を受けた。

二階は、その要請を受けて、日本の各方面に当たり、十二万四千二百着の防護服を確保。最終的には、そのうち十万着を日本からの寄付とし、二万四千二百着をアリババグループが買い取ることになった。

その後、二月後半から日本でも新型コロナウイルスによる感染者が増え始め、マスク不足が問題になると、ジャック・マーは、二階のために動いた。

三月一日、ジャック・マーは、自身が設立したジャック・マー公益基金会とアリババ公益基金会を通じて、日本にマスク百万枚を送った。

マスクを入れた段ボールには「青山一道同担風雨（同じ山を見る近隣同士、ともに風雨に耐えよう）」という漢詩が添えられ、三月三日に日本に到着した。

このマスクは、二階幹事長に対するジャック・マーからのお礼だったという。

ジャック・マーは、二階と日本国民に対する感謝の手紙も送った。手紙の全文は以下の通りだ。

「二階俊博さま

これまでの一カ月にわたる新型コロナウイルスとの戦いを経て、中国にいる私たちはようやく最も困難な時期を乗り越えることができました。

感染が拡大し、中国の医療物資不足の危機が差し迫っていたとき、二階さんに『中国のために、必要な医療物資を日本で探していただけないか』とお尋ねしたところ、『親戚が病気になっているなら、手を差し伸べるのは当たり前です。国の力を結集して中国を助けましょう』というお返事をいただいたことを、はっきり覚えています。

その後、二階さん自ら各方面にお声がけされ、約十二万五千着の防護服を新型コロナウイルス対応の最前線で昼夜なく戦う中国の医療関係者に提供くださいました。

日本からの数え切れない、心からの支援に中国の皆が感動し、感謝感激しました。

残念なことに、日本も現在厳しい困難に直面しています。今度はその困難をよく知る私たちが、友として、日本の皆さまをなんとか助けたいと強く願っています。

そこで先日、私たちは百万枚のマスクを緊急調達し、二階さんに託すことにしました。ぜひ医療物資を必要としている日本の医療機関などにお渡しください。日本が一日も早く新型コロナウイルスとの戦いに打ち勝てるよう、心よりお祈り申し上げます。

ジャック・マー

今回のマスクは、アリババ公益基金会とジャック・マー公益基金会が共同でかき集めたものです。しかし、アリババだけの気持ちではなく、多くの中国の人々の気持ちでもあります。私たちはこれまで日本の皆さまからいただいたご支援に心から感謝し、胸に刻んで、その恩に報いたいと思います。

現在、私たちは同じ困難に立ち向かっています。これからも相互に助け合い、ともに困難を乗り越えられると信じています。

日本の平穏、中国の平穏を祈り、あらためて感謝の気持ちをお伝えします。

日本の皆さまのご健康を心よりお祈り申し上げます。


ジャック・マー（馬雲）」


ジャック・マーからの百万枚のマスクは、日本に到着後、二階と親交がある「一般社団法人日本医療国際化推進機構（IMSA）」を通して、配布されることになった。配布先や枚数は、マスクの受給逼迫《ひっぱく》度合いや、人口や感染者数などを勘案し、各都道府県の医療機関を中心に配布された。

ジャック・マーは、さらに五月十三日にも、アリババ公益基金会を通じて、マスク三十万枚と防護服十五万枚を日本に寄贈した。

このときは、一般社団法人日本医療国際化機構がアリババ公益基金会と日本医師会の橋渡しを担い、日本医師会に一括で寄贈されることになった。

物資は、日本医師会に到着したあと、各都道府県の医師会など医療現場の最前線に届けられた。

ジャック・マーは、二階と当時、日本医師会会長の横倉義武《よこくらよしたけ》宛ての親書のなかで語っている。

「日本は現在、ウイルスとの戦いのなかで厳しい局面を迎えておりますが、夜明けは間もなくでしょう。勝利はそこまできております。この重要なときに最善を尽くさなければならないことは、医療の最前線で奮闘している医療スタッフを守ることです。病院は戦場であり、医療スタッフはウイルスと戦う戦士なのです。彼らを守ることで初めて勝利が見えてきます」

二階が中国と日本の関係について語る。

「やはり国と国との関係も、友人隣人との関係と同じ。こちらが日ごろから心がけていないと相手もこちらに対して親切にはしてくれない。普段いろいろ対応していることがいざ、というときに助けてくれることになります」

ホテル三日月グループの〝武漢帰国者〟受け入れ背景

二階は、ベトナムとの交流にも積極的だ。

令和二年一月十一日から十四日にかけて、日越友好議員連盟会長を務める二階を団長とする日本ベトナム文化経済観光交流団は、ベトナム・ダナン市とホイアン市を訪問した。

一月六日にダナン市に日本領事事務所が開設されたこともあり、日本とベトナムの経済発展、観光交流の拡大を図るため、二階たちは、ベトナムのグエン・スワン・フック首相と会談し、文化スポーツ観光省の閣僚らを交えて観光交流シンポジウムを開いた。

観光交流団には、二階のほかに、林幹雄幹事長代理、自民党の森山裕国会対策委員長、稲田朋美幹事長代行、田端浩《たばたひろし》観光庁長官、日本旅行業協会（ＪＡＴＡ）の田川博己《たがわひろみ》会長、日本観光振興協会の久保成人《くぼしげと》理事長、日本政府観光局（ＪＮＴＯ）の清野智《せいのさとし》理事長、政府関係者、県知事、観光事業者ら千人以上が参加した。

また、鈴木直道《すずきなおみち》北海道知事、川原誠《かわはらまこと》秋田県副知事、吉村美栄子《よしむらみえこ》山形県知事、花角英世《はなずみひでよ》新潟県知事、長崎幸太郎山梨県知事、荒井正吾《あらいしょうご》奈良県知事、三日月大造《みかづきたいぞう》滋賀県知事、尾崎正直高知県前知事も参加した。

日本ベトナム文化経済観光交流イベントの一環でおこなわれた協力覚書署名・交換式では、日本の国土交通省とベトナム農業農村開発省との防災分野の協力に関する覚書の改定をはじめ、両国の地方自治体や民間企業間で観光分野やインフラ整備など十二件にわたる覚書などを交わした。

記念事業として「地方誘客促進の取り組みについて」「日越間パートナーシップ強化について」をテーマにシンポジウムも開催された。シンポジウムでは、各県知事とベトナムの地方政府代表らが意見を発表し、堀坂明弘《ほりさかあきひろ》日本旅行業協会（ＪＡＴＡ）副会長が進行を務めた。

二階は、一月十二日午後、ホイアン市近郊でフック首相と会談した後、記者団に対して、日本でのベトナム人の就労拡大と、日本で働くベトナム人の技能実習生が安心して学べる環境の整備、さらに人材交流の一環として今後五年間に百五十人のベトナム人学生を日本に招待する考えを示し、日本とベトナムの両政府が人材仲介の悪質業者を徹底的に排除することで一致したことも明らかにした。

林によると、二階とフック首相の親交は深いという。

令和元年六月に大阪でＧ20サミットが開催され、フック首相が来日した際には、フック首相は、

二階の地元の和歌山県にまで足を運んでいる。

六月三十日には、フック首相は、ベトナムから寄贈されたハスが植栽され、和歌山との友好の地となっている紀の川市の平池緑地公園をベトナム政府の要人たちと一緒に訪れ、「ベトナムハス・大賀ハス観蓮会」に出席した。

このときにも、二階との会談や記念植樹がおこなわれた。

フック首相はベトナムの国花である美しいハスに思いを託し、友好関係の深化に期待を込めて語った。

「両国民の心が生き生きとつながっていることを象徴している」

二階は、フック首相との会談で語った。

「政府や国家の交流も大事だが、それ以上に大切なことは、それぞれの国の地方と地方がつながっていくことだ」

国民同士の交流、特に「子ども大使」として両国の子どもたちが交流していくことの重要性を指摘し、参院選後の近い時期に仁坂吉伸《にさかよしのぶ》知事や中村愼司《なかむらしんじ》紀の川市長、メディア関係者らによるベトナム訪問を実現したいとの考えを伝え、交流先となる地方の紹介などを要請した。

このときの交流が今回のベトナム訪問のきっかけの一つとなったという。

林が今回のベトナム訪問について語った。

「ベトナム政府にも大変喜んでもらって、大歓迎されました。相手側も、多くの閣僚や国会議員が参加し、意見交換会をしたので、かなり有意義な時間になりました」

じつは、林によると、令和二年一月二十九日から二月十三日の間、新型コロナウイルスの感染者が拡大していた中国湖北省武漢市《こほくしょうぶかん》からチャーター機で帰国した邦人百九十一人を勝浦ホテル三日月で受け入れることになったきっかけは、このベトナム訪問団の交流だったという。

ホテル三日月グループでは、以前からベトナムのダナン市に進出しており、一月末にヴィラとレストランをグランドオープンする予定だった。

今回の訪問団の活動を通して、三日月グループの関係者と観光庁の関係者が親しくなり、その縁があり、三日月グループが武漢市からの帰国者を受け入れることになったという。

「一律十万円給付」での異例の補正予算組み替え

令和二年四月二十二日、この時点で二階俊博幹事長は、幹事長としての通算在職日数が一千三百五十九日となり、森喜朗元総理の記録を抜いて歴代二位となった。

九月八日まで務めると、一千四百九十八日となり、二階は、政治の師と仰ぐ田中角栄元総理の通算在職日数一千四百九十七日を塗り替えることになる。

二階は、平成二十四年十二月に第二次安倍政権が発足して以来、衆議院予算委員長、総務会長、幹事長と要職を歴任しながら、長期政権を支え続けていた。二階は、平成二十八年八月三日に自転車事故で入院した谷垣禎一前幹事長の後任として、幹事長に就任した。幹事長としては、歴代最年長の七十七歳五カ月であった。

平成二十九年には総裁任期をそれまでの連続二期六年から連続三期九年へと延ばす党則改正を主導し、結果的に、安倍総理の総裁三選と連続最長政権への道を開いた。

幹事長としては、平成二十九年十月の衆院選、令和元年七月の参院選の二つの大型国政選挙を勝利に導いた。さらに苦戦が予想されていた山梨県知事選挙や新潟県知事選挙でも、与党系の候補者を勝利させせていた。

二階は、選挙だけでなく、外交でも安倍政権を支えている。独自のパイプを生かして中国の習近平国家主席との会談を実現し、ここ数年懸念となっていた日中関係の改善も大きく後押しした。

こうした二階の働きは、安倍総理から「自民党において最も政治的技術を持った方だ」と評価されるほどであった。

二階は、令和二年四月十四日には、新型コロナ対策の現金給付を巡って、「一律十万円給付」の必要性に言及し、従来の「一定の所得制限のもとに三十万円給付」からの政策転換を促し、存在感を示した。

二階の発言は、もともと一律給付に積極的だった公明党をも動かし、結果的に異例の補正予算案の組み替えがおこなわれた。世論に敏感に反応した二階の動きには、公明党はもちろん、一律給付派が多かった自民党内からも称賛する声があがった。

九月に内閣改造と党役員人事が迫るなかで、二階の幹事長続投を予測する声は多い。「二階幹事長の在任期間が長いと言っても、では次に誰がやるかといえば、名前が挙がる人はいない」との声が大きいからだ。

二階は、自らの仕事について語る。

「人事については特に考えていません。幹事長ポストといえば、過去には派閥による争奪戦のような大きな争いになることが多いですが、わたしは安倍総理から『引き続きお願いします』ということでやっています。それだけのことで、こっちも淡々としたものですよ」

安倍総理の三選目の任期は、この時点で令和三年九月までで、残り一年ほどとなっている。

二階が幹事長としての抱負を語る。

「安倍政権は、これまでにない長期政権ですから、安倍総理も有終の美を飾るということに強い決意をもっておられることは当然です。それをわたしたちは支えなければいけませんから、その責任は果たしていきたいと思っています」

安倍総理が二階を幹事長として起用し続けている理由としては、選挙に定評のある二階を起用して、任期中に、もう一度衆議院の解散を仕掛けようという憶測もある。

二階が語る。

「それはわかりません。わたしも聞いたことはありませんから」

“常在戦場”の思いと解散総選挙のタイミング

安倍総理には、総裁四選の可能性も取りざたされている。

二階が語る。

「今の安倍総理に代わりうる有力な人が出てくればいいですが、安倍総理本人が情熱をもって、これまで堂々と職務を果たしてきていますから。周りがとやかく言うのではなく、総理本人がまず『自分がやるんだ。この国は自分に任せろ！』という決意を示すかどうかではないでしょうか。

総理大臣という仕事は、安定してやっているということに値打ちがあるわけなんです。昔の政界では、誰かが総理になった瞬間から、どう引きずり下ろすかの協議が始まりました。ですが、今は小選挙区制の効果もあって、何よりも長くやってほしいと思う声も強くなりました」

かつての自民党には三角大福中のようにそれぞれが派閥を率い、総裁候補、総理大臣候補として鎬《しのぎ》を削る文化があった。

遠藤三郎の十一年に及ぶ議員秘書時代から現在まで、自民党の歴史を長い間見てきた二階は、語る。

「次期総理を目指す皆さんも、かつての総裁候補たちと比べると、用意周到な準備をしているような気配は見られません。情けないというよりも、安倍総理が党内をまとめ、政策的にもしっかりやっているという成果なんでしょう。

ですが、今は謙虚に協力している人たちも、いざその時期になれば、『我こそは』と手を挙げてくれるでしょう。そういう面では自民党は人材豊富ですから。もちろん、みんなが『我こそは』と言い出したら、党内はおさまらなくなってしまいますが（笑）」

二階は、幹事長として総理への意欲を示している石破茂元幹事長や、岸田文雄政調会長をはじめ、各派の領袖《りょうしゅう》たちと積極的に会合を開いて、話をする機会を設けている。

二階がその意図を語る。

「わたしは志ある人には大いに頑張ってもらいたいという気持ちを持っています。立場ではないから、仕事ができないというのはないようにしようと思っていますからね」

二階が幹事長に就任して以降、自民党内に不協和音はほとんど見られない。

かつて田中角栄元総理は、自らの幹事長時代について「幹事長ほど政治家の仕事として面白いものはない」と回顧している。

二階にとっての幹事長としての職務をこなす秘訣《ひけつ》はなんだろうか。

「各地域の方たちの頑張りがあるお陰で、国政選挙に勝利することができ、今の自民党が国会で多数を占めているわけです。だから、この状況が揺るがないように常に目配りをしていかなくてはいけません。常在戦場という思いは絶えず持ち続けています」

令和元年十月に衆議院の任期が折り返したこともあり、永田町では「いつ解散をするのか？」がたびたび注目を集めている。

二階は、解散総選挙のタイミングをどのように考えているのか。

「いつ解散があっても、大丈夫という気持ちで準備をしていますから、いつでも選挙をどうぞと思っています。

わたしは幹事長に就任したときから、『いつ選挙があってもいい』と心がけていました。幹事長の最大の仕事は選挙にいかに勝つかですから。例えば、選挙区調整なんてことも、極端に言えば、特別表には出していなくても、毎日やっているわけです。そうしたことのなかで、より優れた新人を登用しながら、さらに自民党の若返りや活性化を図っていくことが大事です」

自民党からの出馬を望む議員や候補者が多いこともあり、選挙区によっては分裂選挙になる可能性がある選挙区も少なくない。

二階はどのように調整していくのか。

「そういったことは選挙区の支部がしっかりしていますから。どの人物が自民党のために良いか、というのは地域でそれぞれ判断します。あちらもこちらも難しいとなると、幹事長の及ぶところではなくなりますが、今、全国を見て、そういう選挙区はほとんどありませんよ」

野党は、立憲民主党と国民民主党の合流が取り沙汰されるなど、次の衆院選に向けて、さまざまな動きを見せている。

二階は、迎え撃つ与党の幹事長として野党の動きをどう見ているのか。

「わたしは野党を批判する立場にありませんが、結局、選挙は自分との闘いだと思ってます。長所も弱点もわかるなかで、それを自らがどう伸ばして、弱点を補うことができるか。それには普段の努力が何より必要です。それがあるかないかです」

二階は、昭和五十八年十二月の第三十七回衆議院議員選挙で初当選を果たして以来、連続十二回当選し続けている。

二階が自らの選挙について語る。

「血のにじむような努力がないと連続当選はできません。わたしも最初の頃は、自分の選挙区を三回半は回りました」

現在、二階が会長を務める志帥会からは、国家公安委員長兼防災担当大臣の武田良太と一億総活躍担当大臣の衛藤晟一の二人が入閣を果たしている。

「二人とも立派に活躍しています。志帥会では、みんな一人ひとりのテーマでしっかり活動しています。みんな一生懸命やっています。特に注目しているのは、若手議員たち。当選回数の若い人は、選挙区を回らないといけませんから、努力をしないといけない。一度落選したら、カムバックするのは難しいですからね。できるだけ激励もして、政治家として力をつけてもらいたいと思っていますが、これはいくら我々が厳しく言っても、結局、本人しだいです。本人がこの国の将来を担うという気概がなければダメですよ。ただ議員になって当選したいというだけではダメです」

志帥会には、さまざまな議員が入会している。

「来るものは拒まずですが、幹事長はやはり中立の立場ですから、あまりそういうことをするべきじゃないと思っています。幹事長の仕事をしながら、自分の派閥を膨らませていたら、党内をおさめていくのは難しい。なるべく公平にやらないといけませんから、そう努めています」

小池百合子東京都知事の再選を牽引

現在、自民党幹事長を務める二階俊博は、小池百合子《こいけゆりこ》東京都知事と長い付き合いである。かつては新進党、自由党、保守党で歩みをともにし、小池は平成十四年に自民党に入党している。二階も、保守新党を経て、平成十五年に自民党に合流し、小泉政権時代には、二階は総務局長や経済産業大臣として、小池は環境大臣としてともに活躍し、長期政権を支えている。

二階が小池都知事について語る。

「小池さんは、衆院議員の頃から、非常に先見性があり、勇気と度胸もあり、政治家としての高い資質を持っていました。現在、都知事として新型コロナ対策に辣腕《らつわん》をふるう姿を見ても、非常に行動力と実行力があります。機を見るに敏という表現もありますが、先を読んでパッと瞬時に決断し、行動することは政治家にとって何よりも大事な要素です。彼女はそれを備えています」

小池は、平成二十八年に都知事選に初出馬する際、自民党東京都連と決別するかたちでの立候補になった。

二階が語る。

「彼女は、都民の支持を背景に自分一人の力で挑戦して、選挙で当選しました。わたしは、今あらためて、当時の彼女自身の決断を正当に評価すべきだと思っていますよ」

小池の決断の果断さは、女性政治家ならではのものだと二階は高く評価している。

「女性だから、かえって決断できるということはあるかもしれません。派閥やさまざまな政界の付き合いなどを気にしなくてもいい。勇気を持ってリスクをとりつつ決断できることは、彼女の政治家としての素晴らしさでしょう」

自民党内では東京都連を中心に、小池の再選に対してさまざまな声があがっていた。だが、二階は小池の再選に肯定的なスタンスを終始崩さなかった。

二階と小池は、たびたび面会をし、意見交換をする仲でもある。

二階は、令和元年五月二十八日、小池や都民ファーストの会の荒木《あらき》千陽《ちはる》代表と会食している。

二階は、会食後、記者団に語った。

「小池知事が立候補を決意したら、自民党が応援するのは当たり前だ」

二階は、令和元年八月二十日、都内で開かれた小池の後援組織「百乃会」の催しに講師として参加した。

令和元年九月二十六日の昼下がり、小池は、東京永田町の自民党本部四階の自民党幹事長室に二階を訪ねた。

ソファに腰掛け一通りの説明を終えた小池は、二階との距離を詰めて、人払いを求めた。同席していた職員や議員らが、その場を離れ、あとには小池と二階だけが残った。

会談後、都知事選をめぐり意見を交わしたのかどうか記者団に問われ、小池は語った。

「特に話はしておりません」

政敵が多い小池だが、二階に対しては「わたしと同じくらい図太い人」と、小池流の言い回しで親愛の情を示している。

二階と小池は何を語ったのか。

二階は、会談後つぶやいた。

「この時期に俺に会いに来るのは、そういう思いがあるからだ。『あなた、心変わりしていないわよね』とな」

令和元年十二月二十四日にも、小池は、自民党本部を訪れ、二階と面会した。終了後の取材で、小池は、二階からの言葉として「東京都としてよくやっているねという話で、お励ましをいただいた」と明らかにしている。

令和二年に入っても、二月四日に二階と小池は会談し、感染が広がっている新型コロナウイルスの予防に向け、国と東京都で連携して対策を進めることを確認した。

小池は、新型コロナウイルスの感染拡大に関して、医療用の防護服を追加で日本政府に提供する意向を二階に伝えた。

小池は、会談後、記者団に語った。

小池百合子

「都の備蓄はあり、追加で五万〜十万着を対策に使ってほしい。詳細を詰める」

小池によると、東京都はすでに防護服二万着を提供していたという。

さらに、五月十四日には、自民党本部で二階と小池は、会談し、新型コロナウイルス感染症対策で、地方創生臨時交付金を東京など大都市に重点配分することや、家賃支援の充実について話し合っている。

東京都知事選をめぐり、自民党の下村博文選挙対策委員長は、五月十八日、官邸で安倍晋三総理と会談し、独自候補の擁立を見送る方針を確認した。

現職の小池に勝てる候補が不在なうえ、新型コロナウイルス対策に追われる小池との対決を避けるべきだとの判断だった。都知事選は六月十八日告示で、七月五日の投・開票。この日、下村は安倍総理に候補擁立を見送る考えを伝えたところ、安倍総理も「やむを得ない」と応じた。

下村は、会談後、記者団に語った。

「自民として候補者を立てて選挙ができる状況ではない」

自民党内では、小池から支援を要請された場合、「応じるべきだ」との声も強くなっていた。

二階が六月の東京都知事選について語る。

「わたし自身は、一貫して、小池都知事に勝てるような優れた候補者がいるなら議論しましょう、まずそこからです、と自民党東京都連に呼びかけ続けていました。ただ小池都知事に勝る知名度、政治家としての決断力、その両方を兼ね備えた候補者を探すことは難しかったようですね。それでは議題になりません。東京都は四十七都道府県のうちの一つですが、日本の首都であり、世界の東京です。東京の成長は中央の政治を左右しかねない大きなテーマです。だから、それだけ責任感と使命感を持って議論をしてもらわないと困ります。都知事選は東京都のトップを決める選挙ですから、単なる好き嫌いで決めるわけにはいきませんから」

令和二年七月五日、東京都知事選の投・開票がおこなわれた。

小池は自民党支持層の八割、公明党支持層の九割超と無党派層の五割を固め、三六六万一三七一票で勝利をおさめた。前回の二九一万二六二八票より七四万八七四三票も上乗せという勢いだった。

立憲民主党や共産党、社民党が支援した宇都宮健児《うつのみやけんじ》が八四万四一五〇票で二位であった。三位がれいわ新選組公認の山本太郎《やまもとたろう》で六五万七二二七票であった。

二階は、小池知事をどう見ているのか。

「よくできたというか、多くの人のバックアップのもとにその上に立ってというより、彼女の場合は、自分で決断して、それで進んでいくじゃないですか。そこが素晴らしいですね。それだからこそ、都民の信が集まるわけで、党が旗振って宣伝広告会社にお願いしても、そんな効果は出ませんよ。小池さんの大きな勝利ですね。自民党も支援しています。自民党の支援がなかったら、どういうことになるかわかっているわけで。小池都知事とは、古い間柄ですし、決断したらぶれないし、立派な方です。小池さんに関しては、女性にしてはと、考えたことはないです。国の指導者としても十分通用する人です」

小池都知事は、平成二十九年の衆院選では自ら希望の党を結党し、代表に就任するなど、国政への意欲を見せた時期もある。

果たして、今後再び国政への意欲を見せることはあるだろうか。二階は語る。

「それは小池都知事ご本人にそういう決意や気分があるかどうかですから。外野がいろいろ言ったところで意味はありません。ただ、これはわたしの想像ですが、東京都知事は仕事の範囲も広く、国際社会においても非常に注目を集める重職です。小池都知事にとって、仕事として今、十二分にやりがいを感じる立場だと思いますよ」

ついに通算幹事長在職日数で田中角栄を超えた

二階俊博幹事長は、令和二年九月八日に田中角栄の幹事長としての通算在職日数一千四百九十七日を塗り替えた。

二階は、心境を語った。

「長ければいいってものではありませんから。先人の苦労、国民の頑張りを受け止めてこそ、政治が生きる。大先輩を差し置いて、そういうことになろうとは思ってもみなかったし、考えてもおりませんでしたから、そういうふうに言われても、『ああ、そうですか』と言うよりしょうがないです」

二階は、そう話す一方で「恐れ多いことです。『田中角栄』というと、何か大きな声で全体を引き締めるような、恐ろしい人のように受け取られがちだけども、田中先生は非常に心根の優しい立派な政治家でした。田中先生は人々に対して、特に恵まれない立場の人々に対して愛情を持っておりました。それは素晴らしいことだと思います。我々は尊敬をもって『この人にならついていける』、こういう気持ちで田中先生にお仕えしてまいりました。いまもその気持ちは変わっていません。何かあったとき、『田中先生ならどう考えるだろうか』と立ち止まって考えることが私の習わしになっています」とする。

この一節だが、〝恐れ多く〟〝いま田中先生ならどう考えるか〟という二階の思いは、ある一面で田中角栄の足どりと二階のそれとが重なっているように感じ取れるものがある。

田中角栄は、政治家として一番やりがいのあるポジションについて、総理大臣ではなく、幹事長だと語っている。

二階が語る。

「そうでしょうかね。ともかく一日一日、今日も一日終わった、明日も頑張ろうという心境です」

二階は、幹事長に就任後、平成二十九年の衆議院選挙、令和元年の参議院選挙の二度の国政選挙はもちろん、新潟県知事選や山梨県知事選なども含めて、選挙に勝ち続けている。

二階が幹事長としての心がけについて語る。

「幹事長の一番大事な仕事は、選挙に勝つこと。それから、選挙にもうひと頑張りしていただきたい人を奮起させること。選挙は、詰まるところ自分なんですよ。風がどうだとか、評論家の方々は理屈をつけていろんなことをおっしゃる、それも参考にしなければいけないが、『自分』が最も大事。我々の現場は、毎日毎日が試練の中にある。朝起きてから寝るまで、すべての時間が選挙活動です。地元において、隣近所みんなが見ていてくれる、それに応えていく。毎日が真剣勝負。それが選挙。自分に有利な風なんて、どこにも吹いていない。それよりも、逆風に立ち向かっていくという気概がなければ、選挙をやっている意味がない」

近年は、小選挙区制の影響もあり、かつての小泉チルドレンのように、風の恩恵を受けて当選した議員たちのひ弱さが問題となることが多い。

二階が語る。

「少なくとも国会議員でしょ。国の命運を担おうとしている人が、自分の選挙で風だよりなんて、腑《ふ》抜《ぬ》けたことは通りません」

二階は、幹事長就任以降、自民党の党員拡大に熱心に取り組んでいる。

田中角栄

「党員の数を増やすことは、自民党が発展、向上していくかどうかのバロメーターですから。先輩方からは、『朝、新聞を読んでから走り出すような人は駄目だ。新聞の紙面を飾れ！』と言われましたけど、なかなかそうはいかない。やはり努力はしなければいけません」

二階は、現在の政界のなかで、田中角栄を間近で知る数少ない政治家の一人だ。

二階が田中角栄について、あらためて語る。

「角栄先生は温かかったですよ。細部にわたって気配りがあった。夜寝るとき、皆の顔を一人ひとり思い浮かべる。『この人には、そろそろ役職をつけてあげなければ』『この人は、活動にお金が足りない、資金を準備してあげなければいけないな』そういうことを枕元に置いているメモ用紙に書いておく。わたしは、田中先生の家来にしてもらって幸せだったと思いますね。わたしは、何になりたいとかお願いしたことはないけど、先生は、微に入り細にわたり、考えてくれていましたね」

現在、田中角栄に直接接したことのある政治家は、二階のほかは、小沢一郎、石破茂、伊吹文明くらいだ。

二階は、金丸信《かねまるしん》にも直接接している。

「金丸先生に直接接したのは、僕は遅かったです。地方や中国、トルコなど外国に行くとき金丸団長のもとで、事務局をやらせていただいて、ご指導をいただいた。自分から売り込むことは下手くそでしたから、したことはなかったけれど、以来、ずいぶんご指導いただきましたね」

世間では、二階のことを金丸に似ていると評する声もある。

二階は語る。

「そんなことはありませんが、金丸先生は『大人物』でしたね。金丸先生は、ポツッと言ったことが、時間をおいて、金丸式に政局が動いていくというようなことがよくありました。それと、金丸先生は、人の評価なんかも、厳しいというか正確というか、よく見ていましたよ」

筆者は、かつて、リクルート事件で宮澤《みやざわ》喜一《きいち》の名前が挙がったときに、金丸に取材に行ったことがある。

そのとき、普段はおっとりとした金丸が「宮澤のバカめが！」と激高したことに驚いた記憶がある。

金丸には、不思議と大親分のような雰囲気があり、結果的に竹下登《たけしたのぼる》と二人三脚で組んだことで、大きな力を発揮した。

二階が語る。

「誰と組むかということは、政界では大事なことです」

自民党総裁への意欲を示している石破茂は、二階に石破派のパーティーでの講演を依頼した。石破の動きは「二階詣で」とも評されている。

二階が語る。

「そんなことはないよ（笑）。幹事長と言うのは、世話役ですからね。多くの人たちに胸襟《きょうきん》を開いてご意見を伺う、意見交換するのは、当たり前のことです」

田中角栄は、「平時の羽田《はた》（孜《つとむ》）、乱世の小沢（一郎）、大乱世の梶山《かじやま》（静六《せいろく》）」との人物評を残している。一方、筆者は「平時の岸田（文雄）、乱世の石破（茂）、大乱世の菅（義偉）」と評している。

かつての三角大福中の激しい時代を知る二階は、現在の政界をどう見ているのか。

「三木武夫《みきたけお》、田中角栄、大平正芳《おおひらまさよし》、福田赳夫《ふくだたけお》、中曽根康弘《なかそねやすひろ》のいわゆる三角大福中は、みな総理になりました。その時代は幹事長に就くと、すぐ引きずりおろす勢力が出てくるものでしたが、今は、時代もあり、そうではない。それは、小選挙区制のいいところかもしれません。競馬の競走より、人間の競走、人間の足の引っ張り合いのほうが面白いでしょうけど、『国民のために』ということが第一義ですから、命がけでということを、表現の違いこそあれ、口にしているわけですから、そのほうが大事です」

田中派の候補として国政進出を決意した二階の初心

筆者は、日本の政界のさまざまをこれまで、長年にわたり縦横に追ってきた。そんななかに、田中角栄と二階俊博との関わりは思い起こすものが多い。そのうちの一つを挙げてみよう。

二人の関係はある面、二階が江崎真澄《えさきますみ》を知ったことに始まる。〝ある面〟としたのは、二階に政治を目覚めさせたのは中央大学生時に江崎の講演を聞いたことからだったからだ。また、二階が秘書として仕えた遠藤三郎は江崎と盟友であった。

さらに、二人が仰ぐ領袖・藤山愛一郎《ふじやまあいいちろう》の愛正会（藤山派）立ち上げには彼らと小沢一郎の父・小沢佐重喜《さえき》の三人が中心になっておこなっていたが、田中角栄は藤山と仲が良く、自然に両派閥どうしは結びついていく。

ことに江﨑は昭和四十七年、第二次田中内閣で自治相を務めたのち、翌年には田中角栄が創始した自民党幹事長代理となり、マスコミに積極的に出演し同改造内閣の党側スポークスマンとして活躍した。そして、藤山愛一郎が政界引退した昭和五十一年、田中派（七日会）入りもする。

そうしたなかに二階は、昭和五十年に和歌山県議初当選以降、着々と地歩を築き、周囲から国政への進出要請も高まっていった。

二階は江﨑に出馬の決意を伝えるため、昭和五十八年の秋、後援者となってくれた日高郡の全町村長と共に上京し、江﨑の事務所が入っている千代田区平河町二丁目の砂防会館に出向いた。

砂防会館には、田中派の派閥事務所もある。江﨑と談笑していると、やがて小沢一郎、愛野興一郎《あいのこういちろう》が顔を見せた。愛野とは、二階が遠藤三郎の秘書を務めていた時代からの知り合いであった。

二階は、後援者を紹介していった。

すると、小沢は感心して言った。

「郡の全町長、全村長さんが来てくれるなんて、すごいな。そんな簡単にできるもんじゃないよ。おれは十年以上代議士をやっているけど、あんたは、まだ代議士にもなっていないのにな」

その後、二階は江崎や小沢との関係もあり、田中派の候補として出馬することを決めた。

二階は、江崎に連れられて、砂防会館の近くのイトーピア平河町ビル内にある田中角栄の個人事務所に出向いた。

田中は、二階の顔をじっくりと見ながら言った。

「ここにいる江崎君をはじめ旧藤山派の人たちのほとんどが、木曜クラブにきている。遠藤三郎さんの秘書だった二階君が、うちにくるのは、自然の姿だよ。きみは、外から見ると、欠点はなさそうだし、間違いなく当選するよ」

田中は選挙の神様といわれている。その田中に「当選する」と言われて悪い気はしない。

しかし、二階はにわかに信じがたかった。思わず、聞き返した。

「そんなこと、どうしてわかるんですか」

田中は手に持った扇子をせわしなくあおぎながら、茶目っ気たっぷりに言った。

江崎真澄

「おれは毎日、馬を見て暮らしているんだ。この馬は、中央競馬に出してだいじょうぶか、この馬は地方競馬どまりか、この馬は馬車馬にしかならない、ということをずっと見てきた。だいじょうぶ、きみは中央競馬に出れるよ」
田中は、父親が馬喰《ばくろう》だった関係で幼児期から馬になじんできた。乗馬も得意であった。陸軍でも騎兵連隊に配属されたほどだ。

政治家になってから競走馬の馬主になる。長女の眞紀子《まきこ》の名を冠した「マキノホープ」など有力馬を多く持っていた。

その後、二階は記者会見を開き、次期総選挙に出馬することを明らかにした。県議の後継者も指名した。

当初、二階のライバルは、和歌山県選出の自民党衆議院議員を十四期も務めたベテランの早川崇《はやかわたかし》、無所属で出馬する渡辺美智雄《わたなべみちお》大蔵大臣の秘書官だった東力《ひがしちから》、現職衆議院議員の正示啓次郎《しょうじけいじろう》らだとみられていた。

ところが、予期せぬことが起こった。和歌山県第二区選出の早川崇が十二月七日に急死してしまったのである。

しかも、その後継者に参議院議員を三期務め、宗教政治研究会を主宰し「参院のドン」とまで言われていた実力者玉置和郎《たまきかずお》が座った。

玉置は、和歌山県第二区の各市町村を押さえていた。しかも、玉置の実兄の玉置修吾郎《しゅうごろう》は、二階の地元である御坊《ごぼう》市の市長であった。

玉置和郎が突然に出馬するまで、玉置修吾郎は、二階を応援していた。ところが、実弟の玉置和郎が出馬することになると、手の平を返したように玉置和郎の応援に鞍替えしたのである。玉置修吾郎だけではない。それまで二階を応援していた県議のなかにも、玉置陣営に走るものがいた。

二階は厳しい戦いを強いられることになった。

さらに、二階は知り合いの中央紙の記者に言われた。

「いつ選挙になるかわからないが、十月にはロッキード事件で逮捕された田中角栄さんの判決が出る。ベテランや力のある現職国会議員なら別だけど、新人が田中派を名乗って出馬するのは、大変なことだよ」

その記者は、二階のことを思って助言してくれたのであろう。

しかし、二階は覚悟を決めていた。

〈わたしは、すでに田中先生の門をたたき、江﨑先生や小沢先生をはじめ田中派の議員とかねてより親しくお付き合いし、ご指導をいただいている。新人に不利だからといって、別の派閥から出ます、ということは性格に合わない。火薬庫が爆発して、自分のようなものは、木っ端微塵《みじん》に吹き飛ばされるかもしれない。しかし、それでもいい。前進あるのみだ〉

「政治家本来の機能」を示す田中角栄ビジョンの基盤

十二月二十六日、国会が召集されることになった。この日朝八時、二階は地元の後援会の幹部数人と共に目白の田中邸に出向いた。当選のお礼の挨拶をするためである。

田中は、開口一番言った。

「おーい、二階君。よく当選したな。たくさんの票を取ったな。良かったな、本当に良かった……」

田中の読みでは、二階は、当選ラインぎりぎりだったのであろう。まるで、自分のことのように喜んでくれた。

しばらくして、田中派新人議員の歓迎会が料理屋で開かれた。田中をはじめ二階堂《にかいどう》進《すすむ》、江﨑真澄、竹下登、後《ご》藤田《とうだ》正晴《まさはる》ら錚々《そうそう》たる顔ぶれが集まった。渡部《わたなべ》恒三《こうぞう》、奥田《おくだ》敬和《けいわ》、羽田孜らの初入閣が決まった夜でもあった。一回生議員は、幹部らと相対する形で座敷に一列に並んで座らされた。

司会役の議員は、口を開いた。

「それでは、一人ずつ自己紹介をしてもらいましょうか」

そう言い終わるやいなや、田中がいきなり立ち上がった。

「おれが紹介する」

なんと、田中自ら紹介していくというのである。

田中は、一人ひとり、すべてそらで紹介していった。

「かれは、××県××区選出で、こういう経歴の持ち主だ。かれの公約は、こうだ。対立候補は、××派の××だな」

やがて、二階の番になった。田中は、すらすらと紹介していく。驚いたことに、名前や数字を一つも間違わない。最後に言った。

「二階君は、農林省の局長をやった遠藤三郎先生の秘書を十一年も務めてきたから、長い政治経験を持っているんだ」

二階は照れくさそうに下を向いた。


田中は、二階らに強調した。

「自らの手で立法することにより、政治や政策の方向を示すことこそ、政治家本来の機能である」

今日ではあまり知られていないことかもしれないが、じつは田中角栄は、常に政策に軸足を置いていた人物だった。このことは例えば「国会議員は、法律を作るのが商売なんだよ。それなのに、今じゃみんな政府法案で通してしまう」との言葉にもうかがえることだろう。

それは「角栄のお庭番」とも言われた元秘書の朝賀昭《あさかあきら》が、あるとき目白の田中邸で「オヤジさん、政治とはつまり何なんでしょうか」と訊いた際の答えからも明らかだ。田中角栄は上を向いてこう語ったという。

「政治とはつまり、事《こと》を為《な》すということだよ」

政治とは〝実践〟とした田中のリアリズム。理念や思想とは別に、物事を具体的に動かし、変えていく。学者や評論家とは決定的に違う〝職業としての政治〟の役割を意識していたからこその言葉である。田中はまた、「方針を示すのが政治家の仕事だ。役人は生きたコンピューターだ。方針を示せない政治家は役人以下だ」とも語り、政治家と官僚の区分をも示している。

その証左が、田中自らがおこなった議員立法、三十三件である。何しろこれは、現在に至るまで、肩を並べる者がいないほどの〝記録〟なのである。さらに加えれば、田中自身がおこなった議員立法は三十三件であるが、メインで動かずとも、なんらかのかたちでかかわった法案までふくめれば、その数はもっと多くなるという。

田中は、当選回数についても次のように語っていた。

「政治家の基準、評価は難しく、やはり当選回数というのが大きくものをいってくる。ときには、抜擢人事をおこなうが、これは、じつに難しい。抜擢されたものは、喜ぶが、同期や他の人に恨まれてしまう。しかし、知事経験者や事務次官経験者は、一期早く大臣になってもらうからな」

田中は、「選挙の神様」と言われていたが、絶えず選挙について考えていたという。

「昨日、夜中に眼が覚めたので、北海道から沖縄まで、わが派の議員の名前を書いて朝までかかって点検してみた。そしたら、これは応援に行ってあげないといけない、この人は役に就けてあげないといけない、この人は資金を援助してあげないといけない、といろんなことがわかった。しかし、紙がなかったのでちり紙に書いた。中身をもちろん見せることはできんがな」

田中は、政治家にとっていかに弁舌が大切かについても語った。

「いいか、政治家の資質は、五十人の前で話ができる人、五百人の前で話ができる人、一千人の前で話ができる人、という具合に分けられる。しかし、五千人の前で話をし、私語をさせないでぴたっと聞かせることができるのは、そうはいない。いまのところ、中曽根康弘と田中角栄くらいなもんだな。きみらも、そうなれるように頑張れ」

田中は、打ち明けた。

「ある夜遅く、おれの家を訪ねて来た野党議員がいる。秘書が明日にしてもらおうと言ったが、おれは素早く応接間にその議員を通すように命じ、服を着替えて応接間に向かった。こんな夜更けに、しかも党の違うおれのところを訪ねて来るというのは、よほどのことだ。

その議員は、お金を借りに来た。その金が無ければ大変なことになるのだろう。おれにできることなら、と渡した。だからといって、おれは別にその議員に何も期待はしていないさ。それまで三つおれの悪口を言っていたところを、二つくらいにおさめてくれるだろうさ」

新人の代議士であった二階にとって、一つ一つが役立つことで、将来の栄養になった。

昭和五十八年の初当選組「五・八会」が見つめた田中角栄

二階ら自民党一回生は、昭和五十八年に当選したことにちなみ、超派閥の「五・八会」を結成した。奈良県選出の鍵田忠三郎《かぎたちゅうざぶろう》、長崎二区選出で河本派の松田九郎《まつだくろう》が世話役となった。

あるとき、「五・八会」で各派の領袖を順次招いて話を聞こうということになった。各派の領袖に伺いを立てると、おおむね賛同してくれた。ただし、一回生議員の顔や名前が一致しないため、全員、名札をつけてくれということになった。

中曽根派領袖の中曽根康弘、河本《こうもと》（敏夫《としお》）派の前身三木派の領袖であった三木武夫らに話をしてもらった。

田中角栄にも来てもらった。田中は、ひとくさり話を終えると、おもむろに立ち上がった。一人ひとりの席を回って話を始めた。

名札をのぞきこみ、声をかける。

「あんたは、××さんの息子だな。××さんは、元気でやっているか」

「きみは、何度も選挙に挑戦して、苦労してきたな。ようやく当選できて、本当に良かった」

驚いたことに、田中は他派の議員の出身や経歴についても、じつによく知っていた。

二階は舌を巻いた。

〈田中先生はさすがだな。これは、かなわないや〉

田中は自派の議員の席にくると、「ああ、これはうちの人だからいい」と言って飛ばしていった。自派の議員よりも、他派の議員を優先してまわった。これまで、そのような領袖は、一人もいなかった。他派の議員は、すっかり田中の魅力に引き込まれた。田中ファンになってしまった。

やがて、お開きの時間となった。そこで、二階は田中から声をかけられた。

「遠藤先生の奥さんたちは、元気にしておられるか」

二階は小声で言った。

「じつはこのあと、遠藤先生のご家族、それに秘書時代の先輩たちと、この店の別室で遠藤先生を偲《しの》ぶ会をするんです。帰り際に五分でも顔を出していただけますか」

田中は、酔いがまわったのか、顔を赤らめながら、上機嫌で言った。

「なにをいうか。五分といわずに、行こうじゃないか」

二階は田中を連れて遠藤家御一統の待つ部屋に入った。予期せぬスペシャルゲストの飛び入り参加に、みんなは驚いた表情をしている。

田中は、しみじみと遠藤の思い出話を語った。

「遠藤先生は、農林省の役人だったが、官僚に似合わぬスマートな人物だったな」

その頃、店の前で張っていた田中番の新聞記者たちは、「五・八会」の会合が終わっても、なかなか田中が出てこないので、大騒ぎになっていたという。

菅新総理にも息づく角栄イズム

そんな田中角栄と二階との関係は、じつは菅義偉にも当てはまる。事実、菅新総理と田中角栄元総理と比べる向きは多い。「東北の農家出身の叩き上げ」という出自から、「苦労人が総理まで上り詰めた」という経歴を重ね合わせて語る者が非常に多い。そして、実際に菅と田中では、政治家としての根本、行動理念も近いのだ。

田中角栄が新潟県出身で初めての総理となったように、菅義偉も秋田県で初めての総理になった。選挙区は地方にあっても自身は幼いころから都会で育った二世議員たちとは違い、菅は秋田という故郷で育ち、故郷に育てられたという実感を持っている。故郷に恩返しをしたい、との思いも人一倍強い。古賀誠は菅を「土のにおいのする議員」と言ったが、菅義偉は田中角栄と同じ、「土のにおい」のする最後の議員と言えるかもしれない。

新潟生まれの田中角栄は、自らの原体験から「俺たちにとって、雪はロマンでなく生活だ。俺たちは雪と殺し合いをしながら暮らしてきたんだ」と述べた。豪雪地帯で生まれ育った人間にとって、雪は単に美しいという情緒で済ませられるものではない。雪が降れば畑も耕せない、移動すらままならない。生命すら脅かされる。豪雪地帯に暮らす人々にとって、雪は生活に直結し、政治によって解消しなければならない大問題だ。

同じように菅義偉も、秋田の豪雪地帯で生まれ育った。「平成二十六年二月豪雪」に官房長官として早急に対処し、「除雪のために車両所有者の意向確認や車両を損壊した場合の損失補償などをおこなう法的根拠がない」として法改正にいち早く言及したのも、雪の怖さ、除雪の重要性を、身をもって知っていたからにほかならない。

机上の空論からではなく、生活実感から政治をとらえる。政治的・思想的イデオロギーではなく、生活主義者として国民生活を見据える。それが、田中角栄が国民から広く支持された理由でもあった。田中は、「良い政治とは、国民生活の片隅にあるもの」と述べている。これも菅の「国民から見て当たり前の政治をやる」という信念に通じるものがあるだろう。菅義偉もイデオロギーよりも生活実感派だ。

何のために政治家になったのか、故郷やそこで暮らす人たちのためじゃないか、という初心の強さは、世襲議員にはないものだ。それ故に、二人とも「政治家たるもの、法案を作ってなんぼだ」という思いも強い。田中角栄は「自ら法律を作らないで何が国会議員か。一つの法律を作るのにどれだけの努力がいるか、今の代議士はその努力をまるで忘れている」と言ったが、その言葉通り、直接立法した法案は前述したように、じつに三十三本、間接的にかかわったものを含めると百本以上あると言われている。

菅義偉も、自著『政治家の覚悟』で《国会議員が純粋に自分の信念や国民の声に基づいて政策を作り、目指す未来を作るには、議員立法は一つのあるべき姿》と記している。法案は官僚任せ、在任中に一度も法案を書いたことがない、という政治家が増えている中で、国会議員としての本分とは何かを知る、数少ない人物と言える。

つまり、田中と菅が似ているのは、出自や生い立ちだけではない。「政治家とは何か」という根本の部分で共通しているのだが、それには大きな理由がある。菅は、かつて田中派に所属した梶山静六を「政治の師」と仰いでいる。梶山は角栄の流れを汲《く》んでいるどころか、心酔と言ってもいいほど慕っていた議員の一人だ。その弟子である菅義偉は、じつはある意味では名実ともに、田中角栄の孫弟子とも言えるからだ。

梶山はその後、竹下派の設立に動くが、竹下派の七奉行と言われた議員たちのなかでも、一番の武闘派だった。菅はその系譜をも継いでいる。平成十年、梶山と菅は竹下派に属していたが、この年の総裁選で派閥から小渕恵三が出馬する方針で周囲は動き始めていた。ここで梶山が出ると言えば、派閥を割ることになる。ところが菅は逡巡していた梶山を口説き、「総裁選に出るべきだ。派閥の論理で出られないというなら、派閥を出ましょう」と言って、梶山と、佐藤栄作の息子・佐《さ》藤《とう》信二《しんじ》と一緒に、たった三人で派閥を飛び出し、無派閥で総裁選に出馬した。

このとき、菅義偉は国会議員としてはまだ一年生。竹下派という巨大派閥を出ることは、まだ若い当時の菅にはかなりの負担と思い切りが必要だったはずだ。事実、竹下派の有力者だった野《の》中《なか》広《ひろ》務《む》は「菅だけは絶対に許さない」と言ったほどだ。

しかし菅は、そんなものはものともしなかった。それどころか、梶山の票を集めるべく走り回り、実際に予想を超える一〇二票を獲得したのである。こうした肝の据わり方、勝負所の押さえ方は、菅本人の気質ももちろんだが、梶山仕込み、つまり角栄的な流れあってのものだろう。

菅と二階に共通する〝ケンカ〟のできる「角栄的なもの」

第二次安倍政権誕生時も、菅は総裁選出馬に及び腰だった安倍晋三の尻を叩いた。こうした戦い方、つまり〝ケンカ〟のできる、闘争心のある議員はすっかり少なくなったが、自民党にはまだもう一人喧嘩《けんか》のできる男がいる。それが二階俊博幹事長だ。

菅義偉を支える二階俊博は、国会議員になる際に田中角栄の応援を受けたまぎれもない田中派の出身。田中亡き後、最も「角栄的」なものを受け継いだとも言われる。つまり、菅と二階は田中派の血を受け継ぐ最後の政治家だ。その二階と組んだ菅が政権をつくったのだから、菅・二階政権は「田中派政権」と呼んでも過言ではない。

田中派を含む派閥政治は、小泉純一郎によってとどめを刺され、跡形もなく砕け散ったかに見えた。特に田中派の流れで言えば、小泉後は清和会出身の総理が続き、田中角栄の薫陶を受けた小沢一郎も力を失い、古いかたちの田中派は自民党からも日本からも消え去ったかに思われていた。だが「最後の田中派」と言える二人が政権を獲った、という視点を見逃してはならないだろう。

かつて田中角栄は「平時の羽田（孜）、乱世の小沢（一郎）、大乱世の梶山（静六）」と言ったが、その伝になぞらえて筆者は「平時の岸（文雄）、乱世の石破（茂）、大乱世の菅（義偉）」と総裁選前から言ってきた。コロナ禍に加え、混迷を極める国際状況である「大乱世」には、菅のような肝の据わった宰相でなければ太刀打ちできない。菅義偉は官房長官在任中、安倍晋三が辞任の意向を公表するまで、「総理を目指す意思はない」と言い続けてきた。だが、大乱世には土のにおいのする、戦える宰相が必要である。菅自身もそうした覚悟は持っていたはずだ。

菅義偉は一見、派閥を持たない一匹狼に見え、その点で巨大派閥を率いて軍団を形成した親分肌の田中角栄とはまったく逆のタイプに見えるかもしれない。しかし、現在の自民党内には「隠れ菅派」と言われる若手を中心とした菅支持派がおり、ガネーシャの会や向日葵《ひまわり》会など、合わせて計五十人近くになる。派閥に逆らって飛び出したこともあるからこそ、派閥の重要性を知っている面もあるに違いない。

菅義偉は師匠である梶山から「官僚は自分たちの考えがあり、政治家に説明するとき、必ずそれを入れてくる。おまえなんかすぐに騙《だま》される。官僚の嘘を見抜く力を持て」と教えられたという。これは田中派、つまり角栄仕込みの官僚操縦術につながっている。

田中角栄は官僚に動かされるのではなく、官僚を動かすことに尽力した。大臣になった際、「大臣室の扉は常に開けておく。我と思わんものは、誰でも訪ねて来てくれ」と官僚たちに宣言した、というのは有名な話だ。そして、東大を首席で卒業したような連中を相手に「君たちは知恵ものだ、小卒の私は君たちの能力を尊敬している。のびのびやってほしい。でも君たちは責任を取ることはできないから、こちらがすべて責任を取る」と言ってのけた。相手を立てつつ、どちらが上の立場かを強調する先制パンチとも言える。

一方では、次官クラスの官僚たちを制することもぬかりなかった。最も現場を知っている各省の課長・課長補佐クラスを家に呼び、彼らから話を聞いて状況を把握し、事務次官クラスが来て「あれはできない」「これは無理だ」などと言うと、田中は現場の状況を逐一あげて、「そんなはずはない、実際はこうなっているはずだ」「なぜ君たちは知らんのだ」などと牽制したという。幹部官僚の言いなりにならないために、現場の官僚たちからしっかり情報を吸い上げていたということだ。

時には自宅に次官級の官僚を呼びつけ、ふすまをガラッと開けて文書の束を見せつけた。「俺は小卒だが、これだけの資料が全部頭に入っているんだ。君たちの言いなりにはならない、どうせわからないと思っていい加減なことを言うんじゃないぞ」と示すためだ。

菅義偉もこれに通じるスタンスを持っている。菅さんは私に「どの省庁にも、腹を割って話せる役人がいる」と言ったことがある。官僚を単に敵視するのではなく、仕事のできる人材を見極め、省内に人脈を張り巡らせる菅さんは、彼らを官庁の「縦割り打破」を進める際の知恵袋にしているのだ。

行政組織の中のどこをどう動かせば、目指す政策が実現できるのか。二人はそうした観点を強く持ち、実際に勘所を摑《つか》んでいる点も共通している。

かつてドイツ視察をおこなった田中角栄は、ドイツ中を高速道路で結ぶアウトバーンを目の当たりにして「日本にも道路を造らなければ」と強く決意した。これが田中の『日本列島改造論』の発想につながる。道路を造るには、大蔵省に予算を出させなければならないが、大蔵省は出し渋った。そこで田中は、当時建設省官僚でのちに国土庁長官となった井上孝《いのうえたかし》を呼び、「アメリカでは財源はどうなっているか調べてこい」と命じた。するとアメリカでは、燃料に税金をかけ、それを元手に道路を造る特定財源制度をとっていることがわかった。それを聞いた田中は、「よし、それをやろう」と言って昭和二十八年に「道路整備費の財源等に関する臨時措置法」を議員立法で成立させ、ガソリン税で道路を造ることとし、道路整備の所管を大蔵省から建設省に移してしまったのだ。

当然、大蔵省からは猛反発があったが田中角栄は衆議院建設・大蔵委員会連合会で「今まで、表日本偏重の予算投下が続けられ、裏日本や、裏日本から表日本を横断する道路が未改良になっている。これを一切整備しなければ、道路整備は終わらない」と口ひげを震わすほどの熱弁をふるって説得した。根本にあるのは、故郷の格差是正への執念だ。

「やれない」と言うなら管轄そのものを別の省庁に移してしまえという発想は、官僚組織をよく理解していた田中角栄だからこそできたものだろう。

こうした故郷への熱意、官僚との対峙の仕方は、菅義偉の「ふるさと納税」創設時の思い入れにも通じるところがある。ふるさと納税創設時も、官僚からは「できない理由」をとうとうと説明されたそうだが、菅は一蹴した。それが地方、故郷のためになるという信念があったからだ。菅は「政権の決めた方針に従わない官僚は異動してもらうしかない」と言っているが、それは何も自分の力を見せつけるためではない。政治家が覚悟を持って国民のために良いと思って打ち出した方針を、省益優先で反対するのはおかしいと示すためだ。

官僚を制する情報収集と人脈づくり

筆者は、官僚たちを「知的な狂犬」と呼んでいる。主人には尾を振るが、他人には吠えかかる。縄張りを守るためだが、つまり官僚も、自分の省の省益を守ることが第一で、それ以外では動こうとしない。田中角栄も菅義偉も、そうした彼らの性質をよく知っているのだ。

菅は官房長官時代に内閣人事局を設置したが、官僚にとって人事が最も重要であることをよく知っていたからこその施策だろう。内閣人事局には確かに賛否両論あるが、しかし一方で、役所とは、政治家がにらみを利かせるくらいでちょうどいい面もある。

最も重要な人事を握られるのだから、「知的な狂犬」であるところの官僚たちの一部からの反発はあろう。しかし一方で、「腹を割って話せる」官僚を得ているのが菅義偉のすごさでもある。田中角栄もそうだったが、単に官僚憎しで押さえつけるのではない。時に見せる厳しさは官僚の能力に対する信頼の裏返しでもある。

官僚を押さえ、縦割り行政を打破することは、官僚出身の議員にはできない。田中角栄も菅義偉も、生粋の「党人派」だからこそ、むしろ霞が関を押さえることが可能なのである。

官僚と渡り合うため、ひいては党内や政界で自らの意志を通すために、「情報こそが武器である」ことを知っているのも両者に共通するところだろう。

田中角栄は総理退任後も「闇将軍」「キングメーカー」などと呼ばれたが、これは通常最も情報の集まる官邸以上に、田中が重要な情報をつかんでいたからこそなしえたと言える。現役の議員たちよりも活発に動き回り、政官財の情報に触れていたからだ。

田中は週に三日、夜の時間を三つに分け、三組の会合をこなした。例えば神楽坂で農業関係者と、赤坂で鉄鋼関係者と、そして新橋では流通関係者と会い、行く先々で酒を注いで回った。

そうやって人脈を築き情報を集める一方、日中を毎日、朝八時から十一時までの三時間、一組につき三分刻みで多数の陳情を受けた。ある人物が陳情に訪れ「わが町にも道路を造ってください」と泣きつく。すると田中は「よし、わかった」と即答する。これは「あなたの考えはわかりました」という意味ではなく、「実現する」という意味だったという。

田中派の参議院議員には官僚出身者の議員をそろえ、陳情を受けると該当する出身官庁を持つ議員に託した。だから「わかった」と言った以上、それは必ず実現するというわけだ。「一週間待ってくれ」と言ったものは本当に一週間後に形にし、ダメなものは即座にダメだと言う。さすが「決断と実行」を自らのスローガンに掲げただけのことはある。田中派が「総合病院」と呼ばれていたのは、人々がそれぞれ抱えて飛び込んでくるどんな症状にも、対応できる体制を整えていたからなのだ。

菅義偉も即断即決タイプでレスポンスが速いが、これは官庁の仕組みや各界の人物相関図が頭に入っており、「誰に何を頼めば実現できるか」を把握しているが故なのだろう。また、菅は田中と違って酒は飲めないが、それでも毎日誰かに会っている。官房長官という極めて多忙な職にあっても、朝食会や夜の会合での情報収集や人脈づくりを欠かさなかった。

これは、先にも引いた梶山の教えもあるのだろう。役人の情報が正しいか、民間人からの情報を得ることで、別角度から検証することもできる。いざというとき、忌憚《きたん》ない意見を言ってくれる人の重要性は、政治家としてのステージが上がれば上がるほど重要になる。情報や人が集まってくるのは、何も会合をやっているからというだけではない。その後のフォローや気遣いがあってこそ、いざというときに自分のために働き、応援し、大事な情報を教えてくれる人たちになる。

田中角栄は、党の議員、番記者、役人、秘書、誰に対しても優しかった。人を引き付ける魅力があったのだ。記者に対してはこんなエピソードがある。田中が北海道にゴルフを楽しみに出かけたところ、記者たちがその姿を隠し撮りしようと押し掛けた。同行者が記者を追い払おうとすると、「まあまあ」と言って制し、むしろ記者たちを呼び集め、「なに、せっかく海峡を越えてここまで来たんだ、写真を撮っていいぞ。でも男前に撮らなかったら、今後、出入り禁止だ」と言ってガハハと笑いながら即興の撮影会に応じたという。

番記者に対しても「ご苦労さん」の声掛けを忘れなかった。記者の向こう側には国民がいることを常に忘れていなかったからだ。こうした点も、菅義偉と共通するのではないか。官房長官として激務にもかかわらず毎晩、ぶら下がりに応じ、何らかのコメントをくれる菅を悪く言う番記者はいない。それは単に記者との利害関係だけで成り立つものではなく、むしろどの記者にも「自分が最も菅さんの信頼を得ている」と錯覚させる人たらしの才能があるが故だ。

秘書も同様で、田中角栄の場合は田中派の議員事務所の秘書もまとめて「田中軍団」「秘書軍団」などと呼ばれたが、号令一下、選挙区中を駆け回る機動力と熱意と能力を持っていた。何より田中に惚れ込んでいる人ばかりだった。皆、田中のために身を粉にして働いたし、田中も秘書の妻子まで気にかけねぎらった。菅事務所は、仕事は厳しくとも、秘書が辞めないことで知られる。秘書の定着率は議員の能力のバロメーターの一つだが、こうした点も田中角栄と通じるところだろう。厳しいだけではない、心配りの人でもある。だからこそ人がついて離れない。

田中と菅はイメージで言えば陽と陰、対照的ではないかと言う人もあろうが、厳しさの対極にある優しさ、気遣いという点では一致している。

そうした人たらしのなせる業もあったのか、田中角栄は時に金に困った野党の議員まで助けていたという。田中の愛人だった佐藤昭《さとうあき》から聞いた話では、金に困った野党の人間が、夜更けに田中邸を訪ねてくると、田中は、寝間着からわざわざ背広に着替えて応対し、金を渡してやっていた。昭が「どうして野党の議員まで助けるんですか」と聞くと、田中はこう言ったという。

「昭は政治がわかっとらんな。もちろん彼らが私の味方になってくれると思ったことはない。だがいざというとき、敵に回らなければいい。これが政治だ」

田中の人当たりの良さは天性のものがあったが、その背後にはこうした人心掌握の心得もあったのだ。

「結婚式には行かなくていい、また会える。だが葬式には何をおいても行け。二度と会えない」

これも田中角栄らしい発想だが、菅義偉にも通じるところがある。平成三十一年二月、前年十二月に亡くなった二階俊博の妻の「偲ぶ会」が和歌山で執りおこなわれたが、忙しい合間を縫って、当時官房長官だった菅が駆けつけたという。このことは二階の心に深い感謝の念を抱かせたに違いない。二階も心配りと闘争心を持つ政治家だが、菅も同様に気遣いのできる人物なのだ。義理を忘れないのも政治家として大事な要素だ。菅は総理として初の組閣で、自身の政治の師である梶山静六の息子・梶山弘志を経済産業大臣として続投させ、自身が秘書として十一年奉公し政治の何たるかを現場で学ばせてくれた小此木彦三郎の息子・小此木八郎を国家公安委員会委員長に据えた。こうした義理堅さも、田中派の伝統と言えるだろう。

菅義偉は政治家の世襲に反対し、自身の選挙区を子どもに継がせることはしないとはっきり言っているが、だからといって世襲議員というだけで個人の資質を否定するようなことはしない。「世襲には世襲なりの悩みがある」「国家観など大きな視点を持てる面もある」と評価もしているのだ。それは菅が河野太郎内閣府特命担当大臣や、小泉進次郎環境大臣を評価していることからもわかるだろう。特にこの二人は、近い将来の総理候補でもある。

田中角栄には金と女の問題があったが、菅義偉にはその心配がない。安倍晋三も金や女の問題はなかったが、カミさんには手を焼いた。しかし菅はその点も心配ない。二階と組んだ菅の体制は盤石で、長期政権を築くだろう。次世代の若手議員から慕われる菅は、退任後もキングメーカーとして政界に影響力を残し続ける可能性は高い。この令和の時代にあって、土のにおい、昭和のにおい、田中角栄のにおいのする男二人の巻き返しから目が離せない。

さて、二階と菅についての田中角栄との類似を見たところから、再び時をさかのぼってみよう。

第四章　錚々たる「二階軍団」の横顔

揺れ動く日韓関係――河村建夫志師会会長代行の追想

志師会《しすい》（二階派）会長代行である河村建夫は、平成二年に田中龍夫《たなかたつお》から旧山口一区の地盤を譲り受けて出馬する際、田中と約束を交わした。

田中との約束は、二つあった。

一つは、中南米との関係に尽力してほしいということ。山口県は中南米やハワイへの移住者が多く、その関わりもあって、田中は、長い間、日本海外移住家族会連合会の会長を務めていた。

政府公認の日本からの海外移住が始まって百三十五年、日系移民は三百万人を超えるといわれている。移民たちはいまや現地に溶け込み、初めに移住した日本人の子どもたちは現地の人と結婚し家族をつくっている。三世四世と代を重ねるごとに日本への思いも薄くなる。日本人の顔をしながらも日本語を話せない移民の子孫も珍しくない。それだけに、彼らの原点である日本と、彼らの縁を切らしてはならないと、田中は、日系人との交流を積極的に続けてきていたのだった。

それとともに田中が力を入れていたのが、韓国との関係改善だった。田中は、日韓親善協会の会長をしていたのである。

「韓国との関係は、しっかりやってくれ」

田中からは、そう言われた。それが、田中との二つ目の約束だった。

河村は当選を果たすと、田中との約束通り、日韓議員連盟に所属した。河村が日韓関係で関わったことで印象深いのは、平成八年の頃。日韓議員連盟は、設立から三十周年を迎えようとしていた。

その当時、日韓議員連盟会長で元総理大臣の竹下登から相談を受けたのだった。

「山口県に、寺内文庫というのがあるね。その所蔵品を、三十周年の記念に、韓国に贈ることはできないだろうか」

寺内文庫とは、山口県出身の宰相であった寺内正毅《てらうちまさたけ》の所蔵品を、寺内の息子の寿一が私設図書館「桜圃《おうほ》寺内文庫」を建設し保存していた。しかし、その後、資金難で図書館は閉館。寺内家は、その収蔵品を、山口県立大学、山口県立女子大学、山口県立図書館など数カ所の施設に預託していた。そのなかには、寺内が、朝鮮総督府時代に朝鮮で買い求めて集めた朝鮮通信使の模様を描いた絵巻物をはじめとした朝鮮に関わる品も数多く含まれていた。韓国にとっては国宝に値するものさえあった。竹下には、その所蔵品の一部を、この機に韓国に贈り、韓国との親交を深めようとの意図があった。

河村は、田中龍夫に相談した。田中は、昭和二年から四年の二年間に総理大臣を務めた田中義一《ぎいち》の長男で、寺内家とは縁戚にあたった。河村は、その伝手《つて》を頼ったのである。

「でも、韓国では、そのようなことをすると、どうせ『日本が韓国から奪っていったものだ』とか『すぐに返せ』とか言うのだろうね」

田中はそう言いながらも、すぐに応じてくれた。

田中を通じて寺内家との話し合いも進み、山口女子大が所蔵する寺内文庫の一部が、韓国の慶南大学に寄贈されることになった。

河村建夫

いよいよ韓国に贈られる直前となり、田中龍夫が口にしていたように、韓国の新聞が「日本に奪われたものが返ってくる」といった報道がなされた。

かつて日本が朝鮮半島を植民地化した歴史は、いまだに傷痕として残っている。自分たちの国を日本の統治下に置かれて強制労働や慰安婦として日本人のいいように扱われただけでなく、創氏改名により、名前を奪われ言葉を奪われる。まさに歴史や人格を否定された歴史だ。それは、植民地化した側からはなかなか理解しがたいほど深く根強く残っている。

しかし、その過去の歴史を乗り越えて将来を見据えた関係を築こうと、日本も韓国も、さまざまなルートで努力してきた。日韓議員連盟もまたそのルートの一つで、そのときそのときで外交レベルでの問題が起きようとも、日韓の議員同士はつながりあっていることを確認できるだけの信頼関係を築いてきた。

確かにあった日韓の友好協力関係が近年に破綻

戦後日韓関係の努力が実ったのが、平成十年十月八日に、当時の総理大臣である小渕恵三と、韓国の大統領であった金大中《キムデジュン》が宣言した「日韓共同宣言　二十一世紀に向けた新たな日韓パートナーシップ」であったと河村は考えている。

昭和四十年に「日本国と大韓民国との間の基本関係に関する条約」で国交が結ばれて以来、過去の両国関係を総括し、いまの友好協力関係を再確認するとともに、これからあるべき日韓関係について意見を出し合い、新たなパートナーシップを構築する。それを宣言したのである。

訪日した金大中大統領は、国会で演説した。

「歴史的に日本と韓国の関係が不幸だったのは約四百年前に日本が韓国を侵略した七年間と、今世紀初めの植民地支配三十五年間であります。このようにわずか五十年にも満たない不幸な歴史のために、千五百年にわたる交流と協力の歴史全体を無意味なものにするということは、じつに愚かなことであります」

前向きな演説をおこなったのだった。

これに対して、小渕総理大臣も、これまでの非礼を詫びた。

それをきっかけに日韓関係は大きく近づいた。二〇〇二年FIFAワールドカップサッカーの日韓共同開催も契機となり、文化、スポーツの交流が活発となり、政治的、経済的な交流も深まった。

河村自身も自民党地方創生実行統合本部長という立場で、日本が抱えていた地方創生という課題を通じて韓国との交流をいっそう深めた。

日本の政治、経済、文化などが首都・東京に一極集中しているのと同じように、韓国も、首都・ソウルに中枢機能が集中している。韓国で地方創生を進めるのは、国家均衡発展委員会だ。地方創生大臣にあたる国家均衡発展委員長と交流することで、同じような問題や課題を話し合った。互いに協力しあうように協定も結んだ。

小渕恵三

金大中

河村から見れば、平成三十年二月に韓国の平昌《ピョンチャン》でおこなわれた冬季オリンピックまでは、日本と韓国との関係は極めて良好だった。

平昌オリンピック後、日韓議員連盟では協力を誓い合った。

「平昌が成功したから、東京も成功させよう」

二〇二〇年東京オリンピック・パラリンピックのための特別委員会を設置し、成功に向けて何ができるかを模索した。

しかし、平成三十年十月三十日、韓国の最高裁にあたる大法院が下した、いわゆる、「徴用工訴訟」への判決が日韓関係に大きな波紋を呼び起こした。

大法院は、訴訟を起こした四人それぞれに対し、新日本製鉄（現・

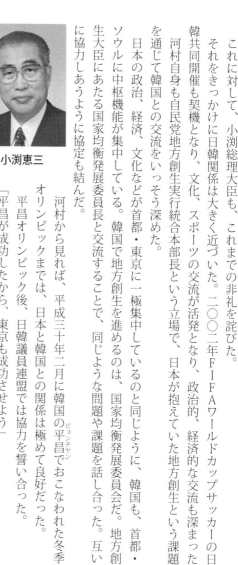

日本製鉄）に対して、一人当たり一億ウォン（約一千万円）の支払いを命じたのである。

「個人の請求権は消滅していない」というのが、大法院の判断理由だという。

もしも新日本製鉄が支払わなければ財産は没収され、その財産で強制的に賠償をおこなうという。日本製鉄の韓国にある財産は差し押さえられてしまった。徴用工問題については、日本にしろ韓国にしろ、五十五年前の昭和四十年の国交正常化に際し日本と韓国との間で取り交わされた日韓請求権協定で解決したものとしてきた。

河村が外務省に問い合わせたところでは、日韓請求権・経済協力協定の議事録では、個々の請求権についてのやり取りもあったという。

日本の外務省の「個々の補償についてはどうするのか」との問いに対し、韓国側からは「こちらでやります」との答えが返ってきたとの記述があるという。

韓国政府も、国内措置として、賠償金、未払い金を韓国政府が払うと語ってきた。互いの理解と了解があったからこそ、日本も、徴用工問題については「解決済み」としてきた。

だが、韓国政府が、その立ち位置を韓国国民に説明しきれていなかったこともあって、韓国国民にそれが周知されていなかった。徴用工にかかわる賠償訴訟がこれまでも相次いだのは、そのためでもある。

それに加えて、「すべての国民の大統領になる」と韓国国民に訴えかけた現・韓国大統領の文在寅《ムンジェイン》にとっても、徴用工訴訟の判決に沿った行動をしなければ、しっかりと国民に寄り添ったことにはならない。文大統領にも「日本企業が賠償金を払うことが筋だ」との思いもある。

平成三十一年二月七日、大統領に次ぐ政界ナンバー2の立場にある国会議長の文喜相《ムンヒサン》は、金融情報サービス大手『ブルームバーグ』のインタビューに応じた。

インタビューでは、従軍慰安婦問題についても触れられ、文喜相議長は、日本の総理大臣、あるいは、天皇による謝罪の必要性に言及した。

「ひと言でいいのだ。日本を代表する首相かあるいは、私としては間もなく退位される天皇が望ましいと思う。その方は戦争犯罪の主犯の息子ではないか。そのような方が一度おばあさんの手を握り、本当に申し訳なかったとひと言いえば、すっかり解消されるだろう」

文議長は、のちにそのような発言をしたことを否定したが、この発言のなかで、天皇を「戦争犯罪の主犯の息子」と表現したことが大きな波紋を呼んだ。安倍晋三総理大臣は、文議長の発言に対して不快感を示した。

「不適切な内容を含み、極めて遺憾」

それとともに、日本政府は、韓国側に、謝罪と撤回を求めた。

文在寅

文喜相

文議長は、謝罪を拒否するだけでなく反論した。

「なぜ、大きな問題になるのか。安倍総理まで出てくるのは、とうてい理解できない」

自分の発言は謝罪する事案ではないと拒絶した。

また、日韓間の慰安婦問題の最終的かつ不可逆的な解決を確認した慰安婦問題日韓合意に対しても述べた。

「合意書が何十件あっても何だというのか」

「被害者の最後の許しがあるまで謝れということ」

そのうえで自分の見解を明らかにした。

「慰安婦問題において最も基本的な問題はただ一つ、心のこもった謝罪だ」

さらに、文議長は、平成三十一年二月十八日の『聯合ニュース』のインタビューで、日本側の反発について真っ向から反論した。

「謝罪する側が謝罪せず、私に謝罪しろとは何事か」

「盗っ人猛々しい」

このとき、その十年前に、天皇陛下から訪韓の仲介を頼まれたと語ったうえで、天皇陛下にこう助言したとも明かした。

「何はともあれ、(慰安婦被害者の) ハルモニ (おばあさん) たちが集まっているところに行き、ひと言『すまない』と言うだけでいい」

しかし、この事実については、日本の宮内庁が、天皇陛下が文議長と面会した記録がないことを明かしている。

韓日議員連盟の姜昌一《カンチャンイル》会長も、文議長の発言を肯定した。

「天皇の謝罪を求めた文氏の発言は、極めて常識的」

そう述べたうえで、河野太郎外務大臣が、文喜相議長の発言を「極めて無礼」と抗議したことに対しても、批判した。

「他国の国会議長に対する非常に無礼な発言」

日韓葛藤の底流にあるものとは

それからおよそ四カ月たち平成から改元し令和となった令和元年六月十三日、文議長は、ソウル特別市汝矣島《ヨイド》の食堂で、訪韓中の鳩山由紀夫《はとやまゆきお》元総理と面会した。

文議長は、それまでの強気な態度とは打って変わって、鳩山に語った。

「（あの発言で）心が傷ついた方々に申し訳なく思う」

さらに、「韓国人の立場では納得できるが、日本人にとっては天皇まで取り上げたのは失礼だと考えられる問題」との鳩山の指摘に対しても、同意した。

「全面的に共感する」

そののちには、文議長は、これまでの発言の趣旨について『聯合ニュース』に説明した。

「韓日にはおのおの立場があるということに同意し、（聞いた人が）心を痛めたのなら、申し訳ないとの趣旨での発言だ」

この間、日本と韓国との関係は、いっそう冷え込んでいた。令和元年七月には、日本政府が、韓国向けの半導体関連三品目を、個別に許可を必要としない「包括許可」の対象から外した。国内企業は輸出契約ごとに政府の許可が必要となった。韓国向けの輸出規制が強化されたのである。

日本政府の見解では、あくまでもその半導体関連三品目は北朝鮮の核開発に関わる可能性があるということで調査のために規制の対象としたという。

さらに、日本政府は、ほぼ一カ月後の八月には、輸出手続きを簡略化できる「ホワイト国」（輸出優遇国）のリストから韓国を除外した。

山東昭子

韓国も、その報復に出た。日本の輸出規制に対し同じ令和元年八月、高度な軍事情報を共有する際に結ぶ協定「ＧＳＯＭＩＡ（軍事情報包括保護協定）」の破棄を通告してきた。アメリカの説得などもあり、かろうじて失効前日の十一月二十二日に破棄の通告が停止された。

その頃、河村は、参議院議長の山東昭子《さんとうあきこ》から相談を受けた。

「文喜相議長とは、どんな人ですか？　この方は、呼んでもいいのですか」

山東は、十一月に東京で開かれるG20上院議長会議のホストとなっていた。

韓国は一院制をとっていて、韓国で唯一の国会議長である文喜相はそこに招かれるはずだった。

「戦犯の息子」発言以来、日本人から非難を浴びていただけに、山東としても、呼ぶか呼ばないかは悩ましいところだった。

河村は、日韓関係をより友好に導くためにも、文議長を呼ぶべきだと思った。山東にきっぱり言った。

「呼んだらいいですよ。正直な人で、それほど悪い人ではありませんから」

山東は、文議長をG20上院議長会議に招待した。

招待された文議長も悩んだ。外交問題に発展するほどの発言をして、まだ癒えてもいない状況で、訪日すればどうなるかわからない。しかし、文議長は、来日を決めた。早稲田大学から、来日に合わせて講演の依頼がきていたからだった。早稲田大学は、文喜相議長の岳父の母校であった。その義理もあって講演の依頼に応じたのだった。

山東には、会談の要請をしたものの断られた。衆議院議長の大島理森《おおしまただもり》も、文議長との個別会談には応じなかった。

河村が文議長と会ったのは、議長が早稲田大学での講演を終えたあとのことだった。

河村は、あらためて聞いた。

「なぜ、あのような、日本人を刺激するようなことを口にしたのですか」

文議長は、情けなさそうに言った。

「それはもう口にしないでください。そのことについては、早稲田大学で謝罪したから」

文議長の言葉通り、文議長は、早稲田大学での講演で謝意を表明していた。しかし、それはその場に集まった聴衆に謝意を示したにすぎない。公式の謝罪とは言えなかった。それどころか、明仁《あきひと》上皇への謝罪を求めたヤジを浴びせられていた。

ただ、河村から見て、文議長は、植民地時代から受け継いだ恨みから、一連の発言をしたわけではない。むしろ、なんとか日韓の友好な関係を保つための方法を模索している。

その一つが、徴用工問題の解決策の提案である。文議長は、「もしもこのまま判決通りにことが進めば、必ずや日本と韓国の関係は悪化してしまう」と危惧《きぐ》を抱き、与野党議員十三人とともに対抗措置をとった。令和元年十二月、「徴用工基金法案」を提出したのである。日韓両国の寄付金を財源とした基金を新設し、日本企業を訴えて勝訴した元徴用工などの「国外強制動員の被害者」に対して「慰謝料」を支給する。

慰謝料を受け取った被害者は、確定判決にともなう強制執行権を放棄したとみなされる。日本企業の資産は、強制売却される事態は避けられることになる。

文議長は、令和二年一月に訪韓した河村に、「四月におこなわれる総選挙後の法案成立を期す」と説明した。

調査したところでは、韓国国民の約六割が賛成しているという。韓国では四月に総選挙がおこなわれるものの、選挙前の国会は五月まで機能する。「それまでに成立させる」と、文議長は河村に、見通しを語ったのだった。

河村は、その際、文議長に訊いた。

「このことは、大統領も承知なのですか？」

文議長は言った。

「それは、わからない。ただ、彼は弁護士で法曹家だ」

つまり、法曹家だから、この法案が通り成立さえすれば文在寅大統領はそれに従うはずだと文議長は言った。

しかし、残念ながら、法案は委員会に上程すらされなかった。

補償に期待する被害者団体はその法案に賛意を表明したものの、原告が「加害者の事実認定と謝罪が必要だ」と強く反対していた。それどころか、原告を後押しするＮＧＯ団体が、法案は原告に寄り添った解決ではないと法案提出にかかわった文喜相議長をはじめとした議員の顔写真を並べて「この議員を再選させるな！」と追い落としにかかっていた。

しかも、法案提出に関わった十四名の議員のうち九人は引退を表明していた。追い落としに耐えて当選したとしても、残りはたった五名。法案の提出すらできない。事実上の廃案である。

個人レベルで深まった日韓関係の新たな展開を……

このようなぎりぎりの状況で、どうすれば差し押さえられた新日鉄の財産を守り切り、代位弁済という形に持っていけるのか。

じつは、河村は、文議長が法案を提出した当初から、法案が通らなかったときのことを外務省の局長クラスと話し合っていた。しかし、そこに絡んできたのが東京で開催されることになっていた二〇二〇年東京オリンピック・パラリンピックだった。

この徴用工問題がさらにこじれれば、そこまで影響しかねない。もしも外交ルートを通じてかかわっていくのであれば、オリンピック・パラリンピック閉幕後だろうというのが、外務省のおおかたの見方だった。

河村は、衆議院議員となってから三十年近くたつ。その当時にくらべると、韓国の人たちとの個人的なつながりは強まり、互いの理解も深まっている。

彼らは常に友好的な関係を築こうと思っている。だが、そう思っていながらも、何かの拍子に、奥底に潜んでいる〝本音〟がつい出てしまう。

我々日本人はそれをただ責めるのではなく、韓国の人々は拭い切れない歴史を抱いているのを知るべきだ。

河村らは、韓国の人たちと交流を続けることでそれを常に認識できた。だからこそ、いまや両国間でどのような事態が起きても、互いの立場に立って考え、問題解決に向けて動くことができる。個人レベルでの日韓関係は、それだけ深まっている。

河村は、親しい韓国の議員には話している。

「日本とアメリカを見てください。あれほど戦争をしたのに、いまはこうして同盟国として互いに協力しあえる関係を築いている。日本と韓国も、同じような関係になれるようにしよう」

しかし、残念ながら、国と国とのレベルとなると一筋縄ではいかない。例えば、従軍慰安婦問題にしてもそうだろう。打開策として平成二十七年に日韓の合意に基づき「和解・癒やし財団」を設立した。そのときには、不可逆的な解決を見たと言われた。しかし、時の大統領である朴槿恵《パククネ》がその座から降りて政権交代すると、その時その時の大統領の考え方、あるいは、その時代の潮流によってとらえ方が変わる。

河村の知る韓国の要人たちは、「基金設立前の体制に戻すつもりはない」と言うほどの信頼関係にあるが、その一方で、韓国内では、慰安婦像の建立を象徴とするような、日本に過去への断罪を迫る動きは絶えることはない。

河村から見れば、日本政府は「少しやりすぎている」。輸出規制にしても徴用工訴訟への報復ではなく調査のために外したのであれば、調査が終わった時点ですみやかに解除するべきだ。河村は、経済産業大臣の梶山弘志に、あるとき話したことがある。

「協議するといっているけれども、そろそろ規制をもとに戻してもいいのではないか」

しかし、梶山大臣の答えは、河村を突き放すかのようだった。

「それは、官邸に言ってください」

安倍晋三総理大臣をはじめ、いまの官邸筋には「韓国に安易な妥協はするな」との雰囲気がある。小渕恵三・金大中の両首脳による日韓共同宣言で、不可逆的な解決を目指したはずなのに、いつまでも過去の歴史を盾にする。

さらに言えば、政権が替わるたびに政策や方針が変わる。それらのことに対して、「いい加減にしてほしい」とのいら立ちがある。

だからこそ、安倍内閣は、韓国に対して強く出ている。この態度では、日韓間の距離はなかなか縮まらない。

そこに向けて令和二年となって、国家間の関係を揺るがす事態が発生している。中国の武漢《ぶかん》が発生地と言われる、新型コロナウイルスの蔓延《まんえん》だ。

各国は、少しでも国内での蔓延を防ごうと水際対策に躍起となった。日本政府は、三月五日、発生源と言われる中国、急激に感染者が増えていた韓国からの入国制限の強化を打ち出した。突然の発表だった。

対象とされた韓国は、猛反発した。康京和《カンギョンファ》外相は、日本政府を批判した。

「十分な協議も事前通報もなく措置を強行したことに、強い憤りを禁じ得ない」

韓国大統領府も、遺憾の意を表明した。

「昨年の輸出規制強化に続く信頼に欠ける行動だ」

河村は、滝崎成樹《たきざきしげき》アジア大洋州局長に、入国制限に至るまでの経緯を詳しく訊いた。

滝崎局長によると、入国制限については事前に知らせてあった。にもかかわらず、韓国側が、激しく憤りをあらわにしたのは、ほかにも理由があったという。

じつは、韓国は、「入国禁止について言及しているのは後進国ばかりで、先進国にはそのような処置はおこなわない」と言い続けてきた。それを日本が、先進国のオーストラリアに対して入国禁止をおこなった。そのことに、韓国は、「メンツを潰された」と思ったらしい。それもまた、韓国が憤る要因の一つだという。

河村がいま期待しているのは、前国務総理（首相）の李洛淵《イナギョン》だ。

李は、一九五二年（昭和二十七年）十二月二十日生まれで、韓国では保守右派的志向のある『東亜日報』の記者を経て政界に入った。日本との関わりも多く、『東亜日報』時代には東京駐在特派員を経験し、国会議員時代には二〇〇二FIFAワールドカップの国会議員連盟委員、韓日議員連盟の幹事長、首席副会長など日本に関連する役職に就く機会が多かった。日本語を流暢《りゅうちょう》に話し、日本に関する専門家が要職に就いていないと言われる文在寅政権のなかで、日本の本当の姿を知る唯一の人物であるとも評されている。

李洛淵

河村は、韓国を訪れた際、ある人物の紹介で李洛淵と会った。ソウルのロッテホテルだった。

首相という重責から肩の荷を下ろした李洛淵は、リラックスした表情で、河村と酒を酌《く》み交わした。

酒席を立ったのは、夜の九時を回ったあたりだった。店から出ると、そこに、学生らしき若者たちが集っていた。一人が李洛淵を見つけると、若者たち全員が、李洛淵を取り囲んだ。

李洛淵がこのたび国務総理を辞任したのは、およそ二年半後に控えている大統領選を見据えてのことだという。

これだけ韓国の若者たちからも人気があり、日本に精通している李洛淵が大統領となれば、日韓関係も、個人レベルでも国家間レベルでも進展するに違いない。

国家公安委員長に任じられた武田の幅広い兼務

元号が平成から令和に変わった令和元年九月に入り、自民党幹事長特別補佐兼副幹事長だった武田良太の周りはにわかにあわただしい空気が支配していた。平成二十四年から長期政権を担っている安倍総理があらためて改造をおこなう意向を明らかにし、いよいよ組閣人事に着手し始めていたからである。

武田は、派閥の事務総長代理としてそれぞれの希望を取りまとめていた。血気盛んな若手の「政務官になりたい」「副大臣になりたい」「〇〇委員会に行きたい」といった希望をなるべく叶える。そのことに追われていた。

武田自身は、人事がおこなわれるたびに自民党議員が自民党本部に希望のポストを書いて提出する書類に、いつも通り、白紙で出していた。

そもそも人事については天からの授かりものくらいの気持ちで、派閥の長である二階俊博の胸の内に任せている。たしかに当選回数六回、まさに中堅どころに身を置くようにはなった。内閣からお呼びがかかってもおかしくはない。地元の支援者からも、「そろそろ大臣に……」との期待もかかっている。だが、そのようなことは「もう少し先だ」と思っていた。同じ同期でも六十歳代、七十歳代が多く、自分は五十歳代に入って間もない。

〈しばらく、党や派閥で汗をかかなければ……〉

構えることなく、そう受け止めていた。

いよいよ組閣がおこなわれる九月十日、武田は、報道記者の一人から訊かれた。

「総理から電話はありましたか？」

「いや、ないよ」

人事については、だいたい派閥の長からあらかじめ聞かされるものだ。

二階会長から、武田に連絡はない。報道陣は、どこからか噂話を聞いて確認にきただけなのだろう。そう受け流した。

ところが、その日の夕方近くになって、武田が留守にしている間に、志帥会副会長の林幹雄が事務所に顔を出し、秘書に「おめでとう」と言って帰っていったという。

事務所に戻り、そのことを秘書から聞いた武田は、記者の一人の「総理から電話は？」の言葉が真実味を帯びているような気がしてきた。

それからしばらくして、今度は、会長代行の河村建夫までもが訪ねてきた。

武田良太

武田を励ました。

「よかったな、頑張れよ」

これは明らかに組閣名簿に自分の名が載っているということだ。

さすがに、武田も身が引き締まる思いだった。

安倍総理からじきじきに電話をもらったのは、午後六時を過ぎた頃だった。

国家公安委員長。

武田が、安倍総理から任じられたポストだった。

「しっかり、がんばってください」と言った安倍総理は、さらに付け加えた。

「兼務については、また電話します」

武田はすぐに、二階に電話を入れた。安倍総理から国家公安委員長に任命されたことを報告すると、「おめでとう」のひと言だけが返ってきた。

二階からは、「自分が推薦した」といった話もなかったし、ましてや、武田を閣僚に推した理由を聞かされることもなかった。

武田がふたたび安倍総理から電話をもらったのは、それから一時間後のことであった。

国家公安委員長のほかに兼務するのは、内閣府特命担当大臣（防災）、行政改革担当大臣、国家公務員制度担当大臣、そして、二階が推進してきた国土強靭化計画を推し進める国土強靭化担当大臣であるという。

第四次安倍第二次改造内閣は、九月十一日に発足した。

国家公安委員長としての武田には、就任直後の九月二十日から日本各地で試合がおこなわれるラグビーワールドカップの対応が待っていた。武田はかねて、森喜朗元総理のもとで、ラグビーワールドカップ二〇一九日本大会成功議員連盟の幹事長として、アジアで初開催されるワールドカップに深く関わっていた。十一月二日の閉幕までのおよそ一カ月半に四十万人の外国人が来日すると見込んでいた。国の名誉をかけるラグビーの試合である。なかにはヒートアップする外国人もいるかもしれない。

さらに、ラグビーワールドカップ閉幕までの間、十月二十二日には、即位礼正殿の儀が執りおこなわれることになっていた。天皇の即位を内外に示す儀礼だけに、世界各国の元首を招待した。警備局局長の指揮のもと、一人ひとりに十分な警護をつけ、来日から宿泊施設までどのように連れていき、当日は決められた時間に、決められたルートでどう誘導するかを決定しなくてはならない。それも百九十五カ国の国家元首を招待していた。

テロ対策も、友好国の警察機関と情報交換をし、十分に練っておかなくてはならない。サイバーテロ、二〇二〇年東京オリンピック・パラリンピックの警備体制の強化も大きな課題だった。

武田防災大臣を待ち構えていた緊急事態

しかし、それよりも先に、防災担当大臣として緊急事態が起こっていた。九月九日、台風十五号が関東に襲いかかっていた。関東に上陸する台風としては過去最高クラスと呼ばれるこの台風は、三浦半島から東京湾を抜けて千葉県に上陸し茨城県水戸市に抜けていく間、各地に爪痕《つめあと》を残していた。

本来ならば、組閣その日から翌日にかけては、前任者からの事務的な引き継ぎや、担当省庁での顔合わせなどの公的行事で追われる。

しかし、すべてキャンセルした。支援者や知り合いへの初入閣の報告もできる限り秘書に任せた。そのようなことをしている場合ではない。被害に遭った人たちは途方にくれている。待ったなしの対応が、武田を待っていた。

内閣府の大臣室に入ると、挨拶程度の顔合わせをすませた官僚らとともに、被害状況の確認と、対策に追われた。

人的被害では、死者三名、重傷者十三名。ことに千葉県では、倒木の下敷きになったり、海に流されたりして命を落とす二人の死者が出たほか、重傷者が八名も出ていた。

建物被害では、千葉県市原市のゴルフ練習場に建っていた高さ一〇メートル以上の鉄柱が倒壊し、近隣の家屋に覆いかぶさるといった事故をはじめ七万六千棟を超える住宅被害が出た。

九月十二日の午前九時には現地入りした。

現地の首長も職員も、現地の人々も、口をそろえて「こんなの初めてだ」と言うばかり。何から手をつけてよいのか、手をこまねいていた。

〈九州とは初動が違う〉

武田がまず感じたことだった。

武田が生まれ育った福岡県では台風が年に数回は必ず押し寄せ、大なり小なりの爪痕を残していく。ある意味で慣れていて、その備えができているし、台風が過ぎ去ったあとに何をすればいいのかもわかっている。それに対し、これまで台風が来てもそれほど被害のなかった千葉県では、人々の気持ちにも備えが十分でなかったのだ。

農家の人たちも、まさか農作物が根こそぎやられてしまうとは思ってもいなかった。福岡県の農家であれば必ずといっていいほど掛けている共済などの保険に入っている農家は、思った以上に少なかった。

一般家庭も、吹き飛ばされた瓦でガラスが割れるなどの被害も珍しくなかった。

そこにむけて深刻だったのは、インフラの崩壊だった。推計二千本の電柱が損傷し、神奈川県と千葉県を中心に九十三万戸以上が停電した。

千葉県では、浦安市、野田市、我孫子《あびこ》市以外の自治体で停電が発生した。千葉県内での停電はピーク時で約六十四万戸に及んだ。通信網も遮断されて被害状況を正確に把握できない状態が続いたこともあり、復旧までには二週間以上かかる被害だった。

しかも、応急処置も進まぬうちに、ふたたび秋雨前線による大雨が千葉を襲った。一部損壊ですんだ家屋が半壊となり、半壊の家は全壊した。さらなる被害の拡大は、ただでさえ電気、ガス、水道といったインフラを失い途方に暮れている人々の心も打ち壊した。

武田は、一刻も早い回復のために奔走した。内閣府の防災担当大臣は、さまざまな部署を取りまとめる、いわば総司令官のような立場である。連携を取りあい、いかに的確でスピーディーな救済ができるかが課題だ。

武田は、自分を補佐する政務秘書官には防衛省の官僚を任命した。防衛副大臣を務めたときの秘書官である。防災には必ずフル稼動する自衛隊を所管する防衛省とすり合わせがおこなえるほうがいいと判断したからだった。

実際の被災地への物資の供給は、被災地からの要請を待つまでもなく供給側の判断で送りこんだ。ブルーシートはもちろん、段ボールベッド、避難所で避難者と避難者を隔てるためのパーティション……。プッシュ型といわれる供給形式である。被災地の要請によって不足物資を供給するそれまでの受け身の被災対応とは違った、攻めの姿勢で臨んだ。安倍総理も自らリーダーシップを執り、その場その場での指示も早かった。県よりも早い対応をしたこともしばしばあった。

それでも、酷暑のなか、エアコンや扇風機も使えず、断水のために十分な水分補給もままならず、熱中症で死亡する住民もいた。どうする手立てもない被災者の気持ちを少しでもやわらげるための簡易風呂も、自衛隊の協力を得て各地の駐屯地にあるものをかき集めてもらい設置した。ほかにも、停電に関しては経産省、飲料水の確保は厚労省とそれぞれの担当部署に指示を送った。

十月に入ると、東北はすでに秋から冬へと移り変わろうとしていた。避難所の人たちは寒さを訴えてきた。武田は、経産省を通じて、家電メーカーに依頼し電気ストーブを供給した。

補償の面でも、台風十五号の一連の被害を激甚災害と認定し、国を挙げての救済態勢を整えた。台風での被害にその後の大雨による被害も含めて一連の被害を合わせて補償した。家屋の一部損壊も補償の対象とするなど補償の範囲を広げた。共済などの保険に入っていない農家への補償も手厚くした。

さらに、台風十五号の災害認定を機に、その少し前の梅雨の時期、予想を超える被害を受けた、佐賀県などの九州地方の災害も激甚災害に認定した。

しかし、自然災害は、それだけでは終わらなかった。十月十二日、台風十九号が東日本を襲った。東北地方を中心に、長野県、埼玉県での被害が大きかった。災害救助法適用自治体は、十四都県三百九十市区町村を数え、その数は、東日本大震災を超えた。

いま求められている従来型国土計画からの転換

地球温暖化の影響もあり、台風の経路が変わってきている。これまで予想されてきた経路から逸《そ》れて北上するようになったのである。「こんなこと初めてだ」とどこでも聞かれるような被害を受けるのは、そのためである。この変化に、国交省が築いてきた堤防も対応できていない。国だけでなく、人も社会も、地球の変化に対応できていない。

課題は山積みで、急を要する。台風は毎年やってきて、しかも、駿河《するが》湾から日向灘《ひゅうがなだ》沖にかけてのプレート境界を震源域とする南海トラフ地震が、この数十年のうちに必ず起こると警鐘が鳴らされている。

防災はこれからの大きな課題であるため、内閣府の一機関ではなく、防災担当部署を独立させて防災省の設置を求める声もある。構想としては、とても理にかなったものだ。専門部署として一貫して災害対応できれば、それが最も的確で即時性の高い対応ができるのだろう。

しかし、実際に防災担当大臣として指揮を執った武田からすると、今回、停電の普及対応は経産省、水の確保は厚労省、ブルーシートの供給は国交省といったように、台風十五号での被災対応はそれぞれの省庁がそれぞれの専門分野でおこなった。的確にスピーディーに対応できた。それができたのは、それぞれの省庁が、関係各所と日常的につながり、互いの意思が通じあっているからこそだ。

例えば、東北地方の避難所にいる避難者たちの寒さしのぎに、電気ストーブを用意したいときには、経産省の部署を通じて、家電メーカーに要請した。すぐに必要な数の電気ストーブを用意できた。もしも防災省の官僚がいきなり依頼してもすぐには対応してもらえない。防災省とメーカーは、日常的なつながりがないからだ。日常的なつながりのないところでは即時に対応できない。そのことで、現場での混乱を招きかねない。

むしろ、ふだんから、内閣府防災担当と内閣府官房が中心となって、各省庁の出向者と連絡を取りあい、情報を共有しあう。そのことで、各省庁横断のチームづくりができていれば、いざというとき、それぞれがそれぞれの部署ですぐに動ける。

いま求められているのは、戦後、経済を発展させるために利便性を考えて進められてきた国土計画の転換だ。このまま経済発展に軸を置いた国土計画を推進し安全対策を放置すれば、毎年毎年、自然災害による被害は大きくなるばかりだ。

利便性よりも安全性。実現の基軸となるのが、二階が提唱してきた国土強靭化計画だ。

緊急対策として、この三年かけて百六十にわたる項目を洗い直した。これからは、新たな安全基準を練り直す。課題は山積みで、しかも、急を要する。実際に安全な国土づくりのための財源も必要だ。

武田は、防災担当大臣として、二階が長年主張してきた国土強靭化計画がいかに先見性のあるものだったかをあらためて感じている。

二階は、現場主義だ。現場に足を運び、現場で感じ取ったことを政策として練り上げ大胆に打ち出している。国土強靭化計画も、二階の地元・和歌山県が津波、地震の脅威にさらされてきたからこそだ。

今回の新型コロナウイルスにかかわる給付金問題も、現場からの発想だ。当初、安倍総理は、困窮する人たちに三十万円を支給する方向で進めていた。しかし、給付対象もなかなかわかりにくく、手続きも複雑だった。国民からも不満の声が上がっていた。

二階は、安倍総理には届きにくい現場の声、困窮する人の苦しみを汲《く》み上げ、公明党と話し合い、安倍総理に届けた。その結果として、国民全員に一律十万円という支給方法に方向転換した。

ほかの人にはない先見性と着眼点、誰もが真似できるものではない、その決断力、実行力の源は現場にあり、そして、人間を大切に思う心にある。それが、二階俊博という政治家の真骨頂だと武田は思っている。

令和二年九月十六日に発足した菅義偉内閣で、武田良太は、国家公安委員長から総務大臣への横滑りが決まった。

総務大臣は、菅総理が掲げる携帯電話料金の値下げについても所管する。

菅総理は、九月十八日午前、武田を官邸に呼び出し、携帯料金の引き下げを実現するよう、あらためて指示した。

「チームを組んで具体的に一歩一歩進めて、しっかりとした結論を出してくれ」

武田は、菅との面会後の会見で、強い意欲を示した。

「もっと健全な市場競争が果たされれば、一割以上の値下げも可能だ。一〇〇%やる。できるできないじゃなく、やるかやらないかの話だ」

政界再編期の政争を知る衛藤がつなぐ安倍と二階

衛藤晟一は、派閥は志帥会に所属しているが、安倍晋三との付き合いも深い。じつは、衛藤は、平成二十八年八月に二階俊博が自民党幹事長に起用される前から安倍によく言っていた。

「二階さんは政治家としては信頼できる人です。安倍さんがちゃんと応える限りは、絶対に安倍さんを裏切らない政治家です。素晴らしい人だと思いますよ」

現在の自民党において、かつての中選挙区時代の派閥の対立や、政界再編期の激しい政争を知る国会議員はかなり少なくなっている。そのなかで、かつての歴史を知り、政界の修羅場を数多く経験している二階の存在は本当に貴重だ。

衛藤晟一は、二階について語る。

衛藤晟一

「二階さんは、嘘を言わないし、一度約束をしたら絶対に守るし、裏切らない。そこはすごく信頼できる政治家です」

日中外交に積極的な二階のことを一部のマスメディアは、よく「中国に取り込まれている」などと厳しく批判する。

が、衛藤晟一はそのような批判はまったくあたらないと指摘する。

「わたしは二階幹事長が中国に取り込まれているとは思わない。幹事長が自らつくった中国とのパイプを大事にすることは日本の政治にとってもいいこと。国民政党の自民党のなかには、昔から中国に批判的な議員もいれば、友好的な議員もいた。さまざまな立場の議員がいるのだから、その多様性を大事にするべき。それに二階さんは、取り込まれているわけではなく、交渉のパイプを持っているだけ。言うべきことはちゃんと言っています」

令和元年九月十一日、安倍晋三総理は、内閣改造と党役員人事をおこない、第四次安倍第二次改造内閣が発足した。

志帥会に所属する参議院議員の衛藤晟一は、この内閣改造で担当大臣および内閣府特命担当大臣として初入閣を果たした。

衛藤はこの日の午前中、七年近く務めた総理補佐官としての引き継ぎの業務をこなした。午後一時には、千代田区平河町の砂防会館別館にある志帥会の事務所に到着した。

事務所では、集まった所属議員たちが衛藤と、ともに初入閣が内定した武田良太の二人を祝福し、歓迎してくれた。

衛藤は、同僚たちとともに、集まった約五十人ものマスコミが見守るなかで、官邸からの呼び込みを待った。

その後、携帯電話に呼び込みの連絡があると、衛藤は「ありがとうございます」と答えて、笑顔を浮かべて同僚たちに報告した。

「おかげさまで入閣させていただくことができました」

衛藤は、所管するテーマについてマスコミに新大臣としての意欲を力を込めて語った。

「少子化は国難と思っている。この一年間で方向性を出さなければならない」

さらに、他の分野についても語った。

「これまでいろんな形で関わってきた。一つ一つ一生懸命に取り組む」

衛藤が担当大臣として所管するテーマは、一億総活躍、領土問題のほかに、特命担当大臣としては少子化対策、沖縄・北方対策、消費者・食品安全、海洋政策と多岐にわたるものであった。

だが、前日に安倍総理から内定の連絡を受けた際は、少子化と一億総活躍についてしか言われていなかった。

衛藤によると、今回の入閣は安倍総理から直接の電話で前日の九月十日の夜に伝えられた。

「衛藤さん。今回は、少子化対策と一億総活躍を担当してください」

当初、安倍総理から直接伝えられた担当分野はその二つだった。が、その後、領土問題や沖縄・北方対策なども幅広く担当することが判明した。衛藤は思った。

〈少子化対策は長年厚生分野に携わってきた自分にとってやりがいがある分野だ。一生懸命取り組まなくては〉

衛藤は、自民党きっての厚労族で、少子化対策も専門分野だった。現在、安倍内閣が取り組んでいる全世代型社会保障改革についても意欲的だった。

衛藤は安倍総理に訊いた。

「わたしは全世代型社会保障改革も担当ですか？」

安倍は言った。

「いや、全世代型社会保障改革は、他の大臣に担当してもらいます」

結局、全世代型社会保障改革は、経済再生担当大臣の西村康稔が担当することになった。

衛藤は、呼び込みのときに、少子化や一億総活躍以外にも、領土問題、沖縄・北方対策、消費者・食品安全、海洋政策などの幅広い分野を担当することを知った。

衛藤は、周囲に笑顔で言った。

「こんなに担当分野があるとは驚いた」

衛藤は、平成二十四年十二月に第二次安倍内閣が発足して以来、七年近く、国政の重要課題を担当する総理大臣補佐官を務めていた。

総理大臣補佐官としても、ずっと言及してきた。

「少子化が地方創生、社会保障などの諸課題の根本だ」

衛藤は、その後、関係省庁の職員との打ち合わせや認証式、初閣議を終えたあと、午後九時半から官邸で初の大臣会見にのぞみ、語った。

「本年度中に少子化や子どもの貧困対策の大綱を策定したい。重要な政策課題に取り組むことになり、身の引き締まる思いだ」

もともと衛藤は、今回の改造で自身が初入閣する可能性について思っていた。

〈おそらく半々くらい、五〇％の可能性だろう〉

衛藤と親交の深い亀井静香元衆院議員からは、内閣改造の少し前に言われていた。

「このまえ安倍総理と会って話したが、今度こそお前の入閣は間違いない。いやあ良かったな」

だが、じつは一年前の内閣改造の際にも、亀井からは同じセリフを聞いていた。

そのため、衛藤自身は、入閣しない場合もあると心得て、あまり期待しないようにしていた。

衛藤だけでなく、衛藤の妻のヒロ子もじつに淡々としていた。入閣がわかる直前まで「大臣にならなくても、ならなくても、もうどちらでもいいじゃないですか」などと口にしているほどであった。

衛藤少子化対策大臣が進めるフランスモデル

少子化対策担当大臣として入閣することになった衛藤晟一は、もともと自民党きっての厚労族だ。これまでに自民党社会部会長、衆院厚生労働委員長、副厚労大臣などを歴任し、介護保険の導入や、年金制度改革、医療制度改革などにも携わってきた。

また、衛藤を任命した安倍総理自身も、同じ厚労族で、社会保障分野の政策に精通している。まだ当選から日の浅い新人議員時代の安倍をその分野に引っ張り込んだのは衆議院議員時代の衛藤であった。

平成二年二月の衆院選で初当選を果たした衛藤は、平成五年七月の衆院選で初当選を果たした安倍の一期上にあたり、お互いが当時所属してた三塚派（清和会）の先輩でもあった。

衛藤と安倍の関係は、歴史観など思想的な立場が近いこともあり、それ以来の深いものだ。

安倍総理は、幼児教育と保育の無償化や、大学教育の無償化などに政権として取り組んでいるが、最も喫緊《きっきん》の課題と言えるのが少子高齢化対策だろう。

令和元年の一年間に生まれた子どもの数は、統計開始以降、最少となる推計八十六万四千人。この数字から考えても、日本の少子化は深刻で、その対策は急務となっている。

日本で少子化が進んだ理由は、未婚化と晩婚化による。そのため、どうしても子どもの数が少なくなってしまう。

統計によると、日本人女性が子どもを産むピークは三十歳前後になる。三十歳前後を境に減少していく。

だが、ヨーロッパのフランスやスウェーデンでは事情が違う。出産のピークが二十代後半から三十代前半にかけて持続していく。日本とは対照的だ。

未婚化の原因として衛藤は、若い世代の所得の減少を挙げる。

それと、もう一つは、お見合いが減少したことでも明らかだが、かつてのように出会いのチャンスがないという点だ。

また現在は、働く女性が増えたことで、出産をすることのハードルが高くなっている。

かつて育児休業補償制度の導入を推進した衛藤だが、現在はこの制度をさらに充実させるべきだと思っている。

衛藤は、この際、子育て世代への思い切った経済的なバックアップをやるべきだと考えている。

現在の子ども一人当たり月一万～一万五千円を支給している児童手当に代わり、子どもが多い世帯ほど手厚く手当を傾斜配分する構想の導入を訴えている。

これは、第一子に月一万円、第二子に月三万円、第三子に月六万円と支給するもので、この仕組みが導入されれば、より多くの家庭で「もう一人産んでみようか」となる可能性が高まる。実際に、海外では多子世帯への支援によって、出生数が回復した事例もある。

出生数の上昇は、安倍政権の看板政策の一つだ。安倍総理は、平成二十七年九月の自民党総裁選で無投票で再選されると、「一億総活躍社会の実現」を掲げたが、その柱の一つとして、子どもを望むすべての人が希望人数の子どもを産んだ場合の「希望出生率」を一・八とすることを打ち出した。

これを受けて、政府は平成二十七年度の合計特殊出生率（一人の女性が一生に産む子どもの数）も一・八とする目標を掲げるが、平成三十一年度は一・四二にとどまっている。

衛藤の構想では、三人の未成年の子どもがいる世帯は、一カ月計十万円が支給される計算になる。

だが、この構想を実現するには、「約三兆〜五兆円規模」とされる財源の問題がある。

この金額は、現在の児童手当の給付総額の約二兆一千億円を上回る。

衛藤は、少子化について、強い危機感を持っている。

〈このまま出生数が減り続ければ、国の経済や財政、そして医療や年金など社会保障制度にも深刻な影響を与えかねない。前例踏襲ではない異次元の改革が必要な時期なんだ〉

衛藤がモデルとするのが、先進国のなかで家庭への経済的支援が比較的手厚いフランスだ。

フランスは、合計特殊出生率は、一九九三年（平成五年）に一・六五まで低下したあと、二〇一〇年には二・〇二まで上昇した。二〇一八年も一・八七を維持している。対照的に、日本は、平成十七年（二〇〇五年）に過去最低の一・二六を記録したのち、やや持ち直したものの平成三十年も一・四二にとどまっている。

フランスの少子化対策の代表例は、家族手当だ。低所得者の場合は、平成三十年の実績で子ども二人の家庭には月に最大約一万六千円が支給されるが、子ども三人の家庭には月三万六千円、四人の家庭には月五万六千円と加算される。

また、フランスでは大家族ほど優遇される減税制度や手厚い住宅手当もあり、公立学校であれば大学まで授業料も無料だ。

衛藤は、令和二年一月にはフランスに行き、現地を視察している。

衛藤は思う。

〈日本の児童手当は、インセンティブとしては弱い。どれくらい直接的な支援をやらないといけないのか、考える時だ〉

衛藤は、さらに育児休業の際に得られる給付金を引き上げるべきだと訴えている。

現在給付金は、賃金の六七％ほどだが、衛藤はこれを十割近くまで補償すべきだと考えている。そのようにすれば、給料と同額が補償されるわけで、多くの親が育児休業を取得するようになりうる。

「少子化社会対策大綱」の閣議決定と沖縄観光振興の起爆剤

令和二年三月末に閣議決定する予定だった少子化対策の指針「少子化社会対策大綱」の策定は、新型コロナウイルス感染拡大の影響で大幅に遅れた。

今回の改定は五年ぶりで、衛藤が熱心に訴えた育児休業期間中の所得を補償する育休給付金の引き上げが最大の焦点だった。

政府は、育休開始後六カ月まで休業前賃金の六七％、一歳（一定条件で最大二歳）まで五〇％を支給する育休給付金の引き上げに関して、大綱に「『実質十割』への引き上げを含め検討」などの文言を盛り込む案を軸に調整を続けていた。

だが、感染拡大の影響を受け、大綱の策定作業が難航していた。

五月二十九日、政府は、今後五年間の少子化対策の指針となる「少子化社会対策大綱」を閣議決定した。

経済的な理由で子どもを諦めている男女が希望する時期に結婚や妊娠、出産できるように支援策を講じ、「希望出生率一・八」の実現を目指す。低迷する男性の育児休業（育休）取得率に関しては、平成三十年度の六・一六％からこの五年間で三〇％への引き上げを目指していくことを明記した。

大綱には経済的な支援策として、

「不妊治療にかかる費用負担の軽減」

「子どもの数や年齢に応じた児童手当の充実」

「大学など高等教育無償化制度の中間所得層への拡充」

「育休中に支払われる給付金のあり方」

以上の四点を検討することが盛り込まれた。

問題視されていた財源については、税や企業の拠出など、社会全体での負担を広く検討していく。五月に実施したパブリックコメント（意見公募）や与党との協議を踏まえ、高額な医療費が必要な不妊治療について保険適用の拡充など経済的な負担軽減を目指すことも打ち出した。

また、大綱では、新型コロナウイルスの感染拡大についても「結婚や妊娠・出産、子育てに多大な影響を与え、安心して子どもを産み育てられる環境整備の重要性を浮き彫りにした」と言及した。学校の臨時休校を円滑に進めるための環境整備や、妊婦に対する感染症対策の徹底、働く妊婦への配慮などにも取り組むべきだとしている。

衛藤は思う。

〈やはり、社会全体が出産や育児を祝福していると若い世代が認識してくれるような制度づくりをしないといけない〉

また、男性が育児に携わらないという問題もある。これは核家族化が進んだことも要因の一つだが、男女がともに育児休業が取りやすいように変えていく必要がある。

実際に、都市部で多産の家庭は、近所に実家があることが多く、妻一人で子どもをみているというケースとは異なる場合が多い。

政府のこれまでの対策は、保育の充実などに重きが置かれてきた。

だが、若い世代の雇用の安定化や出会いの支援は進んでいない。こうした点が未婚化を進行させている。

衛藤は、ただ保育所を整備するだけでなく、子どもを親だけでみるのではなく、育児そのものを社会で担うためのサポートセンターも整備するべきだと考えている。

例えば、つくばエクスプレスが開通して以来、人口の増加が著しい千葉県流山市では、ある工夫をしている。

流山市では、流山おおたかの森駅と南流山駅の二カ所に送迎保育ステーションを設けている。

送迎保育ステーションは、一時的な託児所であり、親たちは子どもをそこに預け、子どもはそこからバスで各保育園へと移動する。

駅を使って都心部などに通勤する親が保育園まで送らずに、子どもを預けることができるサービスなのだ。

働く世代が利用しやすいさまざまな取り組みを拡大していくことが、少子化を防ぐ要因になるのだろう。

衛藤は考える。

〈人間の社会は共同養育だ。地域の人たちも含めて、みんなで子どもを育てている。共同養育社会にしないとうまくいかない〉

衛藤は、沖縄振興を担当する大臣として、沖縄の発展にも力を入れている。

令和二年三月二十九日には、那覇空港で、那覇空港第二滑走路の運用開始を記念したセレモニーが開催された。

衛藤も、玉城デニー沖縄県知事や、菅義偉官房長官、赤羽一嘉国土交通大臣とともに出席した。第二滑走路の運用は、観光業が盛んな沖縄にとって起爆剤となると期待されている。

衛藤は沖縄振興について語る。

「沖縄は日本に復帰したのが昭和四十七年（一九七二年）です。昭和四十七年というのは、日本の本土で言えば、高度経済成長が終わった頃。沖縄はその波に取り残されたわけです。アメリカは基地経済で沖縄を潤わせた部分はありますが、具体的な産業振興はまったくやっていません。だから、沖縄は遅れていました。その後、昭和四十七年から十年ごとに『本土との格差是正』を進める沖縄振興計画を策定し、実行してきました。平成十四年の第四次計画からは『民間主導の自立型経済の構築』を掲げ、現在は、平成二十四年からの第五次計画の最中で、改正沖縄振興特別措置法による新たな沖縄振興策を推進しています」

大嘗祭の挙行と「一億総活躍」への感慨

令和元年十一月十四日午後六時半過ぎから、天皇陛下の即位にともなう皇室行事である大嘗祭《だいじょうさい》の中核儀式である「大嘗宮の儀」が皇居の東御苑に建てられた祭場・大嘗宮で執りおこなわれた。

この行事は、即位にともなう一連の行事のクライマックスと言えるもので、前半の「悠紀殿供饌《ゆきでんきょうせん》の儀」には安倍晋三総理ら三権の長や、各地の知事ら五百十人が参列した。衛藤晟一も閣僚の一人として参列した。

この儀式は、新たに即位した天皇が、皇祖神とされる天照大神とすべての神々に新穀を供え、自らも食して国家の安寧と五穀豊穣《ほうじょう》を祈る一世一代の儀式だ。大嘗宮は大小三十余りの建物からなる祭場で、天皇陛下は東の神殿「悠紀殿」で「悠紀殿供饌の儀」を、西の神殿「主基殿《すき》」で「主基殿供饌の儀」をおこなった。

衛藤は、平成二年二月十八日投・開票の第三十九回衆議院議員選挙で初当選を果たした。国会議員になった衛藤は、この年の十一月に予定されていた大嘗祭が予定通りに大過なくおこなわれるかどうかを危惧していた。

当時は、大嘗祭への国費の支出や、大嘗祭への都道府県知事の参列が憲法の政教分離原則の観点から違憲になるという主張や、大嘗宮に設置される鳥居が宗教的意味合いが強いから外すべきだと問題視する主張もあった。

結局、このときは内閣と宮内庁が「特定の宗教を強要するものではない」という解釈を採用し、鳥居を外すこともなく予定通りに大嘗祭をおこなった。

今回の大嘗祭でも、平成二年におこなわれた大嘗祭を参考にし、無事に儀式が執りおこなわれている。

安定した皇位継承の実現に向けて

平成二十九年に成立した譲位を一代限りとした特例法の付帯決議は、政府に対して「安定的な皇位継承を確保するための諸課題」の速やかな検討と国会への報告を求めている。

現在、男系男子に限られた皇位継承資格を持つ皇族は、継承順位第一位の秋篠宮《あきしののみや》さま、第二位の悠仁《ひさひと》さま、第三位の常陸宮《ひたちのみや》さまの計三人。戦後最少となっており、安定的な皇位継承策は国家の基本に関わる課題となっている。

安定的な皇位継承のために、女性天皇や女系天皇を認めるべき、という議論もある。

実際に小泉政権で設けられた皇室典範に関する有識者会議では、戦後、家族観や男女の役割が変わり、「女子や女系の皇族も皇位継承資格を有することとする方向を積極的に受け入れ、支持する素地が形成されている」との報告書をあげている。

当時、悠仁さまがご誕生したこともあり、女性天皇や女系天皇の是非をめぐる議論は中断された。ただし、現在も「女性天皇や女系天皇を認めるべき」という考えは存在する。

が、衛藤晟一は、その考え方には否定的で、男系を維持すべきだと思っている。

衛藤は、皇位継承を安定させるためには、悠仁さまの次の世代への継承を意識し、戦後に皇籍離脱した十一の旧宮家の子孫から、若い世代の男子に皇族に復帰してもらう方法を検討すべきだと考えている。

旧宮家の男性は、現憲法下でも皇籍離脱までの約五カ月間、継承資格があり、皇室典範でも継承の順序を定めた第二条二項に「最近親の系統の皇族」として登場している。

現在は二項が空文化しているが、法的経緯を踏まえれば、旧宮家の男性を皇位継承の「特別な有資格者」とみなすことも可能だ。

宮家は天皇家と同じ血筋の傍系として、直系男子が不在のときに過去に天皇を輩出した歴史もある。四つの旧宮家には、明治天皇と昭和天皇の皇女が嫁ぎ、香淳皇后は別の旧宮家から昭和天皇へと嫁いでいる。天皇家と血縁が近く、親戚として交流もしている。

現在は、久邇《くに》、賀陽《かや》、竹田《たけだ》、東久邇《ひがしくに》の旧四宮家に計八人から十人の若い男性がいる。

衛藤は、そのなかで本人の同意を得たうえで、数名のふさわしい人物に皇族として復帰してもらうか、もしくは現在ある宮家に養子として入ってもらうことを検討する時期にあると思っている。

そして、復帰した人物には皇位継承権は付与せず、その子どもの世代から皇位継承権を持つかたちにすることが、将来の皇室を支える体制を整えるうえで、最良なのではないか、と考えている。

実際、衛藤によると、旧宮家のなかには、皇室の男系維持のために自身が「皇族に復帰してもよい」と覚悟を持っている人物も多いという。

ちなみに、安倍晋三総理も、野党時代に月刊誌『文藝春秋』の平成二十四年二月号への寄稿で「皇位はすべて『男系』によって継承されてきた。その重みを認識するところからまず議論をスタートさせなければならない」と語り、女系天皇につながる可能性のある女性宮家や、女系天皇に直結する女性天皇に否定的な見解を表明している。

寄稿ではさらに、「旧宮家のなかから、希望する方々の皇籍復帰を検討してみては」と提案し、衛藤と同様の考えを示している。

令和二年四月十六日の『読売新聞』朝刊でも、政府が旧宮家の男性の皇籍復帰についてヒアリングを開始したことが報じられている。

《政府が、安定的な皇位継承策の検討を巡り、戦後に皇族の身分を離れた旧宮家の男系男子の皇籍復帰について、有識者から聞き取りを行っていたことが15日、分かった。

関係者によると、聞き取りは複数の有識者を対象に非公式で行われた。皇室典範は、父方が天皇の血を引く男系の男子が皇位を継承すると明記。皇位継承資格を持つ皇族は現在、秋篠宮さまと長男の悠仁さま、天皇陛下の叔父の常陸宮さまの3人だけとなっている。有識者への聞き取りでは、安定的な皇位継承を続ける方策として、旧宮家の皇籍復帰について意見を求めたという。》

このように新しい動きがあるなかで、政府は、現在、秋篠宮さまが皇位継承順位一位の皇嗣《こうし》になられたことを広く示す「立皇嗣の礼」がおこなわれたあとに、安定的な皇位継承策を巡る議論を本格化させる方針だ。

しかし、当初、令和二年四月十九日におこなう予定だった「立皇嗣の礼」が新型コロナの感染拡大を受けて、四月十四日に延期が閣議決定されたために、現在、具体的な議論を始める時期もはっきりしていない。

衛藤は、内閣の担当大臣として、安倍内閣の看板政策である「一億総活躍」も担当している。平成二十八年六月二日に、閣議決定された「ニッポン一億総活躍プラン」では、以下の目標を掲げている。

「希望出生率一・八の実現」
「介護離職ゼロの実現」
「名目GDP六百兆円の実現」
などである。

衛藤は、引きこもりの問題も深刻だと指摘する。現在、日本には、約百六十万人以上の引きこもりがいるとされている。

彼らにも活躍できる場所をつくらなければいけない。

衛藤は、大分市議会議員時代から、障害者の社会参画に尽力してきた。そのこともあり、現在は、引きこもりの問題にも力を入れている。

静岡県富士市では、企業の経営者を集めて、引きこもりの若者とマッチングさせる場を設けて、新たな就業のチャンスをつくっている。

衛藤は、このような取り組みも、日本中に広げていきたいと思っている。

衛藤は、政治家として使命感を持って取り組みたいテーマとして社会保障を挙げている。

「社会保障の安定をしないといけないと思っています。障害者問題をずっとやってきましたが、弱い人が暮らしやすいような社会にしないといけません。そういう意味では、少子化対策もさらに充実させていかないといけません」

衛藤は、令和二年九月十六日の菅義偉新政権誕生による組閣で、内閣府特命担当大臣のポストを去った。

二階との関係を深める初の女性総理を目指す稲田朋美

現在、清和政策研究会（細田派）に所属する衆議院議員の稲田朋美は、派閥こそ違うが二階と親交の深い政治家の一人と言える。

稲田は、平成十七年夏におこなわれた郵政解散選挙で福井一区から出馬し、初当選を果たした。それ以来、一度たりとも落選することなく五選を果たし、今では日本初の女性総理大臣候補として期待されるほど活躍している。

そんな稲田にとっての二階は、ひと言で表すとすれば「感謝の人」である。

稲田が、まだ一年生議員のときだった。

平成二十年一月から総務委員会の委員となった稲田は、北陸新幹線の富山・石川・福井の三県同時期開業について陳情するため、二階がいる総務会長室を訪れていた。

陳情を終え、帰ろうとしていた稲田に、二階がアドバイスした。

「それなら、この北陸新幹線のことをね、総務会で発言しなさい」

稲田は驚いた。

〈えっ……。総務会といえば、偉い先生ばかりが出席する「すごい」ところ。まだ当選一回の一年

生議員の私が、発言してもいいのかしら？〉

二階に言われたものの、正直、大丈夫かと不安だった。

しかし、総務会長である二階が「発言しなさい」と背中を押してくれた。そのことを考えれば、チャレンジしない手はない。

総務会の日がやってきた。一連の案件が終わった後、議長の二階が問いかけた。

「何かほかに意見がある人は？」

稲田は意を決して手を挙げた。

二階に指名され、北陸新幹線について発言した。

発言を終えた稲田は、しみじみと感じた。

〈総務会という発言が重い場で、一回生議員の私に地元の新幹線のことを発言させてくれるなんて……。二階会長には感謝しかない。二階会長は、一回生もベテラン議員も同じ議員として扱ってくださる「すごく大きな人」だ〉

そんな二階と本格的に仕事をするようになったのは、平成二十六年になってからである。その年の九月の自民党役員人事で、二階が総務会長に、稲田は政務調査会長に就任した。

人事の発表前、安倍総理が稲田に電話をかけてきた。

「稲田さん、政調会長をお願いします」

一瞬、稲田は耳を疑った。

これが本当の話なら、すごい抜擢《ばってき》だ。だが、三回生議員が政調会長に就くことなど、とうてい信じられない。

「総理、私はまだ三回生ですよ」

稲田朋美

そんな稲田に、安倍はあっさりと返した。

「私も三回生のときに、幹事長をやりましたよ」

平成十五年九月、当時、幹事長だった山崎拓がスキャンダルを報じられたこともあり、交代することになり、小泉総理は、幹事長にまだ当選三回で官房副長官として注目されていた安倍をサプライズで大抜擢した。

その直後の十一月の衆院選で、安倍は四度目の当選を果たしている。

安倍総理からそこまで言われては、稲田も断る理由がない。

「ありがとうございます」

安倍は、稲田に二つのことを申し付けた。

「稲田さん、今から私が言う二つのことを、すぐやってください。一つは、派閥の会長、町村《まちむら》（信《のぶ》孝《たか》）さんへ連絡して、派閥から誰かに政調会長代行になってもらうよう協力を得なさい。もう一つ、二階さんにすぐ電話して、協力してもらえるように頼みなさい。とにかく、すぐ二人でご飯を食べなさい。そのときには、地元のお土産を持っていきなさい」

「はい。わかりました」

そう答え、さっそく稲田は動いた。町村に電話をかけ、町村派に所属する塩谷立に政調会長代行をお願いすることにした。

安倍から申し付けられた二つのうちの一つは、すぐに解決した。

残るは、もう一つ。二階から協力を得ることだった。こちらは、稲田を戸惑わせることになる。

〈二階さんに電話をして、「一緒にご飯を食べましょう」だなんて、気軽に言えるわけがない。どうしよう……〉

ずっと悩んでいた稲田に、ある日、救世主が現れた。

石油連盟会長の渡文明《わたりふみあき》（現・ＪＸホールディングス株式会社名誉顧問）である。渡は稲田の支援者であり、よく食事をする間柄でもあった。

二人で食事をしていたときに、稲田が切り出した。

「今度、政調会長を任せてもらうことになりました。そこで、二階さんに協力をお願いしたいと思っているのですが、私のほうから連絡してもいいものかどうか……」

その言葉を聞いた渡は、その場で、二階に電話を入れてくれた。移動中だった二階は、地元和歌山県の南紀白浜空港にいた。

「稲田さんが二階さんとご飯を食べたいといっているから、食べてやってくれ」

渡が間を取り持ってくれたおかげで、二人で食事をすることになった。

ところが、忙しい二人はなかなかスケジュールが合わず、調整に時間がかかることになる。

その間、稲田は安倍に会うたびに、必ずこう聞かれた。

「二階さんに、会いましたか」

「いえ、まだ会っていません」

「ダメじゃないか。早く会わないと」

そんな会話を何度か繰り返した。

早く会いたくてもなかなか会えない。二人のスケジュールが調整できたのは、数カ月後のことだった。

都内のホテルで食事をしながら、稲田は二階に協力をお願いした。

二階も、快く引き受けてくれるとともに、さまざまなアドバイスをしてくれ、最後にひと言こう言った。

「まあ、しっかりやりなさい」

稲田は、ホッと安堵するとともに、二階の寛容さに感謝していた。

二階〝総務会長〟の政治的気遣い

自民党本部五階には、総裁室のほか、幹事長室、総務会長室、政調会長室、選挙対策委員長室がある。稲田のいる政調会長室と二階のいる総務会長室は廊下を挟んで右奥と左奥にある。そのため、少しでも何かあれば、二階の部屋を訪ね、要望を聞いてもらうことがあればアドバイスをもらうようになった。

また、二階も、陳情で訪ねてきた人たちに「政調会長のところにも行ってきなさい」と助言してくれ、その際、稲田にも「今から政調会長室に行かせるから」と連絡をくれることが何度となくあった。

そのたびに、稲田は二階の心配りを実感することになる。

二階の気遣いは、それればかりではない。

部屋を訪ねるたびに、何かしらお土産を持たせようとしてくれるのだ。例えば、どら焼きがあれば「どら焼きを持って帰りなさい」と。食事の時間が近ければ、「お腹減ってないか？　何か食べるか？」と声をかけてくれ、一緒にカレーを食べたりもする。絶対に、手ぶらでは帰らせない。必ず、何かお土産を持たせようとする。それが二階であり、こんなことをする政治家をほかにみたことはない。

〈二階さんって、本当にやさしいところがある人。すごくあったかい人。そういう気遣いをされる

人。まるで母性の塊のよう……〉

稲田は、二階と接するたびに、一人の政治家としていつも勉強させてもらう気分になるのだった。

そんな二階は、気遣いだけではない。それ以上に、頼りになる男である。

新米の政調会長の稲田は、周りの議員たちから見れば、正直「相手にしたくない」のが本音だろう。

三回生のうえに女性だ。やはり、永田町は男社会なのだ。

〈なんで、こんな奴が政調会長をやっているんだ〉

どこかに見下したい思いがあるためなのか、稲田に対する質問は、おのずと厳しくなる。また、語気を強めた言い方にもなる。

あからさまに敵視したような言い方をされては、表情に出さないものの稲田の心は萎《な》える。

こんなとき、必ず総務会長の二階は稲田をかばってくれるのだ。

また、絶対に通したい法案があるときには、二階が取りまとめのために陰で動いてくれ、稲田をサポートしてくれる。

振り返れば切りがないが、そのなかでも、一番印象に残っている出来事がある。

平成二十七年六月、自民党は社会保障費など歳出改革について「財政健全化計画」への提言となる報告書を取りまとめた。

その年の一月、「財政再建に関する特命委員会」の委員長に就き、先頭に立って作業を進めていたのが政調会長の稲田である。

この稲田と甘利明経済再生担当大臣の間で、壮絶なバトルが繰り広げられることになった。

稲田は、報告書の中に、毎年毎年伸びる社会保障費の自然増を「年五千億円」程度に抑えるという数字の表記にこだわっていた。

一方、甘利は積極財政の立場である。これは、安倍総理も同様の考えである。そのため、数字で歳出額を表記することなど反対の立場だ。

「数字は、絶対に書かない。書くな！」

物価が上昇する状況において歳出抑制を強いられることになり、景気に過度な圧力がかけられることを非常に警戒していた。

じつは、菅官房長官も、稲田を抑え込みにやってきた。

稲田は、菅に断言した。

「五千億円という具体的な数字を書かなければ、社会保障費は抑えられないから、私は絶対に書きます」

そして、説明した。

「社会保障改革のような難しい改革をするときに、はっきりとした数字を示した目標設定がなければ、絶対に改革は無理です。私には、農協改革や内閣人事局設置など、行政改革担当大臣としてやってきた経験があります。改革の難しさはよくわかっています。だからこそ、数字は絶対入れたい」

菅は、積極的に社会保障改革に取り組もうとしていた。そのためか、最後には数字を書くことを納得してくれた。

最後まで折れなかったのは、甘利である。二人の対立はどんどん深まるばかり。

甘利が、稲田に直接、考えをただすよう電話で説教したこともある。

「稲田さん、あなたは、財務省に騙《だま》されている。ジャンヌダルクは最後は火炙《ひあぶ》りになったんだよ」

一時間ほどの説得ではあったが、稲田は持論を曲げなかった。

二人のバトルはついには表沙汰となり、マスコミに取り上げられることもあった。

そんな最中、五月に、財政健全化計画を自民党の政調審議会・総務会に諮《はか》ることになった。このことを、安倍総理も納得し、稲田はやっと甘利とのバトルに終止符が打たれたと安堵《あんど》していた。

ところが、その話を聞いた甘利は、即座に安倍総理を訪ね、考えをあらためるよう説得した。

この説得で、安倍総理も「この件は、政調審議会で終わりにします。総務会には諮らない」と秘書官を通じて通告してきたのだ。

それでも、引き下がらないのが稲田である。

「えっ……、さっき、総務会にかけるって総理はおっしゃったじゃないですか？　なんで、そうなるんですか？」

こうなってしまっては、稲田にも意地がある。諦めるわけにはいかない。

二階に電話を入れた。

「二階さん、今、どこにいらっしゃいますか？」

「今、中国へ一緒に行った人たちと懇談会している」

二階は、日本全国から集まった日中観光文化交流団三千人を引き連れ、中国を訪問し、帰国後にお疲れ様会をしていたのだ。

「そうでしたか。お邪魔して申し訳ありません」

そういって、事情を説明した。

「どうしても総務会で通したいんですけど、総務会を通す必要がないと言われていて……。でも、これは絶対に通さないといけないんです」

理由を伝え、二階に願い出た。

「絶対、通してほしい」

その言葉に、二階は応えた。

「わかった、わかった。総務会、通せばいいんだな」

二階は、稲田との約束を守ってくれた。

こうして、稲田が取りまとめた「財政健全化計画」の最終報告書は、六月十六日、原案通り自民党総務会で了承された。総務会を通しているかどうかで、この報告書の重みは全然違ってくる。

稲田は、二階に深く感謝した。

〈二階さんは、財政再建派ではないし、数字を入れることにあまり興味もなかったはず。それでも、やってくれた。普通だったら通らないものを通してくれた。これほどまで、頼りになる人はいない。二階さんには「ありがとうございます」の言葉しかない〉

逆風の中での慰労会と稲田の反転攻勢

平成二十九年夏、稲田は、いままで経験したことのない逆風にさらされていた。

その前の年の八月、小池百合子に次ぐ女性二人目の防衛大臣に起用された稲田は、終戦記念日の八月十五日、自衛隊が駐屯しているアフリカ東部のジブチを訪問し、隊員たちを激励するなど精力的に活動していた。

しかし、平成二十九年六月、自民党の都議選候補の集会に出席した際、「防衛省、自衛隊、防衛大臣、自民党としてもお願いしたい」と訴えたことが問題発言として取り上げられ、稲田に批判が殺到した。

中立であるべき防衛大臣が、自衛隊に特定の党を応援するようにお願いすることが問題視された。

七月には、南スーダン国連平和維持活動（ＰＫＯ）派遣部隊が作成した日報を陸上自衛隊が破棄したと言いながら、実際には存在した問題をめぐり防衛省内は混乱。これを受け、防衛省事務次官、陸上自衛隊トップの陸上幕僚長が交代した。

また、稲田も、陸自が保管していた事実を公表しないことを了承していたと報じられるなど、連日連夜、国会やマスコミ対応に追われた。

火だるま状態になった稲田は、心細かった。

〈四面楚歌《しめんそか》状態から、どうすれば脱却できるのか……〉

そんな稲田をかばい、ずっと支えてくれたのが二階幹事長である。

「問題はない」

そう言い続けてくれた。

また、困り果てている稲田を心配してか、二階派の伊藤忠彦衆議院議員が花束を抱えながら防衛大臣室をたずねてきたこともあった。

「これ、二階幹事長から」

防衛大臣に就任したときもお祝いの花を贈ってくれたが、苦しんでいるときの花束は、それ以上に稲田にとって心強い贈りものとなった。

結局、防衛省の責任者としてけじめをつける判断に至り、七月二十八日、防衛大臣を辞任した。

稲田は、政治家として歩んできた十二年のなかで、最も困難かつ試練の時を迎えていた。

〈政治家として、再起できるかしら……〉

落ち込んでいた稲田のために、二階が慰労の会を開いてくれることになった。

約束の時間の十五分前、稲田は会場に到着した。が、なんと二階はすでに会場へきており、稲田を出迎えてくれたのである。

〈ぺっしゃんこに潰れた私を待っていてくれた……。なんて、温かな人なんだろう……〉

世間から落伍者の烙印《らくいん》を押されたような稲田を突き放したりせず、むしろ励まそうと動いてくれる二階に、心底感激した。

防衛大臣辞任から約三カ月後、稲田は五回目の衆議院選挙を迎えていた。

正直、まだ立ち直ってなどいない。選挙を戦えるような精神状態ではなかった。それでも、選挙はやってくる。立ち止まってなどいられない。

稲田は、固い決意で挑んだ。

〈党にも総理にも迷惑をかけた。だから、誰かに応援に来てもらわず、自力でやる。自分の力だけで勝つ〉

決意した通り、稲田から党に応援を頼むことはしなかった。

ただ、山谷《やまたに》えり子、松川《まつかわ》るい、猪口邦子《いのぐちくにこ》の三人は、おのずから応援に駆けつけてくれた。そして西田昌司《にしだしょうじ》は毎回の選挙同様、最終日に来てくれた。温かい友情に感謝した。

五回目の選挙は、これまで経験したことのないきつい日々だった。辞任からわずかばかりの月日しかたっておらず、ワイドショーの格好の的となった。

稲田のほかには、暴言・暴行騒動の豊田真由子《とよたまゆこ》と不倫騒動の山尾志桜里《やまおしおり》が同様に扱われ、ワイドショーはこの三人の特集にあけくれた。

記者たちが大名行列のように稲田の選挙カーの後ろに付きまとい、後援会長の家をいきなり訪ねては「稲田さんを、なぜ応援するのですか。あんなことしたのに」と問いただす。稲田にしてみれば、究極のネガティブキャンペーンそのものだ。

街頭に立てば心ない言葉を投げられる。地元でありながらバッシングされる。県会議員や市会議員までもが批判してくるありさまだ。

逆境の選挙だ。それもあってか、稲田の陣営は、いつも以上に士気を鼓舞《こぶ》した。

「政調会長だった前回の選挙のときよりも、票をとるぞ！」

「相手に比例復活させない！」

二つの目標を掲げ、闘った。

稲田は「絶対に自分から心は折らない」と誓った。

結局、稲田には、投票日の箱が閉まった午後八時ちょうどに当選確実が出た。目標だった票数も、前回より一一四票多く、比例復活もさせなかった。

掲げた目標二つを叶え、稲田は一番きつかった選挙戦を無事に終えた。

異例の代表演説と海外とのつながりの再スタート

選挙に当選したものの、稲田の精神状態は復活していなかった。

無役の一議員に戻り、少しずつ自民党の部会にも出席できるようになっていた。平成三十年九月におこなわれた自民党総裁選では、安倍総理の勝利のため、稲田は自身の選挙区の自民党員宅を全戸訪問した。

無事に安倍総理も、石破茂元幹事長を破り三選を果たした。

稲田の止まったままだったエンジンも、しだいに復調し、温まってきていた。

安倍総理にお願いした。

「ある程度リハビリは済みました。また、ここから再起を目指すにあたって、二階幹事長のもとで勉強したいです。幹事長室に行きたいのですが」

同時に、二階にも言った。

「幹事長室で、幹事長のもとで勉強させてください」

安倍は要望を聞き入れ、稲田を自民党の筆頭副幹事長兼総裁特別補佐に充てた。引責辞任以来、一年三カ月ぶり表舞台への復帰である。

十月九日、二階幹事長の記者会見の場に、緊張した面持ちの稲田の姿があった。稲田への期待を問われた二階はこう答えた。

「党三役も終えられている方でありますし、優秀さを私がここで証明しなくてもご承知の通り。信頼をして、相当部分をお任せしていきたい」

党三役経験者が副幹事長職に就くのは異例のことだが、稲田は嬉しかった。

〈再スタートは二階幹事長のもとで。それが一番落ち着く。私が辛いとき、ずっと助けてもらっていたのだから。幹事長のところから再スタートだ〉

嬉しいことは続いた。筆頭副幹事長になってすぐ、臨時国会が始まった。十月二十九日、冒頭でおこなわれる衆議院本会議で、稲田は代表質問に立っていた。本来なら党三役のポストにあるものが代表質問に立つのが決まりである。

ところが、二階が稲田を起用したのだ。

「稲田さん、やりなさい」

異例ともいえる抜擢に、批判や、やっかむ声も聞こえてきたが、稲田は素直に喜んだ。

平成三十年十月十日、自民、公明両党と中国共産党の定期対話「日中与党交流協議会」が北海道洞爺《とうや》湖《こ》町のホテルでおこなわれた。中国共産党からは宋濤《そうとう》中央対外連絡部長が出席した。

この場に、二階は稲田を呼んでくれた。

稲田は、弁護士時代、南京大虐殺の象徴である「百人斬りは虚偽だ」という裁判を起こしていた人物である。中国側からすれば、要注意人物であり、稲田と接点を持とうとすることをしない。稲田自身も、自ら接触する機会を持たず、政調会長時代にも、防衛大臣時代にも、中国大使にすら会わずにいた。

そんな稲田を見かねてか、二階が誘ってくれたのである。

「中国とまったく没交渉というのも変だから、参加しなさい」

稲田にとって、初めての中国要人との対面である。中国共産党の若手の官僚たちと会い、率直かつ気さくに意見交換をする時間を持った。

遠慮なく、稲田は疑問を投げつけた。

「高金利債務の返済ができないために、スリランカは中国の援助で建設した港を、中国国有企業へ引き渡さざるをえなくなりました。まさに『借金のかた』に海のインフラを奪うことは問題なのではないですか」

中国側も、稲田にたずねた。

「日本にとって、中国という国はどういう国なんですか。アメリカと中国、どちらが信頼できるんですか」

意見をやり取りするうちに、友好的な関係が出来上がっていた。

「いや、中国では稲田さんはとても有名ですよ。右翼の弁護士がね、防衛大臣になって危険だ、とんでもない人だと。あなたは有名な人なんです。でも、お会いしたらこんなにチャーミングで素敵な方だったんですね。写真を撮りましょう」

最後は、稲田とツーショットの写真を撮り、帰国した。

お互い率直に話したことで、稲田の中国に対する意識も変わってきた。

〈二階幹事長は、媚中《びちゅう》派といわれるけど、それは違う。媚中派ではなく、中国にもちゃんと言うべきことは言っている。そして、一つひとつのつながりを大切にしている〉

稲田は、政調会長のときに取りまとめた「財政健全化計画」のときのことを思い出していた。

〈たぶん、二階幹事長自身の政策とは違うはずなのに、人と人との関係を重要にする人だからだろう。あのときも断らずに私の要望を通してくれた。多分、中国との関係もそういうことなのだろうな〉

稲田は、二階の中国との関係の在り方を理解できた気がした。

二階のおかげで、稲田は中国とのパイプを着実に築いている。

平成三十一年四月、二階が率いる「第二回一帯一路国際協力サミットフォーラム訪中団」に稲田は参加していた。北京では、二階と習近平国家主席の会談がおこなわれた。

訪中の期間中、二階は習近平をはじめ、アリババグループのジャック・マー会長やネパールの女性大統領のビディヤ・デヴィ・バンダリなど要人に会うたびに同様のことを訴えた。

「これからは、女性の交流を積極的におこなうべきだ。だから、私は今日、女性を連れてきた。青少年の交流はよく言うが、女性の交流のことを話す人は少ない。今、女性のリーダーを連れてきているから、ぜひ、中国との間で女性の交流をこの機会に進めてはいかがだろうか」

訪中団の原稿には、一切、女性間交流のことは触れていなかった。にもかかわらず、二階は、稲田が中国をはじめさまざまな国・団体との交流を深めることができるよう、気配りをしてくれたのかもしれない。

そんなことをしてくれる二階が、稲田には本当にありがたい存在だ。

二階がつないでくれた縁のおかげで、令和元年八月、稲田は女性議員六人で、中国とネパールを訪問した。

中国では、アリババグループが主催する世界女性起業家の会議に出席。政治分野の女性参画をテーマに稲田は基調講演をおこなった。また、ネパールの女性大統領とも再会した。

二階は、海外とのつながりを稲田にも持たせようと、さまざまな国へ誘ってくれた。中国はもちろんであるが、当選五回目のリハビリ中には、ロシアへ誘ってくれた。また、ベトナムとのパイプを築くこともできた。稲田だけではできなかったことが、二階のはからいで実現できている。稲田は、非常に感謝している。

令和元年九月の自民党役員人事・内閣改造を前に、二階幹事長の続投か否かが最大の焦点となっていた。

二階の政治手腕を評価する声がある一方、後進の育成を安倍総理は考えていたようだった。

稲田は、常に安倍総理へ進言していた。

「絶対、幹事長は続投すべきです。総理、幹事長がいらっしゃるので党はまとまるんです」

稲田の進言も効いたのか、幹事長続投が決まった。続投を知った稲田は、安倍総理にお願いした。

「幹事長続投なら、私も幹事長室に残りたいです」

それまで幹事長代行であった萩生田光一が文部科学大臣に就任することが決まったことで、幹事長代行の席が空くことになった。

「では、稲田さん、幹事長代行で」

希望通り、二階のそばで勉強を続けることができることになった。

一度、ぺしゃんこに潰れた稲田にとって、順調な再スタートとなっている。

新しい議連「女性議員飛躍の会」立ち上げ

平成三十一年三月十五日、「女性議員飛躍の会」が立ち上がった。女性議員を増やすための女性だけの議員連盟であるが、きっかけは二階の一言からだ。

「自民党も、女性のちゃんとしたグループをつくるべきだ」

それまで、自民党の女性国会議員だけの議連は存在していなかった。二階の提案を受け、稲田は動いた。

しかし、稲田は激しい抵抗にあう。

「つくる必要はない」

そう一刀両断したのは、先輩の女性議員である。

じつは、党の女性局には女性議員全員が入れるわけではない。大臣経験者や当選の時期が上の議員は入ることができない決まりになっている。なので、稲田は女性局には所属していない。

ところが、女性局は「すでに女性局があるから」という理由で女性だけの議連は必要ないという考えだった。

稲田の根回し不足もあったのかもしれない。

だが、稲田は引き下がらなかった。その結果、稲田は女性局とバトルを繰り広げていると週刊誌に取り上げられ、叩かれることになる。

それでも稲田は、押し切った。

「自民党の女性議員だけの議連はつくるべきだ」

女性局は党の組織であるが、議連は党の組織ではない。党の組織と議連とでは、機動性も違えば、党の方針と違う意見も言える場になる。特に女性であれば、男性が圧倒的な数を占める議員たちの集まりのなかで、発言しづらいことも多々ある。もし女性だけの集まりであれば、言いにくかったことも遠慮なく発することができる。

その思いを、稲田は実現させた。

「女性議員飛躍の会」の設立総会には、稲田のほかに猪口邦子元少子化担当大臣や松島《まつしま》みどり元法務大臣ら十九人の女性議員が参加。特別ゲストには、二階が招かれた。その場で、二階が提案した。

「自民党本部に、女性議員が集まれる場所をつくってみてはどうか」

この提案に、みんなが反応した。

「それ、本当ですか」

二階のお墨付きをいただいたことで、女性議員のための部屋を自民党内につくろうという機運が高まった。

しかし、再び激しい抵抗と圧力にあうことになる。

「女性のためだけに部屋をつくる必要はない」

男性からも女性からも、そう言われた。

誰に告げられたか知らないが、安倍総理までが言い出した。

「女性のための部屋は、白紙に戻したほうがいいよ」

この言葉に、稲田は言い返した。

「女性のための部屋と言われていますが、正確には女性活躍の政策のための部屋であって、別に議連のための部屋ではありません。女性議員全員のための部屋、そして、女性政策を議論するための部屋なので、私はつくるべきだと思いますよ」

結局、稲田が筆頭副幹事長時代に、部屋を確保することはできなかった。

その後、幹事長代行だった萩生田が文部科学大臣に就任することが決まった際、置き土産として、ある案が計画されていることがわかった。

その案が、事務の担当者から提示された。

「五階に今、地方議員のための部屋があります。その部屋を地方議員と女性議員のための部屋としましょう」

この話を聞いたとたん、稲田は不愉快になった。

「ふざけないでください。女性議員と地方議員の部屋ですって……？　そんなの地方議員の部屋じゃないですか。そんな部屋はいりません」

相手も稲田を説得しようと必死だった。

「でも萩生田代行が……」

「そうでしょう。部屋割りと車の割り振りは代行が決めるんです。それなのに、おかしいじゃない？　地方議員と女性議員の部屋なんて、中途半端じゃないですか。そんなことをいうのなら、ここ（代行室）を女性議員の部屋にします」

稲田の本気度を知った事務の担当者は、一週間後、再び稲田を訪ねてきた。

「七〇九の部屋を、女性議員の部屋にすることに決めました」

女性議員ための議連が発足してから半年後、ようやく党内に一つ部屋を確保することができた。自民党の歴史始まって以来のことであった。

部屋開きの日である。

二階幹事長がこう言った。

「初代室長は、稲田さんだ」

室長は稲田であるが、女性議連は共同代表である。稲田、猪口、佐藤《さとう》ゆかり、永岡桂子《ながおかけいこ》の四人が共同代表だ。なぜならば、四人は同期当選であり、連続当選を果たしている。そのメンバーで女性議員を集め、女性の議連を立ち上げたからだ。今では、毎週金曜日に食事を兼ね十二時から一時まで、さまざまな有識者を呼んで勉強会を開いている。女性ばかりのため、普段の議連の集まりとは違う空気感が漂っている。かわいいランチボックスのような弁当を用意するなど、女性ならではの雰囲気を大切にしている。

女性議連は、活動の成果を着実に示している。養育費の提言や性犯罪に関する提言をはじめ、女性議員を増やすための方策をまとめた要望書を幹事長と選対委員長に提出した。常にさまざまな提言をし、それが具体化してきている。

その一つが、寡婦控除の対象を「未婚のひとり親へ拡大」する制度だ。

これまで、伝統的家族観を重視する自民党議員たちから反対されていた。

「結婚もせず、子どもを産んだ人を税で優遇すれば事実婚が増え、伝統的家族を壊してしまう」

女性議員十名以上が要望書を持って、甘利明税制調査会長に申し入れをしたが、さまざまなハードルにぶち当たった。

税調インナーは経験も見識も高いとされる男性幹部議員ばかりの集まりだ。ところが、未婚のひとり親の寡婦控除については、みんなが慎重で、平等な制度にすることに反対だった。稲田が要望書を渡そうとするが、「時間がない」などと理由をつけ、会おうとしない。

すでに令和元年度の税制改正でも自民党の反対により見送りになっていた。

それでも稲田らはあきらめず、説得を続けた。

従来の制度では、離婚や死別した人は優遇されている。そのうえ、離婚した女性が同じ人と事実婚状態でも寡婦控除の対象になる。未婚のひとり親を優遇することが事実婚を助長するというのなら、離婚後の事実婚を優遇することは偽装離婚を推進することになるではないか。

結婚をしていないというだけで差別されることが許されるのか。

「おかしいじゃないですか。伝統的家族を壊すとかどうかではなく、これは公平かどうかの問題です。結婚してようがしてなかろうが、一人で子どもを育てている人を、なぜ応援しないのですか。これは憲法十四条が保障する法の下の平等に反すると言わざるを得ません」

令和二年度の税調の際に、稲田らは運動した。この運動に、率先して二階が賛同してくれた。

「賛成しました。未婚のひとり親、ぜひ、税制を優遇するように」

しかし、稲田らにも意地があった。賛成者の名簿に、二階ら自民党の重鎮らの名前を書いてしまえば、女性議員らが幹部の力を借りて押し切ろうとしていると思われるかもしれない。それが嫌だった。そのため、賛同してくれる若手の議員の名前だけを書いた。最終的に、賛同者百四十四名を集めたことで、令和二年度の税調で認めてもらうことになる。

未婚のひとり親の税制優遇での成功体験ができた。

〈わたしたちには、税調のインナーの男の先生たちと闘って正義を勝ち取ったという成功体験があ

る〉

そんな自信があるため、今も提言を出し続けている。

女性議連の活動が意義のある活動になっていることは確かである。

選択的夫婦別姓の実現を目指す

稲田朋美は、国会議員に当選する以前から、選択的夫婦別姓に対して反対の論陣を張ってきた。

自民党内では「保守派」としても知られているため、長年、反対派の象徴のような存在として注目されていた。

〈母親や父親、子どもの姓が違うことは、家族の一体感を阻害する〉

そんな思いが強かった。

しかし、稲田の考えがニュートラルに変わった。

なぜなら、時代の変化とともに、単純に「夫婦別姓を認めるべき」「同姓にするべき」という二者択一の議論ではなくなっているからである。

国会議員になり十六年。この間、社会は変化し、家族は多様化していった。女性は家を守るものという存在から、どんどん外で働き活躍するようになった。人生百年時代になり、五十歳や六十歳、そして七十歳以上の高齢になってから結婚する人たちもいる。

夫婦別姓の一番のネックは、子どもとの姓が違うということ。ファミリーネームがないことである。

だが、「たぶん、子どもは生まれない」ということを前提に結婚する人たちもいる。そんな女性にとって、これまで自分が長年使ってきた姓はキャリアを築き上げてきた特別な姓となり、それを捨てるということは大変な決断を迫られる。稲田は考えた。

〈とても辛いだろうな……。わたしならできない……〉

いろいろ調べていくうちに、驚いたこともあった。

子どもが女性だけの家庭の中には、どうしても家名を継ぎたいがために夫婦別姓にしてほしいという要望があることを知った。例えば、老舗《しにせ》の長男と長女が結婚するときには、大変な困難があるという。

今の時代は、女性が活躍し多様性が求められる時代である。いろんな選択が可能となってきているとともに、それに合った多様な選択をしなければ、この人生百年時代を過ごしていくことなどできない。そんな時代に、女性が姓を変えるのが当たり前だという考え方はあまりにも不平等であり、公平な社会だとはいえない。

最近は、既婚者が、結婚後も旧姓をカッコ書きで表記しての通称使用を認めている企業も増えている。

しかし、通称は通称にすぎない。もし、今後、通称を法的裏づけなしにどんどん拡大していくとすれば、戸籍名と通称の「二つの名前を持つ女性」「二つの名前を持つ男性」が出てくる。一人の人間が、状況に応じて二つの名前を使い分けることも可能となる。そうなれば、社会を混乱させてしまうのだ。

そのなかには、何度も結婚を繰り返すことによって、いくつもの名前を持つ女性・男性が出てくるであろう。その人たちは、それぞれの姓を使うことによって、姓ごとの銀行通帳を作ることもできる。いくつも名前を持つ女性・男性が出てくることが、社会をかえって不安定にする事態も招きかねない。

さまざまなことを考慮すると、選択的夫婦別姓について、もう少し柔軟な選択肢があってもいいのではないか。時代とともに選択肢も広がるべきなのではないかと思えてくる。

稲田は最近、婚前氏《うじ》続称制度（旧姓続称制度）を提唱している。つまり、結婚しても旧姓を使い続けることを家庭裁判所に届け出ることによって、社会生活において旧姓のみを使うことができる法制度である。

同じような制度に、婚氏続称制度がある。離婚したら原則旧姓に戻るが、家庭裁判所に届け出ることによって婚姻中の氏を使うことができるのだ。

稲田は婚前氏続称制度を民法を改正して創設することを提案している。

この制度の良いところは、ファミリーネームと戸籍の筆頭者を残しつつも、旧姓を法的に使用することができるところだ。

ただし、女性議員のなかには、いまだに夫婦別姓に反対している議員もいる。

今後は、倫理的に反対している団体や学者など賛成派・反対派の意見を聞き、しっかり議論を深めていこうと稲田は考えている。

稲田朋美が中心となり立ち上げた自民党の議員連盟「女性議員飛躍の会」の活動は、順調に進んでいる。

令和二年六月三日には、小池百合子東京都知事と党本部で意見を交換。稲田ら議連メンバー七人が参加し、二階幹事長が同席した。

東京都が、妊婦への子育て支援などこれまでにない女性政策を進めていることから、ひとり親家庭の支援など女性目線の政策を提言してきた議連と都が、今後は連携を深めていくことを確認した。

その後も定期的に会合の場を持ち、六月十七日には、昼食をとりながら二階と意見交換をし、最後は記念撮影で締めた。

　このとき、二階はいろんなアイデアを披露した。

　一つは、女性の国会議員と県連や地方議員の付き合い方についてのアドバイスだ。現在、女性議員のなかで、小渕優子、野田聖子、加藤鮎子《かとうあゆこ》、上川陽子の四人が現職の県連会長を務めている。また、稲田、渡嘉敷奈緒美《とかしきなおみ》、橋本聖子、有村治子《ありむらはるこ》の四人が県連会長経験者だ。

　女性議員には、県連や地方議員とのやり取りでさまざまな苦労がある。そこで、意見交換をしてみたらどうかという提案をしてもらった。

　もう一つは、自民党の機関紙『自由民主』で女性議員特集号を作るので、それを一人一万部ずつ配布することだ。

　そして最後の一つは、毎年夏に女性議員の勉強会の場を設けることを、二階は提案してくれた。その結果、初の勉強会を二階の地元の白浜で企画することになったが、残念なことに新型コロナウイルスの感染拡大の影響を受けて延期となった。

　二階が出してくれたアイデアを具体化していくたびに稲田はしみじみ思う。

〈女性議員の部屋「七〇九」も無事にできた。女性議員だけの機関紙も勉強会も、すべて二階幹事長が提案してくれるおかげで、それがスピード感を持ちながら現実となって残っていく。いろんなことが具体的になっていく〉

　きっと、それは稲田だからであろう。これまで築いてきた稲田との信頼関係があるからこそ、二階も稲田のために動く。頑張っている稲田への二階からのエールなのだ。女性議員にとっては、強い味方である。

政治家にとっての〝強さ〟と〝優しさ〟とは何か

稲田は、二階幹事長はフェミニストだと思っている。女性活躍のために、たった一時間だけでも一緒にいると「これ、やったらどうか」と次々にアイデアを出してくる。そのおかげで、稲田は中国へもネパールにも飛んだ。

〈二階幹事長の切り口で、女性活躍のための物事が動いていく。中国から女性起業家がやってきた際には、私たちと会えるようセットしてくれる。いろんな効果が生まれている〉

稲田は、平成十七年の総選挙で初当選した保守派の議員たちで「伝統と創造の会」を設立し、その会の会長の立場にある。

ところが、「女性議員活躍の会」の活動の中で、選択的夫婦別姓制度に理解を示す稲田を「変節」と批判し、反発するメンバーの一部が「保守団結の会」を新たに結成する動きがあった。

稲田自身、設立時につくった「守るべき伝統を守る」などといった趣旨書の方向性に変わりなどない。保守という立場に変わりはなく「伝統的家族を大切にする」という気持ちもブレていない。基本的な考えは一緒だ。

ただ、なんらかの事情ではみ出してしまった人たちを見殺しになどできない。むしろ、困っている人たちを助けたい。仮に、そういう困っている人たちに目を向けた政策をすることがリベラルだといわれるのであれば、稲田はリベラルなのであろう。

稲田は、そう指摘する人たちに問いたい。

〈困っている人たちに目を向けることこそ政治のはず。伝統的家族を築けなかったとしても困っている人に手を差し伸べないで何のための政治か〉

世の中は日々変化している。昔の思想に凝り固まってばかりいては、時代に取り残されてしまう。

米国人作家レイモンド・チャンドラーの小説『プレイバック』に登場する私立探偵のセリフに、次の一言がある。

「強くなければ生きていけない。優しくなければ生きていく資格がない」

政治家には強さも必要だが、それ以上に「優しさ」が欠けていては国民に寄り添った政治などできない。

稲田には、今の政治家には優しさが欠けているように映る。

それこそ、未婚のひとり親のことを、結婚していないからふしだらと決めつけて、支援する必要がないという考え方は、まったく強者の理論だ。

稲田の選挙区にある過疎地に住む高齢者を放置していることも稲田には強者の切り捨てと思える。

強者の理論のなかで女性は外されていく。そして、その傾向が、いまだに自民党や学問の世界をはじめ、世の中には存在していると実感する。

〈同じことでも、女性が発言すれば割り引かれる。男性が発言すれば耳を傾ける〉

政治家であるのならば、むしろ、時代の先頭に立って、その時代が必要としている政策を進めることが、良心的な政治家といえるのではないか。

いろんな政治家と接してきたが、「保守」だけではないものが政治には必要だと気づかされた。

それを気づかせてくれたのが二階だった。

少しずつ考え方の幅を広げれば、「それは、稲田さん、おかしい」という人もいる。でも、稲田は「それは違います。それこそが保守なんですよ」と言いたい。多様性を認め、自分に謙虚であること。これこそが保守だ。保守の人たちには、左派の声は絶対に届かない。

だが、歴史観、皇室問題、靖国問題など保守的な考えを持つ稲田が、今ある社会問題について指摘すれば、保守的な人たちにも稲田の声が届くと信じている。凝り固まってしまった保守の壁を突き破り、本来、政治家がなすべき政策が国民のために届くように行動することが、稲田の役目かもしれない。稲田の存在は、自民党にとっても大きなものになりつつある。

〈私の話を聞いて、それで離れていく人もいるだろう。でも、理解してくれる人もいるだろう。保守のなかで論争が起きることこそ、正しい在り方だろうし、現実も動いていくはず〉

令和二年六月十一日、稲田朋美幹事長代行は、下村博文選挙対策委員長と「新たな国家ビジョンを考える議員連盟」を設立した。新型コロナウイルス感染が収束したのちの社会像を構想することが目的の議連である。下村が会長を、稲田朋美が幹事長を務める。

当日は、百三十八名の国会議員が集まり、代理を含めれば百八十名ほどの名が連なった。

議連の構想は、「女性議員飛躍の会」から始まった。アフターコロナの社会像というビジョンを出そうと、二階幹事長のもとへ提言を持参した。

「党則七十九条を使い、総裁直属機関で、幹事長中心に立ち上げてもらえませんか？」

これに幹事長も同意した。

「いいよ、いいよ。やろう」

そこで、林幹雄幹事長代理が稲田に言った。

「岸田文雄政調会長のところにも行ってきなさい」

報告しに行ったが、岸田政調会長に止められた。

「いや、いい。七十九条でやると二枚看板になるので、これは政調でやる」

一方で、下村選対委員長にも稲田は説明に行ったところ好感触だった。

「いいね。それ。政調でやらないなら議連で一緒にやろうよ」

これに稲田も同意した。

「じゃあ、一緒にやりましょうか」

党幹部が主導し、党の正式ルートと異なる政策論議の場を立ち上げるのは異例である。しかし、党の中であれば二枚看板になるが、党と議連とであれば問題はない。

ただし、細田派の細田博之会長からは一言いわれた。

「派中派にならないようにしてくれ」

結局、派閥横断で、議員本人の意志で百八十人ほどが集まった。現在は、分科会に振り分けて活発に議論している。

第五章　福田康夫政権発足の舞台裏

総裁選を取り仕切った二階の総務会長再任

平成十九年（二〇〇七年）九月二十三日、ポスト安倍晋三を決める自民党総裁選がおこなわれ、最有力とみられた福田康夫《ふくだやすお》が三三〇票を獲得し、第二十二代総裁に就任した。国会議員票二五四票、地方票七六票であった。もう一人の候補者の麻生太郎は、国会議員票一三二票、地方票六五票の一九七票であった。

なお、二階俊博率いるグループ「新しい波」（平成十五年の保守党と自民党との合併時に結成、のち志帥会《しすい》〔当時・伊吹派〕に合流）は、この総裁選でそろって福田に投票した。自民党の派閥のなかで、所属する議員すべてが一人の漏れもなく派閥の領袖と行動を共にしたのは、二階派だけであった。

国家公安委員長、内閣府特命担当大臣（防災担当、食品安全担当）を務めた泉信也《いずみしんや》が二階とともに、自民党に合流して以来、自民党総裁選が幾度となくおこなわれてきた。だが、二階派が自民党総裁選で誤った候補者を推し、非主流派になるようなことは一度もなかった。

泉によると、二階派は、いつも総裁選のたびに政策を掲げ、各候補者にその政策についての対応を聞いて回り、それにより、支持を決めてきたという。

もちろん、掲げた政策に取り組まないなどと言う候補者はいない。だが、それでもその返事に濃淡はある。

その反応を見ながら、どの候補者が熱心なのかを見定めていくのである。

総裁選に立候補した麻生太郎幹事長から幹事長としての職務を一任され、総裁選を取り仕切った二階俊博総務会長は、無事に大役を終え、ほっとした。

〈やれやれ、これで一件落着だ〉

その夜、心身ともに疲れていた二階は、めずらしく午後八時過ぎに就寝した。

ところが、わずか一時間後の午後九時過ぎ、枕元に置いていた携帯電話の着信音で起こされた。

二階は、寝惚眼《ねぼけまなこ》をこすりながらその電話に出た。液晶画面には新総裁の名前があった。

「はい、二階です。おめでとうございます」

電話の相手の福田康夫新総裁は言った。

「いやぁ、ありがとう。ところで、次の総選挙は、とても大事です。いろいろな方と相談したところ、やはり選挙対策は、二階さんにお願いしたいと思います。現在の選挙対策総局長を三役と同格の選挙対策委員長に格上げし、党四役といたしますので、引き受けてくれますか？」

福田康夫

古賀誠

二階は受諾した。

「わかりました。それが福田総裁のためになるならば、お引き受けいたしましょう」

その際、二階は、幹事長、総務会長、政調会長らの名前は聞かなかった。続いて福田総裁は言った。

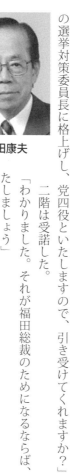

「ついては、明日の十時に、党本部の総裁室にお越しください」

一方、永田町では、古賀誠《こがまこと》を幹事長に起用する説が流れていた。が、当の古賀は、今回は幹事長に向かないと思った。

〈(民主党代表の)小沢(一郎)さんと自分は、どちらかというとタ

イプ的に同じだ。すると、わたしのほうが格負けしてしまう〉

九月二十四日午前十時前、古賀は、党本部四階の総裁室に出向いた。呼び込みがある前に、福田総理と話す機会があった。福田総理は言った。

「いや、今回は幹事長の選出が、なかなか大変だった」

古賀は、福田から幹事長には伊吹文明を指名することを聞かされた。古賀は、この人事に納得した。

〈意外ではあったが、温和で口当たりのいい伊吹さんは、確かに幹事長としてベストの人材だ〉

福田は言った。

「総務会長を、お願いできませんか」

古賀は、じつは、事前に福田から電話をもらって、総務会長の役職のことを聞いていた。

古賀は、自分の意思を伝えた。

「八月に二階先生が総務会長になられたばかりです。ですから、わたしが総務会長というのは、いかがなものでしょうか。わたしは、選挙対策に向いていると思います」

福田は、古賀の希望を取り入れた。当初、福田は古賀を総務会長、二階を選挙対策総局長とする方針だったが、双方のポストを入れ替えることになった。

福田は、改めて言った。

「党四役に入り、選挙をやってもらえませんか」

古賀は了承した。

「わかりました」

ここに、これまでの幹事長、政調会長、総務会長に加えて、新たに選挙対策総局長を選挙対策委員長に格上げし、「四役体制」が誕生した。しかも、それまでの「選挙対策総局」を廃止して、総裁直属の「自由民主党選挙対策委員会」を新設し、選挙対策委員長は総裁直属とすることになった。

二階は、自民党本部四階の総裁室を訪ねると、職員に隣の部屋に通された。部屋には、伊吹文明、谷垣禎一、古賀誠らが顔をそろえていた。

二階は思った。

〈福田執行部は、こういう顔ぶれか〉

二階らは、しばらく談笑した。やがて、職員が言った。

「総裁がお呼びです」

二階らは、全員一緒に総裁室に入った。

福田総裁は、一人ひとりにポストを告げていった。

福田総裁は、二階に言った。

「総務会長を、お願いします」

二階は、内心おどろいた。

前日、二階が言い渡された選挙対策委員長には、古賀が任命された。どのような事情でこうなったか、二階には知るよしもなかった。が、仮にここで二階が異議を唱えれば、スタートしたばかりの福田体制に傷がつく。それに、役員人事の決定が長引けば、福田総裁の指導力が問われかねない。二階は、努めて冷静に総務会長を受諾した。

古賀は、福田総理、伊吹幹事長、二階総務会長、谷垣政調会長を前に言った。

「選挙を担当させていただくに当たって、二点お願いしておきたいことがあります。一点目は、公認や調整で派閥色は絶対に出さないでいただきたい。二点目は、選挙を戦える条件を整えるために、政策についても意見を言わせていただきたい。どういう政策を国民が求めているか、それを一緒に考えていきたい。谷垣政調会長、そこのところは頼みます」

その場にいた全員がうなずいた。

「当然です」

福田総理が吐露した「韓信の股くぐり」の心境

十月十九日午後八時、福田総理は、総理公邸で政権発足後初めて与党幹部との懇親会を開いた。自民党からは、伊吹文明幹事長、谷垣禎一政調会長、古賀誠選対委員長、二階俊博総務会長、公明党からは、太田《おおた》昭宏《あきひろ》代表、北側一雄《きたがわかずお》幹事長らが出席した。

福田総理は挨拶した。

「皆さんともっと早くこういう場を設けたかったのですが、国会の日程が詰まっており、今日になりました」

福田総理は、懇親会の直前、北の丸公園の国立公文書館での特別展「漢籍」を視察したことに触れ、漢の名将・韓信が若いとき、ならず者の股をくぐる屈辱に耐えたという逸話「韓信の股くぐり」を披露した。

「千年前の中国の書を見たら、『韓信の股くぐり』が書いてあった。わたしと一緒だと思った。これからも頑張りますから、協力を願います」

二階は、あとで察するのだが、このとき福田総理は、すでに小沢一郎民主党代表との党首会談を決めていたのかもしれない。小沢との会談には、「韓信の股くぐり」の心境でのぞもうと覚悟していたのであろう。

二階も、国会のねじれ現象に危機感を常に抱いていた。ことあるごとに強調してきた。

「野党と少々話し合っても、この状況を打開しなくてはならない」

いま置かれたねじれた政治状況を解消するには、三年後の参院選ではとてもかなわない。六年後の参院選でも、解消できるかどうか。最悪の場合、九年かかるかもしれない。それほどの政治の停滞は、すなわち、国際社会における日本の競争力に、自らの手で縄をかけて身動きできなくしているようなものである。

二階は思っている。

〈ねじれ現象を打開するという志のために、どのような低姿勢となっても大連立をなしとげるしかない。福田総理は、その頃から、そう決意していたに違いない〉

武部勤《たけべつとむ》元幹事長も、大連立を早くから口にしていた。

「いまのままでは、何も政治が動かない。法案も通らない。だから、国民に対して責任を果たせない。内外に、特に外国に対して、日本はどんどん信用を失っていく。そんなことを、いつまでも続けられない」

武部は、仮に福田総理でにっちもさっちも行かなくなった場合、民主党議員を総理に担ぎ出す可能性もないではないと、なんとも大胆なことをいう。ただし、福田総理がうまく乗り切り、小沢代表がそのうちヘマをするだろうとも見ていた。

もっとも次の衆院選で、自民党を過半数割れに追い込めなければ、小沢は政治家を辞めると言っている。一方、自民党大敗の場合は、大連立どころではなくなる。大連立とは、自民党がぎりぎりでも過半数以上で勝たなければならない。武部は、自民党の過半数割れはないと見ている。

十月二十九日、谷垣禎一政調会長の元に突然連絡が入った。

「明日、福田総理と小沢代表の会談がおこなわれることになった。朝八時に、出てきてほしい」

会談は福田が伊吹文明幹事長に命じて実現したものだった。実際に民主党サイドと折衝《せっしょう》したのは大島理森国対委員長だった。

十月三十日午前、国会内で福田・小沢の初の党首会談がおこなわれた。両党の幹事長と国対委員長が陪席したが、実際の話し合いはほとんど福田と小沢の二人だけでおこなわれた。

十月三十日午前、公明党代表の太田昭宏は、福田総理から電話を受けた。福田は、これから、民主党代表である小沢一郎との党首会談にのぞむところであった。

福田ももちろんだが、安倍晋三、小泉純一郎ら歴代総理をはじめとした自民党は、節目節目で必ず連立を組んでいる公明党と連絡をとる。自民党側の思いを伝えること、行動を起こしたことの報告をすることで、常に密な関係性をたもとうと配慮している。

しかも、このたびは、インド洋での海上自衛隊による給油活動継続のための新テロ対策特別措置法案の行方が混沌《こんとん》とするなかでおこなわれる党首会談である。さまざまな憶測を呼んでいた。福田総理が、小沢代表に、連立を持ちかけるのではないかという噂も立っていた。

福田としては、公明党に対して、より礼を尽くそうとしたに違いなかった。

太田は、あらためて党首会談にのぞむことを報告した福田に訊いた。

「ところで、今回の首脳会談は、どちらから持ちかけた話なのですか」

福田は、はっきりと口にした。

「こちらからです」

そして、さらに決意を強調するかのように、やや語り口を強めた。

「いわゆる、ねじれ国会といわれる状況のなかで、政策実現の道を模索したいと思っています。特に、テロ特措法、これをなんらかの形で成立させる道を模索したい。そのあたりをご理解いただきたい」

「ええ、それは、わかります」

太田は、四十五分間に及ぶ会談を終えたばかりの福田から、ふたたび電話を受けた。

太田は、会談の労をねぎらったのち、福田に訊いた。

「合意点が見いだせるなどの、なんらかの形ができましたか」

「いえ、いまのところは、まだないです。ないですが、もう一度、会談をします」

ねじれ国会の政治停滞を前に大連立なるか⁉

二回目の党首会談は、十一月二日に開かれることになった。

会談まで三十分と迫った午後二時半、太田は、これから会談にのぞむ福田と議員会館の一室で会った。自民党幹事長である伊吹文明、公明党幹事長である北側一雄も同席した。

公明党内からは、「四十五分間にわたる党首会談で、何が話されたのか、よくわからない」といった声もあった。あらためて、一度目の会談内容を聞くのが会談の目的であった。

福田は、淡々として言った。

「この前、ご報告したようなことなんですけども、あまり内容的にですね、そんなに煮詰まった話ではないんです。恒久法ということについても、まだどういうふうに落ち着くかよくわからない」

太田は、確認のために訊いた。

「福田さんと小沢さんとは、海外派遣についての考え方はちがいますね。小沢さんは、海外に自衛隊が行く場合は、国連決議があれば武力行使も可能だという論者でしょ？」

福田は、うなずいた。

「そこは、ちょっと自分との考え方とは違いますけど、まあ、これから交渉します。話し合います」

そう言ってから、福田は続けた。

「それで、今回は、いろんな政策実現の機関をつくるということで会談にのぞむつもりです。しかし、政策協議機関というだけではなかなか納得しないかもしれないので、連立の話になるかもしれません。これは議論してみないと何ともいえませんが」

太田は、そのときはじめて、福田の口から「連立」の言葉を聞いた。

ただ、これまで、連立を持ちかけるかもしれないとの噂もあり、そのことについても想定したことはあった。だが、同じ連立といっても、さまざまな形がある。政策合意を経てしっかりと手を組む連立から、政策ごとに合意できる政党を求めて法案を成立させる部分連合、いわゆる、パーシャル連合もある。

太田は、午後三時から始まる党首会談の推移を見守ることにした。

関係者によると、会談では、小沢が、福田に語ったという。

「自衛隊の海外派遣には、恒久法が必要だ。連立協議で恒久法について協議するなら、給油再開のための新テロ特措法案にも、これまでの反対姿勢を改め、成立に協力する」

福田も、恒久法には賛成の立場である。会談をいったん中断し、自民党の伊吹文明幹事長らに言った。

「法制上詰めないといけないので、時間をもらうことになった」

総理官邸に引き返したという。

会談が始まってから一時間ほどたった午後四時過ぎ、太田は、町村信孝官房長官から電話を受けた。町村によると、恒久法制定論議についての話し合いがされたあと、休憩に入ったらしい。町村によれば、この段階では、福田は、連立についてはまだ触れていなかった。

連立の話が福田の口から出たのは、休憩が終わったあとのことであった。

連立については、太田は、福田から直接、二回目の会談の報告のひとつとして受けた。

「政策協議、政策実現への新しい体制をつくるということで、政策協議をする機関をつくるか、あるいは、連立するかについて、小沢さんは党に持ち帰りました」

そのニュアンスからは、連立といっても、閣内協力なのか、閣外協力なのかといった中身についてはよく詰めていないようであった。入閣する人数までも詰めた話をしたと、のちに一部で報道されたが、そこまで話し合われたとは太田には思えなかった。

太田としては、党としての結論を早急に出す段階にはないと判断した。実際に連立を組むのかどうか。その推移を見守る段階だと思った。率直に言えば、小沢が連立に同意したとしても、民主党が納得するとはとうてい思えなかった。連立には乗らないといった空気を、太田は、民主党から感じとっていた。

その結果、民主党の役員のすべてが「（連立は）国民の理解を得られない」などと反対意見を表明し、協議に応じない方針を決めた。

小沢は、福田総理に電話で伝えた。

「連立は、呑めない。受諾できない」

太田の読み通り、会談が終わってから間もなく、「まとまりませんでした。申し訳ありませんでした」と小沢から連絡があったと、太田は福田から伝えられた。

福田政権は、非常に難しい国会運営を迫られている。これまでになかったねじれ状況におかれていて、そのなかで、どのような新しい政権の形をつくっていくか。それに挑戦するのが、福田政権の大きな試みだと太田は思っている。

福田も、そのことは十分にわかっている。

「政策実現の新しい体制づくりを進める」

参議院を野党に制せられたことは、政治の停滞を意味する。多くの課題を抱えている状況で、政治が停滞することは許されない。連立は、歴史的な状況を打開しようとする福田の模索の一つだった。

田中角栄の教え――トップに立つ者は常に周りを見据える

のちに、どちらが先に党首会談を誘いかけたのかが取り沙汰されることになるが、二階は、そのようなことは些細《ささい》なことであるという。

党首会談が開かれるまでには、さまざまな手順を踏む。念入りな下打ち合わせが、直接、間接の形でおこなわれていたはずである。ある一定の方向性が固まったところで初めて、正式に打診する。つまり、党首が党首会談の席に着くときには、双方ともに、合意を前提にしてのぞむ。

小沢代表は、参議院選挙後、「次の衆院選で負けたら、政界から身を退《ひ》く」と政権奪取に向けて並々ならぬ意欲を示していた。しかし、参議院選挙で快勝をおさめたことが、衆院選での勝利を約束したものではないことを十分にわかっていた。甘い幻想は抱いていなかった。そこで、党首会談の席に着いたのである。

風の便りによれば、小沢代表は、閣内協力まで了承し、具体的な閣僚の配分まで話し合われたという。

与党には、大連立は、閣僚の椅子を五つも六つも失う決断である。だが、政治の停滞を解消するためである。二階ら与党議員は、福田総理の決断に従う覚悟であった。従うだけではなく、積極的に協力する。その覚悟を決めていた。

しかし、民主党は、小沢が持ち帰った大連立案を拒否した。

小沢代表の判断に、ある程度の数の民主党の議員が理解を示していれば、流れはかなり違っていた。即連立の流れにはならずとも、具体的に話し合う委員会が立ち上がる可能性は十分あった。

大連立に向けてまとまらなかったということは、小沢代表自身が指摘した通り、民主党にはまだ、国家の行く末を担うだけの訓練ができていない。

ただし、与党としては、少なくとも、楔《くさび》は打ちこめた。今回の大連立に向けた動きで、呼べども答えずといった状況ではないことも確認できた。

これまで対決一色だった与野党の関係も、微妙にやわらいだ。互いに通せる法案を見出したり、自分たちの主張を引っ込めて相手の主張を呑んだりといった状況にもなるだろう。

与党は、当面、参議院で過半数を獲得するために必要な十七人の参議院議員を引きこむことはしない。党対党で話し合うような状況において、相手の懐に手を突っこむことはエチケットとしてするべきではない。相手の感情を逆撫《さかな》ですることにしかならない。むしろ、これからも民主党に打診し続ける。

必ずや、大連立に向けての機運が高まる時期がくる。一見挫折したように見える大連立に向けて、二階は、確実に手応えを感じ取っている。

トップに立つ者は、常に周りを見据えて、どう次の手を打つかが頭から離れない。

二階がまだ若い頃、田中角栄元総理と会ったとき、田中が、ちり紙を大切にもっていた。よく見ると、そこには赤鉛筆で百人ほどの名前が書いてあり、一人ひとりに「○」か「×」といった印が書かれていた。

田中は、二階に言った。

「昨日、夜中に眼が覚めて、書く紙がなかったからちり紙に書いたんだよ」

この人には応援に一度行かないといけない。この人は、そろそろ役職に就けなくてはならない。この人は、資金を必要とする。田中は、一人ひとりに、何をどうすればいいのか、気になって夜も眠れず、ちり紙に書きこんでいたのである。

二階は、そのときに、政党のリーダーというのは大変だなとつくづく思った。

新エネルギーと観光での和歌山〝立県〟

和歌山県は、かつて、江戸時代は先進地域であった。江戸時代に盛んになった海運にともなって、菱垣廻船《ひがきかいせん》や樽《たる》廻船の寄港地であり交通の要衝として栄えていた。その港湾からは、エネルギーのもととなる炭、住宅建材である杉や檜《ひのき》、金を精製するために必要な水銀、さらには銅、亜鉛といった鉱物が、全国に向けて運ばれた。

さらには、その経済性を背景に、金融でも有力であった。困窮《こんきゅう》する大名に貸し付けをしたりもした。

一方、政治的にも、幕末、紀伊新宮藩第九代当主の水野《みずの》忠央《ただなか》という傑物を出した。紀伊新宮藩は、格としては、藩ではなく、紀州藩付家老《つけがろう》であった。にもかかわらず、水野は、幕府の政治を動かす黒幕的な立場にあった。彦根藩藩主の井伊《いい》直弼《なおすけ》を大老に担ぎ上げ、病弱な第十三代将軍・徳川家定《とくがわいえさだ》の後継をめぐって、水戸藩の徳川斉昭《なりあき》の子・徳川慶喜《よしのぶ》を擁立しようとする一橋《ひとつばし》派と敵対した。その結果、見事に紀州藩主の徳川慶福《よしとみ》を十四代将軍に据えた。慶福は、徳川家茂《いえもち》と改名する。

和歌山県は、歴史をひもといても、経済的、政治的に重要な地位を占めていた。だが、その後、インフラの整備で後れをとった。しかし、また、そのインフラがつながれば、和歌山の復活の日は近いであろう。

二階俊博が、これから和歌山県を活性化するために期待している一つがメタンハイドレートである。

メタンハイドレートは、地球温暖化対策に有効な新エネルギーである。一九六〇年代に、永久凍土内で、天然ハイドレートの堆積《たいせき》層が発見された。天然ガスの主成分であるメタンが、網状構造を作る水の分子に取りこまれたシャーベット状の固体物質である。水深五〇〇メートル以上の深海域海底面の下や、北極・南極付近の永久凍土層の下に存在する。石油や石炭に比べ燃焼時の二酸化炭素排出量がおよそ半分である。

平成二十年には、ＪＯＧＭＥＣ（石油天然ガス・金属鉱物資源機構）が、カナダの天然資源省との共同研究で、永久凍土の地下約一一〇〇メートルのメタンハイドレート層から減圧法によってメタンガスを連続的に産出することに成功した。

日本でも、平成十二年に、四国沖、室戸沖、東海沖から熊野灘にかけての、いわゆる、南海トラフでメタンハイドレートの存在を確認した。ほかには、日本近海数千メートルの深海には、かなりの量のメタンハイドレートが埋まっている。北海道の網走沖、十勝・日高沖、奥尻沖、本州の西津軽沖、房総半島東方沖、そして、九州では日向灘で埋蔵されている。

埋蔵量は世界有数を誇ると言われ、百年もの間、エネルギー需要をまかなうだけの埋蔵量があるとの試算もある。

エネルギー庁、NEDO（新エネルギー・産業技術総合開発機構）、JOGMEC（石油天然ガス・金属鉱物資源機構）、JAPEX（石油資源開発株式会社）が、研究開発を進めている。深海に眠るメタンハイドレートを引き揚げ、凍ってしまったメタンの塊を気化する技術が開発されれば、日本は世界有数のエネルギー資源大国になる可能性がある。

産出県となる和歌山県は潤う。

二階がときどきメタンハイドレートに触れるのは、和歌山県には、このような素晴らしいエネルギー資源があることを強調することで、将来の夢が、和歌山県にあることを訴えている。メタンハイドレートでふたたび、その地位に駆け上がるかもしれない。

二階は、集まりの席で演説をするときに、冗談で言う。

「仁坂さんは、あんなかっこうして、貧乏県の知事をやっていますが、いずれ、メタンハイドレートで、アラブの王様みたいになりますよ」

二階は、メタンハイドレートのことを意識して将来を語っている。和歌山県民を勇気づけてくれている。

平成十九年十月二十日、「新しい波」のメンバーで、文部科学省の松浪健四郎《まつなみけんしろう》副大臣は、文部科学省の審議官や独立行政法人「海洋研究開発機構」（JAMSTEC）の理事らとともに「南海トラフでの地震発生メカニズムの解明」を目的に九月から二階の地元である和歌山県新宮市沖約一〇〇キロメートルの熊野灘沖において科学掘削を実施している地球深部探査船「ちきゅう」を視察した。

全長二一〇メートル、型幅三八メートル、総トン数約五万七〇〇〇トンの「ちきゅう」は、二十一世紀の海洋地球科学をリードする世界最新鋭の掘削調査船で、文部科学省が約六百億円の巨費を投じて完成させた。

掘削するためには、船は同じ場所に止まっていなければならない。が、潮流が速いので流されてしまう。それを防止するために船の底に六個の直径四メートルもあるプロペラがつき、向きや回転スピードを変えながら船の向きや位置を調整する。そのため、一日の燃料代は、三百万円であった。

しかし、熊野灘は、過去に大きな地震が何度も発生した東南海・南海地震の震源の巣だ。直近の地震発生から約六十年が経過していることから今後三十年以内に巨大地震が発生する確率は六〇～七〇％とされている。巨大地震の発生メカニズムの解明には、総合的な研究が必要である。

松浪は痛感した。

〈財政難とはいえ、我々の力で続行させねばならない〉

平成二十年二月五日、「ちきゅう」は、第一次の調査を終えた。その成果の一つとして海底下の二二〇〇～四〇〇〇メートルの区間にメタンハイドレートが分布されていることが確認された。シャーベット状態で解凍するとメタンガスに変わる「メタンハイドレート」は、地球温暖化対策として有効な新エネルギーで、いまのところ日本のエネルギーの百年分から二百年分が眠っているとされている。

新エネルギーとして注目を集めており、二階の言動に地元の期待が寄せられている。

平成二十年の正月、和歌山県の観光客は、前年に比べ大幅に増えた。

観光に力を入れている二階俊博は、観光に関しても、仁坂吉伸和歌山県知事の働きは目覚ましいという。平成十九年に和歌山大学が、観光学科を設立して、全国から多くの学生が集まった。競争率は、十倍という大変な人気である。次は、これをただちに学部に昇格させることだ。昇格させるため協議会の会長に、知事自らがなり、仁坂はこれを引っ張ろうとした。すごい情熱である。

この実現のために獅子奮迅《ししふんじん》の努力をしてきた二階にとっても、この仁坂の働きは頼もしい。

平成十八年十二月の知事選挙の最中には、二階と親しい伊吹文明文部科学大臣が、仁坂の応援に訪れた。伊吹は、その足で和歌山大学を視察した。これは観光学科設立に向けての大きな第一歩となった。

競争率十倍の観光学科には、北は北海道、南は沖縄まで、山梨県と埼玉県を除いた全国から人が集まった。観光資源が多々ある和歌山県に観光学科がある。今度、学部に昇格し、全国で最初の観光学部となる。

二階は言う。

「普通だったら、学部になるよう進めていって、知事が、どの程度協力してくれるだろうか。どの程度理解してくれるだろうか。というのがどこの大学でも学長の悩みだ」

それが、知事自ら率先して先頭に立っている姿は立派だと二階は評価する。

泉信也の初入閣と再任での二階のアドバイス

泉信也は、平成十九年八月二十七日、（第一次）安倍改造内閣で国家公安委員会委員長、内閣府特命担当大臣（防災・食品安全）として初入閣した。

この初入閣の際、泉は、大臣になれるとは思っていなかった。

当時、参議院議員の入閣有力候補には、参議院国会対策委員長の矢野哲朗《やのてつろう》がいた。

泉も、矢野が入閣するものだと思い、自分に白羽の矢が立つとはまったく思っていなかった。しかも、泉は、いわば出戻りの自民党議員である。

安倍総理から入閣を要請する電話があったときには、驚いたものであった。

「ポストはまだ未定ですが、今度の改造で、泉さんに入閣してもらいたいんです。よろしくお願いします」

泉は、驚きつつも、すぐに了承した。

「ありがとうございます。微力ながら、尽くします」

泉の初入閣について、二階がどのくらい尽力していたのかはわからない。

だが、小泉内閣の頃から、名前が事前に報道されると外されるという傾向があった。

実は泉は、初入閣をする少し前に、二階からアドバイスされたことがあった。

「もし、大臣就任の話があったら、すぐに受けろ。ちょっと上役に相談しますなんて絶対に言うな」

泉は安倍から入閣要請の電話を受けると、すぐに二階に連絡をした。

「先ほど、総理から電話をいただきました。ポストはどこかわかりません」

二階は泉の初入閣を自分のことのように、喜んでくれた。

その後、安倍総理は退陣するが、九月二十六日に発足した福田康夫内閣でも、泉は再任された。

平成二十年一月、ジェイティフーズが中国の食品会社・天洋食品から輸入した冷凍餃子《ギョーザ》を食べた千葉、兵庫両県の三家族計十人が下痢《げり》や嘔吐《おうと》などの中毒症状を訴え、このうち、女児が一時意識不明の重体となる「中国製冷凍餃子中毒事件」が起こった。千葉、兵庫両県警が餃子を鑑定したところ、メタミドホスなど有機リン系殺虫剤が検出された。

その原因について、日中の警察の間で激しい議論を戦わせていた。

ちょうどその頃、五月十二日に、中国の四川《しせん》省で「四川大地震」が

泉信也

起きた。

防災担当大臣を兼務する泉は、二階からアドバイスを受けた。

「地震のお見舞いに中国に行ったほうがいい」

しかし、泉は、躊躇《ちゅうちょ》した。

〈冷凍餃子事件の答えが見えないうちに、訪中していいものかどうか。必ず議論になる〉

二階は、そんな泉の迷いを察したのか、重ねて言ってきた。

「とにかく話し合うことが問題を解決の方向に導くんだ。落ち着くところが見えなくても、いいじゃないか」

泉は、町村信孝官房長官に相談した。

「わたしが訪中しても、解決の目途はすぐにはつきません。行くこと自体、マイナスにはならないと思うけども、どうしたものでしょう」

町村官房長官は答えた。

「いまは、時期が悪いのではないですか」

結局、泉は訪中しなかった。泉は、のちに思う。

〈中国に行ったほうが良かったかどうかはいまでもわからない。しかし、あのとき訪中していれば、日本政府の地震見舞いと餃子事件に対する姿勢を有形無形に伝えることができたのではないか。今後、同じようなケースに出くわしたら、とにかく積極的に行動しよう〉

伊藤忠彦の奮闘「頑張ろう知多半島物産展」

二階グループの新しい波のメンバーの一人、伊藤忠彦《いとうただひこ》は、自民党の二階俊博経済産業大臣を、政治家の大先輩としていわば見様見真似《みようみまね》で政治活動をおこなっている国会議員の一人である。

伊藤は、平成十七年九月十一日の第四十四回衆議院議員総選挙、いわゆる郵政解散総選挙で初当選を果たした自民党新人議員八十三名のうちの一人でもある。

愛知県名古屋市出身の伊藤は、東海銀行元頭取・伊藤喜一郎の次男で、早稲田大学高等学院、早稲田大学法学部を卒業し、電通に入社した。電通を退社した後は、新党さきがけの党代表だった武《たけ》村《むら》正義《まさよし》の秘書になり、この間、新党さきがけの比例候補として衆院選、参院選に立候補した。が、いずれも落選した。平成九年からは、外務大臣だった小渕恵三の秘書を務め、その後、平成十一年に愛知県議会議員に初当選し、平成十五年に再選を果たしていた。

伊藤は、郵政解散時の衆議院総選挙の際、自民党公認として愛知八区から出馬し、民主党の前職、伴野豊《ばんのゆたか》を破って初当選した。

衆議院議員になってからは、二階率いる「新しい波」に所属し、二階の政治家としての活動を目の当たりにしながら、新人議員として活動している。

特に、伊藤の国会議員としての活動のなかで一番記憶に残っているのが、平成二十年二月十四日午後五時半から始まった伊藤主催のパーティーだった。

ただし、このパーティーは、「伊藤忠彦を励ます会」というものではない。伊藤が一〇〇%仕掛けに走り、見事に実現することができた「頑張ろう知多半島物産展」という伊藤の地元を盛り上げるためのパーティーだった。

伊藤忠彦

伊藤は、二階のそばで、その動きを見ながら、二階が常日ごろ、地元を大事にする、地域を大事にする精神を学んでいた。学びながら、新人議員でもできることを、伊藤は探していた。

〈こういうものを、やってみたい。これなら、ぼくでもできる〉

そう思ったものがあった。二階は、地元の紀伊半島南端にある鯨の町「太地町《たいじ》」を盛り上げるために、あちらこちらの会場で、鯨を食べる会を主催している。そして、伊藤は、それを見様見真似で、自分もやってみることにしたのだった。

それが、「頑張ろう知多半島物産展」である。

伊藤の地元の知多半島は、農産物、海産物の宝庫である。米、みかん、ぶどうなどの農産物からさまざまな海産物や知多牛、「中埜《なかの》酒造」の「國盛《くにざかり》」、ソニー創始者・盛田昭夫の実家「盛田」の「ねのひ」といった日本酒から「ミツカン」のポン酢まで、知多にあるさまざまな物産を東京の永田町にある憲政記念館に集結させ、知多半島の良さを、各省庁の役人一千人に知ってもらう場を設けた。

そのなかでも、知多半島の一番下にある南知多町の三河湾に浮かぶ日間賀島《ひまかじま》は、日本一のふぐの産地である。約七十年前からふぐ延縄《はえなわ》漁が始まり、毎年十月一日の天候の良い日が解禁日とされ、伊勢湾・渥美半島沖へおよそ七十隻もの漁船が出港している。ふぐといえば、山口県の下関と思われるが、じつは、日間賀島の周りで捕れたふぐが、下関に運ばれているものもあるという。

また、三河湾にある篠島《しのじま》は、古来、伊勢神宮に鯛を献納している。現在では、一尺五寸、一尺二寸、八寸の鯛を古式作法にのっとって干し鯛にし、年三回に分けて五百八匹献納している。この鯛は「御幣鯛《おんべだい》」と呼ばれ、毎年十月十二日には、伊勢神宮へ奉納する「おんべ鯛奉納祭」が盛大におこなわれている。

そして、もう一つ、器としての常滑焼《とこなめやき》が有名である。常滑市役所には、三十二年間、門外不出だった直系二メートルの、ものすごい大皿が飾られている。

そんな門外不出の大皿を、伊藤に貸してくれるという話が、思いがけず舞い込んだ。知多半島物産展を東京で開催することを知った常滑市長が、声をかけてくれたのである。

「その大皿、東京まで持っていって、いいですよ」

この申し出に、伊藤は、ますます張り切った。

二メートルもの大皿を東京まで運ぶのも大変だったが、それ以上に、憲政記念館の扉を通す作業が、一時間半もかかってしまうほどの大作業となってしまった。

その皿には、ふぐの刺身を盛り付けた。その数は、ふぐ百二十四、合計三千切れほど。地元から東京へ駆けつけてくれた十三人の調理師が自分の包丁とまな板を持ってきては総理大臣官邸の調理場に入りこみ、朝七時から十一時まで四時間、ずっとかかりっきりで、やっと切り上げた。

当時、総理官邸の住人は、福田康夫総理大臣だった。

伊藤は、官邸の調理場を借りる代わりに、福田総理に申し出た。

「昼飯の一皿くらい、うちから寄付しますから、食べてください」

その声に、福田は答えた。

「その日、お客さんが十人くるから、十皿ほど用意してください」

伊藤は、十皿分のふぐ刺しを作ってもらい、福田の昼食のテーブルに並べた。このとき、福田と昼食を共にしていたのは、新日鉄会長の三《み》村《むら》昭夫《あきお》やトヨタ相談役の奥田《おくだ》碩《ひろし》などだった。

その席で、こんな会話がされたという。

「ふぐっていったら、伊藤さんの地元だっていうけど、ふぐっていったら下関だよな、奥田さん」

福田は、奥田にそう言った。

それに対し、奥田は答えた。

「ここにあるふぐは、伊藤さんの選挙区のもので、そこで正真正銘に捕れたものですよ」

愛知県人の奥田は、知多半島でふぐが一番捕れるということを、当然のごとく知っていた。

一方、三千切れのふぐ刺しは憲政記念館に運ばれ、二メートルの大皿の上に、飾り付けられていった。そして、最後の一切れのふぐ刺しを皿のど真ん中に、伊藤が置いてようやく完成にこぎつけた。

そのほかにも、会場準備のために地元から百名のスタッフが集まり、午後五時半からの開演に向けて、あわただしく作業に追われていた。

この知多半島物産展には、各大臣をはじめ、自民党の幹部など多くの先輩議員も招待していた。

着実に作り上げた個人的人脈は裏切らない

この豪華なふぐ刺しを前に、箸《はし》づけの式典が始まった。

自民党幹事長の伊吹文明と政調会長の谷垣禎一は、二人とも京都出身ということもあり、皿の真ん中から、ふぐ刺しを取った。その様子を見ていた青森県出身の大島理森国対委員長は、「わしは、端から取る」と言って、端っこのふぐ刺しを取った。各人の性格が、まさに箸づけの式典にあらわれていた。

そのほか、党四役の二階俊博総務会長と古賀誠選挙対策委員長をはじめ、中川秀直《なかがわひでなお》元自民党幹事長、若林正俊《わかばやしまさとし》農林水産大臣など、多くの議員が駆けつけてくれた。

伊藤のような新人議員が主催するパーティーに、これほどの議員が集まってくるなどということは、よほどのことがない限り、ない。が、ここまで集まってくるということは、すべて二階のおかげだった。

議員たちには、大量のふぐ見たさという面も、確かにあった。伊藤の目には、「そんなに、ふぐがあるのか？　信じられんな」という半信半疑の顔で訪れているように映っていた。

〈それにしても、ふぐの威力は、すごい！〉

伊藤自身も、内心驚いていた。

こうして始まった「頑張ろう知多半島物産展」は、伊藤が、日ごろから世話になっている霞が関の役人たちを慰労することこそが、第一の目的だった。が、予算や制度などの面においてお願いをする前に、知多半島のことを知ってもらうことも、伊藤の狙いの一つだった。

役所からは、千人ほどの役人たちが押しかけてくれた。そのおかげで三千切れのふぐ刺しは、あっという間に消えていった。開演から一時間もしないうちに売り切れてしまうほどの大盛況だった。

二階は、仕事の都合上、開演時間には間に合わず、遅れてやってきた。

「ええッ……、こんなにふぐがあるのか！」

そういって、ふぐを食べる二階の姿を見て、伊藤は大満足だった。

〈ちょっとは、二階先生の真似ができたかな……〉

こうして、伊藤が初めて主催した「頑張ろう知多半島物産展」は、大成功で幕を閉じた。

伊藤は、当日、会場に来てもらった役人全員から名刺をもらっていた。そして、後日、その名刺の住所宛てに、一人ひとりに五十円葉書の感謝状を送った。

「日ごろから、知多半島を応援してくださって、ありがとうございました。あなたを、知多半島の応援隊に任命させていただきます。是非、これからも、わたくしの知多半島の応援、よろしくお願いいいたします」

表彰状のようにデザインされた感謝状には、そう書いた。

これも、二階のやり方を参考にさせてもらった。

この知多半島物産展と感謝状は、知多半島に多くの効果を呼び込むことになる。

その後、知多半島のあちこちに、例年以上の数のテレビ局が取材にやってきた。また、さまざまな施策のパイロット事業も、役所から割り当てられた。

そして、伊藤自身も、ちょっと難問にぶつかった際、そんな様子を知っただけで役所の職員が駆けつけてくれるようになり、助けてもらうことが多くなった。伊藤の存在が、霞が関に広まったということだ。個人的な人脈を着実に作り上げていくことが、これからの政治に役立つことを確信できたのが、伊藤には大きかった。

〈一生懸命やって、大成功したおかげで、今の活動ができるようになった。でも、二階先生の二番煎じを、まだまだ、地でいかなきゃいけないな〉

伊藤は、そう感じていた。そのうえ、もう一つ、大事なことを勉強させてもらった。

伊藤の一声で始まった「頑張ろう知多半島物産展」は、結局、すべての資金を出展した地元の人たちが、負担してくれた。

「おれが、持つから」

そう言ってくれる声を聞いて、伊藤は、しみじみ思った。

〈他人のふんどしで、でっかく相撲を取るということは、こういうことなんだ。なるほどな。こういうことが、大事なんだな……〉

そんなことを思いながら、ますます政治活動に伊藤は、精を出していった。

「岩手・宮城内陸地震」と「日中関係を発展させる議員の会」

平成二十年六月十四日午前八時四十三分ごろ、岩手県奥州市と宮城県栗原市において最大震度六強を観測した「岩手・宮城内陸地震」が発生した。

防災担当大臣を兼務する泉信也は、福田総理の要請に基づき、この日、すぐさま現地へ赴き、視察した。翌十五日、東京に戻り、福田総理に視察内容の報告をおこなった。

泉のほかにも、増田寛也総務大臣や冬柴鉄三国土交通大臣も、被災後の状況把握のため視察をおこなった。

その間、泉は、記者から質問を受けた。

「総理も、早く視察するべきではないか」

泉は説明した。

「早くといっても、現地は混乱している。我々は、総理の指示を受けていろいろと行動しており、当面救援活動に全力をあげたほうが良いと思う。総理には、現地の様子がわかってからお入りいただき、被災された皆さんに元気を出していただきたいと考えている」

六月十八日、福田総理は、被災地を訪れ、避難所の住民を激励した。が、マスコミの反応は冷ややかなものであった。

泉は、不満であった。そのことを二階に言うと、二階は、眉間《みけん》に皺《しわ》を寄せた。

「君は、総理に『どこどこに行ってください。そして、そこではこういう発言をしてください』とちゃんとレクチャーしたのか？」

「いえ、していません」

「それでは、駄目だ。総理を支える人間というのは、この時期に、ここに行って、こういう発言をしてください、というところまでやるのが役目じゃないのか」

泉は、目からウロコが落ちる思いだった。

〈なるほど、人を支えるというのは、そういうことなんだな〉

二階がなぜこれまで実力者から重用されてきたのか。それは、自分は目立たないように舞台をつくり、ときにはセリフを教え、懸命に支えるからだろう。舞台で踊った人は、二階の尽力に感謝する。そのような仕事ぶりが評価されているのだと泉は思う。


平成二十年六月八日早朝、「新しい波」のメンバー伊藤忠彦は、「日中関係を発展させる議員の会」訪中議員団の一員として、羽田空港に向かっていた。

約一カ月前の五月十二日、中国四川省で四川大地震が発生した。その被災地に救援物資を運ぶために、団長の二階俊博自民党総務会長や武部勤元幹事長ら自民、公明両党の有志十五名が集まり、全日空機を一機チャーターした。

団長の二階は、見送りに来てくれた崔天凱《さいてんがい》駐日大使に挨拶した。

「日本各界の支援・協力のもとで、テント三百張りを含む三一トンの救援物資が、集まった。これらの物資を、被災地に届けるだけでなく、もっと重要なこととして、日本国民の中国の被災者に対する気遣いと、被災地の一日も早い復興を願う気持ちを伝えたい。福田総理からも、中国の被災地の方々に、くれぐれもよろしくとのことだった」

その日の朝、羽田空港を飛び立った派遣団は、午後一時、中国四川省成都《せいと》に到着した。

引き渡しセレモニーで、団長の二階は、被災者へのお見舞いの言葉と亡くなった方々へ哀悼《あいとう》の意を表明した。そして、激励した。

「積めるだけの荷物を、積んできた。日中関係の発展を望む、多くの日本国民の気持ちを運んできた。一日も早い復旧、復興を祈っている」

中国に救援物資を引き渡したあと、派遣団は、日本の国際緊急援助隊医療チームが治療にあたった四川大学華西病院を訪問した。被災者を見舞い、午後五時に成都を出発した。羽田空港には、その日の夜十時過ぎに到着した。

わずか四時間あまりの支援訪問だったが、伊藤にとっては、貴重な経験だった。

〈二階先生、ありがとうございました〉

伊藤は、心の中で感謝の言葉を述べていた。

これがきっかけとなり、震災復興における日本の技術、経験、ノウハウなどを学ぶため、七月二十七日、四川省の中堅幹部四十四人の復興調査団が来日した。

泉信也は、復興調査団の来日は、もっと先の話だと思っていた。が、行動力のある二階は、あっという間に話をまとめた。新潟県知事や兵庫県知事の協力も得ていた。

七月二十八日、復興調査団は、まず二階のもとを訪ねた。その後、防災担当大臣の泉のもとにやってきた。泉は、仇保興《きゅうほこう》団長に言葉をかけた。

「生きていた方を救い出せなくて残念でなりません」

福田総理は、四川大地震の発生を受けてすぐさまお見舞いのメッセージを送った。そのなかで日本政府としてできるだけの支援をおこなう用意があることも表明した。

しかし、五月十三日夜、中国政府は正式に連絡してきた。

「要員の派遣は、当面必要ない」

その後、生存率が極端に低下する地震発生から七十二時間経過後の五月十五日、中国は、日本政府が派遣する救援チームを受け入れることを発表した。

五月十六日、国際緊急援助隊の救助チーム第二陣三十人が四川省青川《せいせん》県の被災地で救助活動を始め、中学校と市街地で十四遺体を収容した。五月二十日には、国際緊急援助隊の医療チームが四川省に入り、成都市の四川大学華西病院で活動をおこなった。

仇保興団長は、これらの活動に対し、泉に感謝の言葉を口にした。

「日本の救助隊は、非常にいい仕事をしてくださいました。遺体を整列して見送ってくださった日本隊の画像がテレビで何度も何度も放映されました」

事実、日本大使館には市民からの感謝の意思が多く寄せられたり、新聞やウェブサイトには日本の救助隊を高く評価する記事が掲載されるなど中国国内での世論も反日ムードが一転したという。

二十八日夜、「日中関係を発展させる会」が主催する「中国四川省復興調査団を励ます会」がホテルニューオータニで開かれた。

主催者を代表し、二階が挨拶に立った。

「先月（六月）、中国四川省に緊急支援物資を運んだのがきっかけとなって今回の四十四人の中国側の調査団の派遣となった。調査団のみなさんは、これから、大地震を体験した神戸や新潟を視察することになっているが、復興への日本の貴重な経験を参考にしてもらいたい」

福田総理も、「励ます会」に駆けつけ、挨拶した。

「大地震を体験した日本には、多くの建物が崩壊して多大の犠牲を払った苦い体験と、地震に強い建物造りを目指す貴重な経験があり、こうした体験を四川の復興のために十分生かしてほしい」

この夜の「励ます会」には、福田総理のほかに「日中関係を発展させる議員の会」の会長を務める森喜朗元総理、伊吹文明幹事長、公明党の太田昭宏代表ら与党の幹部や、崔天凱駐日中国大使らが出席した。

その後、調査団は、新潟県の山古志村、兵庫県の神戸市などを視察し、成果を得て帰国の途に就いた。

中国語翻訳出版の二階の伝記が示す外交成果

二階の伝記が、中国人作家の手によって中国語で翻訳出版されることになり、その出版記念パーティーが平成二十年七月三日、北京で開催されることが決まった。そこで、その前後に、中国政府や共産党の中堅幹部との交流がおこなわれることになった。この訪中団の一員に選ばれた伊藤忠彦は、参加メンバーのなかで一番の若手だった。

八月八日から始まる北京オリンピック直前の訪中に、伊藤は、完成したばかりの巨大な空港が、あまりにも広いことに驚いた。

が、それ以上に、二階という重い存在がなす外交の成果に、あらためて感服していた。

伊藤は、これまでも二階が経済産業大臣に任命されて以来、日中・東シナ海ガス田開発問題をはじめとする懸案があるなかでの胡錦濤《こきんとう》主席の訪日、洞爺湖サミット出席のための再訪日に至るまでの二階の活躍ぶりを目の前で見させてもらっていた。伊藤自身、その活動のさまざまな場面に立ち会える機会を得たことで、自分自身の政治活動のなかでも外務省との関わりが深くなるにつれ、外交は、やはり国会議員としてあらゆる意味で大切な事だと強く感じていた。

また、北京へ到着した七月一日の記者懇談会で、二階が話してくれた内容が、伊藤の胸に強く印象に残った。

二階は、昭和五十年以来の、二階自身と中国との関わりを話した。その話を聞きながら、特に伊藤は、平成十二年、二階が小渕内閣で運輸大臣を務めて以来、五千人、一万三千人、そして、平成十九年の三万五千人交流に至る、前人未到の日中大交流によって生み出してきた日中の関係を、伊藤も後を引き継ぎ、永く続けていかなければならない、と心に決めていた。

二階は、この訪中で、日中中堅幹部交流の構想とその実施を図ることを目的としていた。今回の日程では、中国の政府高官以上といわれる十一名と面会することになっていた。

伊藤は、二階から聞かされていた。

「今後の日中関係を考えたとき、後継の者を育てる意味からも、中堅幹部の交流もおこなうべきである」

このことを主張していきたいという二階の心を知った伊藤は、その後、二階が中堅幹部交流の下地作りのために動く様子を目にすることになる。

そして、伊藤は、抜擢人事で実力をつけてきた中国側の若手といわれている中央組織部部長の李《り》源潮《げんちょう》と会うことができたことに、幸せを感じていた。

また、今回の参加メンバーのなかで一番若い伊藤だからこそ、中堅幹部交流への使命感を実感しながら決断していた。

〈中堅幹部交流を通じて、新しい日中新時代を築いていけるように、頑張りたい〉

その後、このときの二階からの提案が功を奏して、中国の中堅幹部が日本へ三度も来日した。一回のメンバーは、七、八十人もの人数に上るほどだ。

第六章　麻生太郎政権の成立と蹉跌

二階への愛知和男の期待と福田改造内閣での経産相再任

平成二十年（二〇〇八年）七月二十四日夜、自民党の伊吹文明幹事長、二階俊博総務会長、谷垣禎一政調会長、古賀誠選挙対策委員長の党四役は、国会図書館内で会談した。党四役は、この席で内閣改造と臨時国会の召集時期について福田総理に一任することを確認した。

七月三十一日、福田総理は、政権発足後初となる内閣改造を八月一日の午後に断行することを明らかにした。

永田町やマスコミでは、二階総務会長と古賀選対委員長の留任説が流れていた。が、人事は総理総裁の専権事項である。二階は、そのような噂話には耳を貸すことなく、党本部六階にある総務会長室の掃除と二階の私物の持ち運びを職員に指示した。

二階グループの愛知和男は、ひそかに期待した。

〈二階君には、外務大臣になってもらいたい〉

福田総理の父親である福田赳夫は、昭和五十二年十一月の福田内閣改造で党人派の園田直《そのだすなお》を外務大臣に起用した。周囲は、この人事におどろきを隠せなかったという。

「こんなドメスティックな男に外交ができるのだろうか」

ところが、意外にも園田は日中平和友好条約締結に尽力するなど「名外務大臣」と呼ばれるようになった。

愛知は、外交とは政治そのものだと思う。外交交渉は、華やかに見えるが、ドロドロとしたものだ。状況分析や論理性はもちろんのこと粘り強さや駆け引きがひどく重要となる。が、日本の外交官は、スマートにやろうとするので失敗してしまう。愛知は、外務大臣こそ泥臭い人物がやるべきだと思っている。

第三次小泉改造内閣で経済産業大臣を務めた二階は、中国をはじめ世界各国の首脳と信頼関係を築きあげた。愛知は、その様子を見てしみじみと思っていた。

〈二階君の政治センスは、外交の場でも通用する〉

それゆえ、愛知は、二階に外務大臣になってもらいたいと考えたのである。


福田内閣の頃、二階派（新しい波）には、十六人の国会議員が所属していた。二階は、人数こそ多いが中身がバラバラの派閥よりも、少人数でもきちんと固まったほうがいいという政治哲学を持っている。

そういう意味では、二階派は数が少ないが他派の幹部からも、一目置かれていると泉信也は思う。

〈小派閥ゆえの悲哀もあるが、我々は、常に政策を論じ、一致結束し、固まることによってそれを乗り越えていけばいい〉


福田改造内閣が発足する前、泉信也は、記者から聞かれた。

「二階派は、ポストを取れそうですか」

泉は答えた。

「うちは、二階会長に党の要職にとどまってもらうか、閣僚になっていただくことが派閥として最大のことだ。もう一人、取ってくださるというならば、環境庁長官や防衛庁長官を歴任された愛知（和男）先生が適任だと思う。例えば、江﨑《えさき》（鐵磨《てつま》）先生は、まだ四回生だ。要職についても背伸びをしないといけないから、もう一回、当選してからということだろう」

ある記者が辛辣《しんらつ》な質問をぶつけてきた。

「二階派は、小派閥です。二階さんを含めてポストに残れますかね」

泉はきっぱりと答えた。

「残れないなら残れないでもいい。しかし、我々のグループは、そういうあつかいをされることに対しては、それなりの対応をさせていただく。たとえ所属議員が多くても、他のグループのように言っていることがバラバラでは意味がない」

二階派は、派閥の会合では自由に意見を述べ合う。若手のなかには、「まず二階会長の意見を聞きたい」というものもいる。が、事務総長の泉は、すかさず注意する。

「それは、駄目だ。二階会長は、皆さんの意見を聞き、それを踏まえたうえで方向性を指し示していただいている。だから、二階会長が右と決めたら、みんな右でいこう。しかし、初めから『二階会長の意見を聞こう』なんていうのは、政治家としておかしい。右でも左でもいいから、みんな自由に意見を言ってほしい」

二階も、そのような方針を良しとしているのではないかと泉は思う。

中小企業対策と国際問題の解決が主眼

八月一日、二階のもとに「総理は、二階さんを入閣させる意向でいる」という話が伝わってきた。

二階は、返答した。

「お役に立つのなら、なんでもご協力します」

その後、二階は、福田総理から要請された。

「中小企業対策や国際問題の解決のため経済産業大臣をやってもらいたい」

この日午後、福田改造内閣が発足し、二階は第三次小泉内閣に続き二度目の経済産業大臣に就任した。

なお、マスコミ報道によると、当初、福田総理は、選対委員長の古賀と総務会長の二階は代えない腹づもりであったという。が、前回、党四役入りを逃した党内第二派閥の津島派から不満の声が上がった。福田総理は、かつて津島派（平成研究会）に所属していた保利耕輔《ほりこうすけ》を政調会長に起用したが、郵政民営化で造反した保利は、復党後、津島派には戻らず、無派閥であった。津島派会長の津島雄二《つしまゆうじ》は、福田総理に「このままなら我が派から閣僚を出さない」と通告。結局、福田総理は、津島派の笹川堯《ささがわたかし》を総務会長に起用し、二階を閣僚で処遇することになったという。

平成二十年七月十一日、資源エネルギー庁長官の望月晴文《もちづきはるふみ》は、経済産業事務次官に就任した。

望月が次官となったときの経済産業大臣は、甘利明であった。甘利は、安倍内閣発足時の平成十八年九月二十六日から経済産業大臣に就任し、福田内閣でも再任されていた。

平成二十年八月二日、福田改造内閣が発足した。二階俊博は、再び経済産業大臣に就任することになった。

甘利は、引継ぎの際、二階に言った。

「二階先生からいただいた大臣の座を、お返しいたします」

望月晴文

二階が経済産業大臣として戻ってきたとき、望月は、まるでタイムスリップしたかのような感覚におそわれた。

二階には経済産業大臣としての経験があり、望月らも新しい大臣がきて一から始めるよりずっと楽であった。間があいたとはいえ、業務に継続性もある。

全国商工会連合会の清家孝会長《せいけたかし》は、二階が経済産業大臣に就任してから、省庁側の職員の姿勢も変わってきたと実感している。

二階大臣が積極的に地方を回っている姿を見て、職員たちのフットワークも軽くなり、地方を回って生の声を聞くようになったのである。

経済産業省のもとには、全国十カ所に置く経済産業局がある。その局長たちも、清家が意外に思うほど、各県を回って地方の現状を見てきている。それが、功を奏したのである。

清家は思った。

〈経済というものは、生きている。やはり、役人がじっと座っていたらだめだ〉

清家の実感するところでは、小規模企業に理解のある政治家は、二階俊博と甘利明の二人である。

平成十七年十月から、経済産業大臣が二階、甘利、二階と続いてくれたおかげで、中小零細企業と地方の限界集落に対する対策が、大臣交代によって滞ったりせず、連携プレーで順調に進んでいった。

経済通という意味でいくと、二階よりも甘利となるが、問題への対応策をすぐに実行に移したのは二階であった。理解のある人が経済産業大臣を続けてくれたおかげで、行き届いた対策が取れたのである。


商工会では、平成十六年七月十一日におこなわれる第二十回参議院議員通常選挙の候補者として、商工会の青年部長をしていた松村祥史《まつむらよしふみ》を推薦することにした。

松村祥史は、昭和三十九年四月二十二日、熊本県に生まれた。熊本県立人吉高等学校、専修大学経営学部経営学科を卒業後の昭和六十二年、丸昭商事に入社。平成四年五月に上村商工会青年部に入部し、平成九年五月に上村商工会青年部部長となった。平成十一年六月には、丸昭商事の代表取締役社長に就任。九州地区商工会青年部連絡協議会会長、全国商工会青年部連合会副会長などを経て、小規模事業者の立場を代弁する代表者として参院選に立候補し、無事初当選を果たしたのであった。

松村は、平成二十年八月、福田康夫改造内閣において経済産業大臣政務官に就任した。このとき、松村を政務官に推したのが、二階であった。

松村は、青年部長時代、全国行脚《あんぎゃ》をして、末端に至るまでの声を聞いてきた男である。全国各地の実態を十分に把握しており、地方の声に耳を傾ける姿勢と情熱、行動力を見込まれたのである。

二階大臣は、松村に言った。

「とりあえず、意見や相談があったら、おれに話してくれ。そして、それをすべてお前に任せたい」

二階大臣にとっても、全国を自分一人で回るわけにもいかず、松村のような女房役が必要であった。

現在の経済産業省の施策の中心にあるのは、中小企業政策である。それは、二階大臣と松村政務官が、大企業ばかりでなく、中小企業もまた日本経済を大きく支える柱の一つであるという深い認識があってこそであった。

おかげで、全国商工会連合会の清家孝会長らが、中小企業庁を訪れるときは、フリーパスで入れるようになり、いつでも長官、次官らに会うことができる。それだけ身近な官庁になったのである。

八月二日、二度目の就任となった二階経産大臣は、初閣議後の記者

松村祥史

会見で、次のように述べた。

「みんながいま困り果てておるような姿でありますから、元気を出していただくために、第一線で頑張っておられる方々と同じ目線に立って対応していかなければいけない。閣僚のメンバーとも十分話し合って同意を得たいというふうに思っています」

八月十四日午前十一時五十八分、二階は、経済産業省の望月晴文事務次官とともに総理公邸に福田総理を訪ねた。会談時間は、約二時間に及んだ。

福田総理は、二階らに発破《はっぱ》をかけた。

「今日のこの状況について、できるだけ早く対策を講じなくてはならない。経済産業省の所管する分野は非常に大きい。例えば、環境や資源エネルギー開発の問題は、五年先、十年先を展望しなければいけないものもあれば、二十年先をどう考えるかというものもある。しかし、当面できるものは悠長に考えずに、ただちに国際社会に販売し、外貨を稼いでもらいたい。いまはピンチではあるが、チャンスでもある」

経済産業省の役人は、夏休み返上で景気対策に取り組んだ。

動揺しない継続とスピード感ある変化

一方、二階は、国対委員長や総務会長を務めていたときも、経済産業省との関わりが切れていたわけではなかった。経済産業省の役人が政策や法案の説明で頻繁《ひんぱん》に二階のもとを訪れていた。

共同開発の対象海域などをめぐり日中の主張が対立する東シナ海のガス田開発問題も、特別な変化はなかった。東シナ海を「平和の海」とし、両国が協調して問題を解決するという基本的な方針は変わっていなかった。二階が第三次小泉内閣の経済産業大臣時代、交渉の相手として温家宝《おんかほう》首相と話しあったことは、胡錦濤国家主席と福田総理が合意する下敷きになった。わずかな石油資源をめぐり、両国が目くじらを立てて角を突き合わせるようなことは、政治としては愚策だと二階は思う。

この問題が起こったとき、日中関係は、小泉総理の靖国神社参拝も影響し、冷え切っていた。それゆえ、温家宝首相が日本の閣僚クラスと会談するのは破格のことだと言われていた。が、二階は、「破格でもなんでもない。この問題は話し合いで解決する以外にない」と思っていた。中国政府関係者の配慮もあり、政府間レベルでの交渉が途絶えたに等しいような状況のなかで話し合った。

一部の右寄りのマスコミは、そんな二階を「媚中派《びちゅう》」などと批判した。が、二階は意に介さなかった。

〈中国の中枢部にタッチしていない人が、はるか遠くから憶測だけでモノを言っているにすぎない〉

そのような下地があり、福田総理と胡錦濤主席の平成二十年五月の合意にこぎつけることができた。

二階が経済産業大臣に復帰した八月十六日には、実務者レベルで実質的な交渉に入っていた。実際に掘り出すまでは時間がかかるだろう。が、両国の首脳が東シナ海を「平和の海」とし、共同開発するという合意を得たことは大きなことだと二階は思っている。

二階は、着任してさっそく、望月晴文事務次官に聞いた。

「例の『新経済成長戦略』は、どうなった」

望月は答えた。

「二年前にできた指針に沿って、粛々とおこなっています。この二年間、目標どおり二パーセント台の経済成長が続いています」

すると、二階が言った。

「『新経済成長戦略』の思想は正しい。しかし、二年前と今とでは、事態が相当に変わっている」

原油価格は、平成二十年七月に一四七・二七ドルの最高値をつけ、そこから少しずつ下がってはきていたものの、高値は続いていた。

二階は続けて言った。

「このまま経済情勢が続けば二年前の経済成長戦略では、いちいち注釈をつけたり、言い訳をしながら説明をして歩かなければいけない。それでは、成長戦略にならない。だから、思い切って前回の経済成長戦略を一行ずつ見直し、どの項目がどこまで進んでいるか、どの項目がいま思うと適当ではなく、修正を必要とするか、どの項目がまだ手がつかないでいるかというようなことを精査し、もういっぺん出直そうじゃないか」

二階の言葉を聞いて、望月をはじめ、一同はギョッとした。二年前におこなった過酷な業務が、瞬時に蘇《よみがえ》ってきた。

二階は、望月らを鼓舞《こぶ》するかのように言った。

「こういうものは、さっさとやらなければならない。八月中に片をつけよう」

すでに暦は八月に入っている。八月中となれば、期間は一カ月もない。

周囲はどよめいた。が、やはり大臣の意思である。望月らは、夏休みを返上して、「新経済成長戦略」の見直しに取り組んだ。

人口減少のなかにおいても、成長をしていかなければ日本は貧しくなる。「新経済成長戦略」では、「人口が減少しても成長する」というモデルであった。

平成十八年六月の「新経済成長戦略」には、二つの特徴を持たせていた。一つは資源生産性の向上である。一資源一単位当たりの生産性を上げるという視点でおこなう。省エネもエネルギー資源効率のアップにつながる。

過去を振り返ってみると、一九七〇年代にオイルショックの大不況が日本を襲っている。が、日本が必死に省エネに向けて努力した結果、四割ものエネルギー削減に成功し、日本は世界の省エネをリードする技術を持つことになった。それが、今日の日本の強みになっており、ピンチがチャンスになった。

今回も同様である。エネルギー価格は今値下がりしているものの、かつての倍である。そうしたときに、世界の中で省エネ一位がさらに進めば、十五年後に「あのときに頑張ってよかった。このときの競争力のもとになる」と、過去の歴史に学ぶことができる。今、この苦しいときに実施する対策が、一時しのぎにしかならないようでは、投入した資金が活用されたとは言いがたい。だから今回の対策も、中長期の戦略のなかで生きてくるようなものにすることを目標とした。

もう一つは、日本の人口は減少するものの、日本の周囲にはアジア三十一億の民がおり、世界の成長センターになる可能性がある。「日本は三十億人のマーケットとともに成長する」というのが前回の発想であったが、この二年間でアジアだけでなく産油国、資源国、特に新興国といわれるブラジルやロシアが二桁の経済成長を遂げている。これらの国々の十億の人々もターゲットにして共に成長していく、というのが二つ目の改定点である。

「がんばる商店街七七選」などからみる継続・変化・スピード

二階が経済産業大臣となって戻ってきたことから、再び「がんばる商店街七七選」を継続する話が出た。二階は、望月事務次官に言った。「あれから、もう三年もたっている。世の中もまた変わってきていることもある。もう一度、探してみてくれ」

「がんばる商店街七七選」とは、〝地権者がどかないシャッター通りの問題〟等々、今日の商店街が取り組むべきさまざまを浮き彫りにするとともに、商店街に本当の活気を取り戻すことを目指した施策である。平成十七年に二階が経済産業大臣となって指揮したモデル作りの一環であり、「元気なモノ作り中小企業三〇〇社」につづくものだ。両者ともに冊子にまとめられたほか、種々の派生活動もみた。

なお、前者では、一万三千から二万ある日本の商店街より当初「一〇〇選」とする予定だったが、他が真似してもいいという工夫がある商店街は、厳選していくと「七十七」にしかならなかったという。

商店街の新たな選を探すといった時代の変化にも関わるものなのか、中小企業の融資に躍起になっていたメガバンクは、世界的な金融危機を前に、スコアリング・モデル（無担保自動審査型）による融資から撤退することを表明した。ある銀行では、撤退まではいかなかったものの、大幅な融資枠の縮小がおこなわれた。

メインバンクを商工中金からメガバンクに鞍替《くらが》えした中小企業は、たちまち資金繰りに困るようになった。心配していた通り、「大雨が降り出したので、傘の貸し出しが中止された」のである。

そのなかで、人々は心から安堵《あんど》した。

「商工中金が生きていて、本当に良かった……」

二階は、最初から「晴れの日ばかりでない、雨の日も必ず来る」と予測していた。やはり、中小企業の最後の砦になるのは、商工中金のような政策金融機関なのである。二階は、こうした危機を迎えたときに、タイミングよく経済産業大臣に再任された。

二階が、平成二十年の福田改造内閣で経済産業大臣になったときのこと。ある案件について、一人の官僚が二階から相談を受けた。

二階大臣は、にこやかに言った。

「そんなに慌てないけど、検討してくれたまえ」

そう言って、ハハと笑った。

その官僚は、二階大臣の言葉を額面通りに受け取り、大臣からの提案事項として心にとどめておいた。それから三時間後、その官僚が、エレベーターに乗ろうとしたところ、二階大臣と顔を合わせた。二階は、その官僚を見るなり訊いてきた。

「さっきのやつ、どうだった？」

「はい、鋭意、検討中です」

なんとか言い逃れしたものの、内心は、おどろいていた。

経済産業省は、ほかの省庁とくらべても、さまざまな問題に対する対処が早いと言われている。そんなスピード感のある官僚でさえもついていけないというほど、二階の行動は早い。

派閥研修会「新しい波・政治セミナーin韓国」の開催

日本と韓国がお互いに領有権を主張している竹島《たけしま》（韓国名・独島《ドクト》）問題が再燃しているなか、二階グループ「新しい波」は、約二百五十人の参加者とともに平成二十年八月二十三日から二十五日までの三日間、韓国で研修会「新しい波・政治セミナーin韓国」を開いた。

ちょうど日韓関係は、厳しい状況のときでもあり、日本で開催予定の日中韓首脳会談が無事開かれるのか、微妙な時期でもあった。

訪韓初日の八月二十三日、伊藤忠彦が二階と一緒に、錦湖《クモ》アシアナグループの歴史を見学していたときのことだった。そのなかの一つ、アシアナグループのクラブハウスに到着するまでの間にあるゴルフ場へ向かっている途中、二台の黒い車が追いかけてきた。

柳明桓《ユミョンファン》韓国外交通商部長官（外務大臣に相当）の車列だった。柳大臣は、直前まで駐日韓国大使であり、しかも、二階との間で一つの大きな仕事となったのが、麗水《ヨス》市の万博の件という間柄でもある。

柳大臣は、日韓関係が一番大変なこの時期に、わざわざソウルを離れ、一時間半を費やし、ゴルフ場にやってきてくれたのだった。

伊藤は、そう思った。

〈勇気がある。政治家の行動だな〉

そして、その後、約三時間にわたって、二階や伊藤らの会合に付き合ってくれたのだった。

伊藤はゴルフ場のゲストハウスの中庭で、二階と柳大臣が親しそうに話をしている姿を眺めながら、二人のそばで話を聞いていた。

〈いかに厳しい状況であっても、互いの人間関係が、こうしたときに生きてくるんだな〉

伊藤には、あらためて、そのことがよくわかった。

そのうえ、前日の二十二日金曜日、忙しいなかにありながら二階は、訪韓について福田総理と、また、駐日韓国大使とも話し合ってきていることを、伊藤は知った。

〈二階さんは、さすがだな……。個人の信用が厚く、信頼がなければ、ああいう難しいときに、相手の扉を開けることなどできない。二階さんだからこそ、国の困難を乗り越えていけるんだ〉

伊藤は、李明博《イミョンバク》大統領が訪日してくれるだろうということを確信していた。

それまでは、竹島問題が起きてからというもの、日本全国で日韓親善のイベントが開催されたとしても、韓国の総領事はどのイベントにも顔を出さなくなっていた。伊藤は、自身が発案したイベントのテーマに問題が起きようとしていたことが一つの気がかりになっていた。

アシアナ航空の研修施設で開かれた八月二十三日の懇親会には、柳大臣のほか、朴三求《パクサムグ》・錦湖アシアナグループ会長らが来賓として招かれ、挨拶に立った。二階のカウンターパートである李《イ》允鎬《ユンホ》知識経済部長官とバイ会談をおこない、さらに金基《キムギ》文《ムン》中小企業中央会会長が研修会でゲストスピーチをおこなうなど参加者は日韓の雪解けを感じた。

泉信也は、二階の人脈の広さにうなった。

〈日韓両国は、竹島問題でぎくしゃくしているというのに、現職の外務大臣がわざわざ懇親会に出席し、挨拶をするなんて、並大抵のつながりでできることではない〉

なお、二階は、この日、柳外務大臣に福田総理から預かってきた「両国の立場の違いは違いとして、大局を踏まえて双方が冷静に対応し未来に向け協力していきたい」とするメッセージを伝達し、柳外務大臣は、「必ず李明博大統領に伝える」と述べた。

柳明桓

伊藤は、平成二十年八月二十九日から三十日まで名古屋で開かれる予定の「第十回にっぽんど真ん中祭り」の合同企画として、日本、韓国、中国の大学生によるステージを企画していた。にっぽんど真ん中祭りは、毎年八月末に愛知県名古屋市を中心におこなわれる祭りで、通称「どまつり」と呼ばれている。平成十一年に開催されて以来、「よさこい祭り」、「YOSAKOIソーラン祭り」とともに、日本三大よさこい祭りの一つとなっている。

伊藤が、祭りのテーマとして「日中韓」を取り上げたのには、理由があった。翌年の平成二十一年、第四回日中韓観光大臣会合が、名古屋を中心に開催されることになったからだった。

そこで、伊藤の発案で日中韓の大学生によるステージが催されることになった。その祭りに、中国の総領事は出席してくれると返事をくれていた。が、一方の韓国総領事は、どうしても顔は出せないと言ってきたのである。

そこで、伊藤は困り果てていた。

ところが、二階が訪韓したことによって、伊藤の悩みは解決に向かった。

それは、韓国での「新しい波・政治セミナー」のパーティーのときだった。

伊藤は、直接、柳大臣に話してみた。

「来年に向けて、わたしたちの大事なイベントなんです。総領事に、ご出席をいただけるように、お話しいただけないでしょうか？」

その申し出に、柳は答えた。

「わかったよ」

帰国後の八月二十五日月曜日、朝一番に韓国総領事から、伊藤のもとに電話が入った。

「にっぽんど真ん中祭りに、顔を出します」

柳大臣が、韓国総領事に話してくれたのだった。

こうして、無事に中国と韓国の総領事にも出席してもらい、外務省関係者全員が万雷の拍手を受けて、イベントを終えることができた。竹島問題が始まって以来、文化、スポーツの親善友好イベントに、最初に韓国総領事が顔を出してくれたイベントでもあった。

祭りは、名古屋市のど真ん中、栄《さかえ》の目抜き通り全部を使い、そこに大舞台を設置して何万人もの人たちが踊った。そして、わざわざこの祭りのために来日してくれた中国と韓国の学生に日本の学生が加わり、国境の枠を超えて、一つの踊りを創りあげることに成功した。

これからは、日中韓観光大臣会合の準備である。平成二十一年十月十七日から二十一日の四日間、愛知県名古屋市と岐阜県高山市で、第四回日中韓観光大臣会合が開催されることが決定している。

平成十八年に第一回目の会合が北海道で開催されて以来、参加国が持ち回りで開催している会合は一巡し、第四回目は、中部圏で開催されることになったのだった。

開催地を決定したのは、冬柴鉄三《ふゆしばてつぞう》国土交通大臣の時代で、その後、金子《かねこ》一義《かずよし》国土交通大臣が、名古屋市を中心に、高山市や伊勢なども含めて開催することを決めた。

初日の十七日は、中部国際空港（セントレア）での歓迎式典の後、名古屋市で二国間会合と歓迎《かんげい》晩餐会《ばんさん》（開幕式）がおこなわれる。十八日は、大臣会合や観光フォーラム、商談会などのあと、岐阜県へ移動し、閉幕晩餐会を開催し、十九日と二十日は、三コースに分かれ、視察旅行が実施されることになっている。

冬柴鉄三

金子一義

この日中韓観光大臣会合の発案者は、何を隠そう、二階である。日中韓が、それぞれ観光客を奪い合うのではなく、お互いに融通しあうことで、日中韓の交流人口を増やしていくことが狙いだった。そして、その交流が、日中韓の良好な関係につながっていくことこそ、二階は大切にしたかった。そのおかげで、日中韓の交流人口は、順調に増加している。

伊藤も、平成二十年七月に二階とともに中国を訪問した際、中国側の観光大臣にあたる邵琪偉《しょうきい》国家旅游局長と面会していた。このとき、伊藤は局長にお願いしていた。

「いずれ来年、日本に来られるときに、行きでも帰りでもいいですから、中部国際空港を使ってください」

その効果があったのか、歓迎式典は中部国際空港でおこなわれることになった。

経済危機に立ち向かう二階の〝ガチンコ勝負〟

二階が経済危機の報に初めて接したのは平成二十年九月。二階はさっそく福田総理や伊吹文明財務大臣、白川方明《しらかわまさあき》日本銀行総裁ら、関係者が一堂に会する場に経済産業大臣として出席した。会議のメンバーの間には暗黙の了解のようなものがあった。

〈今回の経済危機の全貌《ぜんぼう》はまだ明らかになっていない。今の時点で政府が慌てることで必要以上に経済危機・金融危機を煽《あお》ってはならない〉

二階が当初から懸念していたのは中小企業のことだった。この手の経済悪化でまともに影響を受けるのはいつも弱い立場の人たちだ。中小企業対策を確実におこなうことは喫緊の課題といえた。

これに先立つ八月、二階は、原油高騰に悩む中小企業対策に尽力していた。

八月十一日「安心実現のための総合対策」に関する政府・与党会議が開かれた。

二階大臣が第一に掲げた課題は、中小企業への金融対策であった。

日本の金融業界における中小企業に対する貸出総額は、およそ二百五十兆円になる。うち八割は、民間金融機関による。銀行や信用金庫が、自前でリスクを取って貸しているのである。

民間金融機関による融資のうち一二・八％が信用保証協会の保証付きであり、政府系金融機関の融資の八・五％は公的部門がリスクを引き受けている。つまり、国は、中小企業に対する貸出総額の二〇％程度の信用保証を受け持っているのである。

裏を返せば、やはり民間金融機関の果たす役割は大きい。

二階大臣は、経済産業省中小企業庁の藤木俊光金融課長ら中小企業金融の担当者に、自身の考えを示した。

「我々公的部門も頑張るけれども、民間金融機関にも頑張ってもらわないと、中小企業全体の資金繰りというのは、うまくいかない」

二階大臣の指揮のもと、中小企業庁は、新しく緊急保証制度を立ち上げることになった。中小企業の経営者に特別の信用保証を供与する施策であった。

それは、平成二十年八月二十九日の対策のなかで正式に決まるのだが、その前段では、二階大臣の奔走があった。

財務省は、財政状況が厳しいなかで、なおかつ小泉内閣から引き継いできた財政再建の大目標達成のためにも歳出は極力控えていた。当然ながら、財布の紐《ひも》は固い。

福田総理とも相談のうえ、二階は、八月二十七日、財務省に単身直談判《じかだんぱん》に乗り込んだ。シンガポールへＡＰＥＣ閣僚会議に政府代表として成田から旅立つ当日のことだ。通常、閣僚と財務大臣との折衝には周到な準備が欠かせない。事務方同士がお膳立てをし、話の順序も決めて、最後に大臣が差しで向き合うのはあくまでセレモニーというのが自然な流れだ。

なお、二階と伊吹の二人は、もともと親しい間柄でもあった。二階は、昭和五十八年初当選で、同期の伊吹、額賀《ぬかが》福志郎《ふくしろう》、大島理森らと親しくしている。

二階は、伊吹財務大臣に訴えた。

「確かに、財政再建は重要だけれども、いまここで中小企業を潰してしまっては、何にもならない」

　だが、二階がこのとき取った行動は異例のものだった。お膳立ては、一切なし。二階が自ら伊吹のスケジュールを調べて、用件も告げずに乗り込んだのだ。ガチンコ勝負だった。もっとも、伊吹とは気心はお互いに知れている。

　部屋に通されるなり、異様な雰囲気が伝わってきた。伊吹の脇に控えている財務省幹部の顔にははっきりと「抵抗」の二文字が浮かんでいた。面従腹背《めんじゅうふくはい》、もとよりそう簡単に進む交渉だとは考えてはいない。

　伊吹も動くに動けないところがあった。財政を預かる官庁の長として、山積するほかの課題への対応と百八十度違うことは口が裂けても言えない。緊縮財政の折に、いくら中小企業の危機とはいえ、大盤振る舞いは難しい。

〈おれの気持ちがわからんのか〉と向き合う伊吹の腹は二階にも十分すぎるほどわかっていた。だが、二階も引けない。言葉少なにやり合う展開が続いた。緊迫した空気が部屋中を支配している。

　そのときだ。伊吹の目をしっかりと見据えながら、二階が静かに口を開いた。

「今日の四時に、わたしは成田空港を出発し、シンガポールに行かねばならんことになっている。だが、わたしの考えが通らなければ、今回の出張は取りやめにしようと思っている。確かにアジアも大事だ。しかし、日本の中小企業を守るのは経済産業大臣・二階にとって、一番大事なことなんだ」

　勝負あった。伊吹が絶妙の呼吸で二階の発言を汲《く》み取った。

「アジア各国の経済政策担当大臣が集まる重要会議に日本の経済閣僚が出席できないようなことがあっていいのか。二階大臣に予定通りシンガポールに行っていただくためにも、財務省は今こそ決断しなくちゃならんときだ。何より大臣はこうして財務省に経産大臣自ら足を運んでくださっている。いい加減な回答はできん。二階大臣、ここはわたしに任せてもらえませんか」

結果的に二階の主張は受け入れられ、八千億円の財源から四千億円を中小企業対策に充てることが決まった。

これには、後日談がある。シンガポールから帰国した二階にある閣僚がこぼした。

「財務省に折衝に行ったんだけど、『二階さんが全部持っていっちゃった』って言われてしまいましたよ」

もちろん、福田内閣の閣僚であれば、今回の経済危機に際して中小企業に手を差し伸べることの重要さは理解している。決して嫌味な発言ではない。伊吹が「二階さんに脅されてしまって」と弁解しているという話も伝わってきた。二階と伊吹の阿吽《あうん》の呼吸の絶妙さが感じられるエピソードだ。

二階大臣は結局、当時の予算規模としては破格の四千億円規模の財政支援を取り付けた。

平成二十年八月一日、福田改造内閣が発足した。

二階は、第三次小泉改造内閣に続き、再び経済産業大臣として入閣した。

二階は、前回の経済産業大臣時代、省内で中長期的な経済活性化策の「新経済成長戦略」をまとめた。「新経済成長戦略」は、平成十八年六月、政府の政策として閣議決定された。

泉信也は、二階の力量を高く評価した。

〈一省庁の政策を、国の政策にしたのだから凄いことだ〉

経済産業省の役人も、泉に言っていた。

「二階先生は、経済産業省を再興させてくれました。霞が関での経済産業省の地位は、この『新経済成長戦略』によって非常に高まった。若手たちも、『自分たちには、やる仕事がいっぱいあるんだ』と思うようになり、士気が上がりました」

二階は、福田改造内閣で経済産業大臣に就任すると同時に新情勢に対応するための「新経済成長戦略」の改定に取りかかった。そして、九月十九日、政府全体の基本的な方針として「改訂版」が閣議決定される。

中小企業庁を驚かす二階のスピード力

二階経産大臣のもとで働く中小企業庁の藤木俊光金融課長は、二階の行動力に驚いた。

〈二階大臣が、ご自身で、ものすごいスピーディーに動かれたな〉

二階は、藤木ら事務方に告げた。

「まさにこういう経済危機の対応として、十分な額をあらかじめきちっと用意しておくということが、やはりみんなの安心につながるんだ」

藤木らは、その言葉に励まされて、新たな中小企業金融の策定へと本格的にエンジンをかけた。

藤木らは、二階大臣が直接折衝で確保した四千億円規模の財政支援をベースに、平成二十年度一次補正の緊急総合対策で、「緊急保証」は六兆円、「セーフティネット貸付」を三兆円、合わせて九兆円規模と策定した。

なお、「セーフティネット貸付」は、中小企業への全融資額の約一割を担う政府系金融機関での中小企業への貸付に活かされるものである。

政府系金融機関の中小企業金融の主体は、国民生活金融公庫、中小企業金融公庫、商工組合中央金庫（商工中金）であった。

なお、平成二十年十月一日に設立される特殊会社である日本政策金融公庫は、それまで国民生活金融公庫、農林漁業金融公庫、中小企業金融公庫、国際協力銀行が担っていた業務を引き継ぐことになる。

政府・与党会議、経済対策閣僚会議合同会議は、八月二十九日、「安心実現のための緊急総合対策」を決定し、九兆円規模の保証・貸付を明らかにした。その日の閣議後の記者会見で、二階大臣は、次のように述べた。

「自民党・公明党とも調整を重ね、ようやく最終的に一千億円の追加を認めていただき、約四千億円を目途に予算を措置することになりましたので、これに対して中小企業金融対策を関係者の協力を得て、万全を期してまいりたいと思っております」

とはいえ、当時の産業界は、すべてが壊滅状態だったわけではない。

中小企業庁の独立行政法人中小企業基盤整備機構「中小企業景況調査」の『中小・小規模企業の業種別業況判断ＤＩ』によれば、平成二十年四・六月期では、輸送機械、機械器具、電気機械器具の三業種は、他業種に比べて、不況感は弱かった。建設業、小売業、サービス業では、ＤＩが「マイナス三十」ほどを示していた。が、輸送機械、機械器具、電気機械器具の三業種は、「マイナス二十五」を下回っていなかった。

ところが、九月になると、その三業種をも不況の波に呑み込んでいく大異変が起こる……。

平成二十年七月二日午前、二階俊博総務会長は中国・北京で楊潔篪《ようけつち》外相と会談し、日中関係強化のための「中堅幹部の交流」について話し合った。両国の五十歳以下の幹部を対象に相互交流する計画である。

平成二十年七月七日から九日まで開かれた北海道洞爺湖サミットの際の日中首脳会談で、福田康夫総理が中国・四川地震について、阪神・淡路大震災の復興計画を参考に(1)健康・福祉、(2)社会・

文化、(3)産業・雇用、(4)防災、(5)まちづくり――の五つを柱とする具体的支援プロジェクトをおこなうと表明した。中堅幹部交流は、こうして両国間でアイデアが温められた。

日本側は日本経団連に実行委員会を置き、御手洗冨士夫《みたらいふじお》会長が実行委員長を務めるほか、外務省や経済産業省、森喜朗元総理を会長とする「日中関係を発展させる議員の会」などと連携、政官民一体で進める。

中国側は胡錦濤国家主席の側近、李源潮・共産党中央組織部部長の指揮のもと、日本の内閣にあたる国務院直属の国家外国専家局が窓口となる。日本としては、これをきっかけとして実力者である李部長とのパイプを太くし、日中間の諸課題の処理をより円滑にしたいという思惑もある。

平成二十年九月十八日、「日中中堅幹部交流実行委員会」の立ち上げ式典がおこなわれ、二階も出席した。そのあとおこなわれたレセプションには、福田総理をはじめ、多くの国会議員や経済界関係者も参加した。

突然の退陣表明によるポスト福田のうごめき

平成二十年九月一日午後九時三十分、福田総理は記者会見を開き、退陣を表明した。

福田総理の退陣は主要閣僚であった二階にも青天の霹靂《へきれき》だった。福田が会見をおこない、総理の職を辞すると発表する直前、二階の携帯電話には、福田からの着信記録があった。

〈今ごろ、何のことだろうか……〉

二階が考えあぐねていると、耳の早い新聞記者から問い合わせが入り始めた。

「総理周辺の様子がどうもおかしいんです。何か聞いてませんか」

福田の辞意を瞬時に察知した二階は翻意をうながすため、さっそく動いた。が、福田の返答は実にあっさりしたものだった。

「辞めることはもうすでに何人かの人に話した。その人たちはすでに手続きに入っているはずだ。じきに表にも出る。辞めるなと説得されても、いまさらどうしようもない。大変お世話になったことを感謝している……」

「万事他人《ひと》事《ごと》」と言われただけのことはある。これは福田の美点でもあり、欠点でもあるかもしれない。二階は胸の中でそうつぶやいてみた。

　総裁選の告示を数日後にひかえたある夜、二階グループの「新しい波」のメンバーである江崎鐵磨の自宅の電話が鳴った。電話の主は、二階であった。二階が江崎の自宅に電話をかけてくるのは、ひどくめずらしいことであった。

　二階は言った。

「テッちゃん、麻生さんが、『江崎君とも最近は仲良くやっている』と言っているが、どうなんだね？」

　江崎は、ピンときた。

〈二階会長は、麻生さんを支持することを決められたのだな〉

江崎鐵磨

　じつは、江崎と麻生の間には浅からぬ因縁があった。

　平成十二年四月、森喜朗内閣が発足した。保守党に所属していた江崎は、河野《こうの》洋平《ようへい》外務大臣を支える外務総括政務次官に就任した。五月上旬、江崎は、河野から打診された。

「鈴木君の応援に行きたいのだが、よろしいですか」

自民党の河野派（大勇会：平成十一年に河野洋平が創設、志公会の前身）は、江﨑の地元愛知十区から出馬を目指す新人の鈴木《すずき》雅博《まさひろ》を推していた。

鈴木は、当時、河野派幹部の麻生がかつて会頭を務めた日本青年会議所（ＪＣ）の副会頭経験者で河野派期待の新人であった。

江﨑は、連立相手の自民党がまさか鈴木を公認するはずがないと考え、一度は渋々ながら了承した。が、麻生が強力に鈴木を推し、自民党は、鈴木を公認する方針を固めた。

江﨑は、中選挙区制ならともかく、小選挙区制のもとでこうしたことをするのは断じて納得がいかなかった。自民党側に候補者調整を要求した。

「共倒れする可能性が大きく、野党に必ず漁夫の利を与える利敵行為であり、鈴木さんの出馬はおかしい」

が、麻生は譲らなかった。

「自民党支持者の期待は、裏切れない」

そこで、江﨑は、河野外務大臣に、総括政務次官のポストをかけて対立候補の応援を断念するように迫った。

「わたしの対抗馬を応援するために地元に入るならば、職を辞さざるを得ない」

保守党の扇《おおぎ》千景《ちかげ》党首も、江﨑の支援に回った。

「省庁の長が部下の対抗馬を応援するなど、看過できない」

運輸大臣であった二階も、青木幹雄官房長官同席のうえで河野外務大臣と会談し、愛知入りを見送るよう要請した。

「与党の結束を最優先してほしい」

河野は、江崎への配慮から五月二十一日に予定されていた鈴木の応援を急遽《きゅうきょ》キャンセルした。が、これに対し、麻生が「選挙対策と自らの進退を結びつけるのは、非常識だ」と猛反発した。これに二階は、激怒し、麻生を強くたしなめる場面もあった。

だが、結局、河野は、解散後、派閥の論理を優先し、六月四日、自民党公認となった鈴木の応援のために愛知県入りした。

六月二十五日、総選挙の投・開票がおこなわれた。江崎は、八万六四一六票を獲得したものの、約一万三〇〇〇票差で民主党元職の佐藤観樹《さとうかんじゅ》（のちに秘書給与詐取で逮捕収監）に敗れた。なお、やはり落選した鈴木の得票は、江崎よりも約三万票少ない五万七〇四七票であった。

それから七年後の平成十九年春、江崎は、またもや麻生とぶつかることになった。

この年の四月二十二日、全国統一地方選の後半戦がおこなわれ、江崎の選挙区内で最も得票率の高い地元の大口町《おおぐちちょう》でも町長選が実施された。

江崎は、現職酒井鍈《さかいえい》に自民党県連推薦を取りつけ、応援した。が、七年前の総選挙で江崎の対抗馬となった鈴木が自民党丹羽《にわ》郡支部の推薦を受けて立候補。大口町は、人口二万人前後の穏やかで財政豊かな町である。しかしながら複雑な構図となった町長選は、かつてない激しい選挙戦となった。

そんななかで、安倍内閣で外務大臣を務める麻生が出陣式と総決起大会に二回も鈴木の応援に入った。江崎も負けじと、麻生の愛知入りと同じ日に、松浪健四郎、藤野真紀子《ふじのまきこ》らと酒井の応援に入った。

投・開票の結果、酒井が当選したが、鈴木との差は、わずか一三八票であった。それだけに、江崎には麻生に対するわだかまりが残った。

麻生太郎の新総裁就任と二階の経産相留任

それから三カ月後の八月二十六日、安倍総理は、内閣改造・党人事をおこない、麻生を幹事長に起用した。幹事長を支える副幹事長は、各派から一人ずつ登用される。江崎は、二階グループを代表して副幹事長に就任することになった。

江﨑と麻生の因縁をよく知る二階は、江﨑に勧めた。

「もう麻生さんと手を握って仲良くしなさい！」

また、麻生側近の松本純副幹事長も、二人の関係を気にしてか、江﨑に声をかけてきた。

「いっぺん、麻生さんと食事でもしましょう」

江﨑と麻生のいわば手打ち式は、ステーキ屋でおこなわれた。江﨑は、ステーキをご馳走になりながら麻生と語り合った。あっけらかんとした性格の麻生は、時に豪快に笑いながら江﨑に言った。

「過去にいろいろあったけども、水に流しましょうや」

江﨑は、受け入れた。

「わかりました」

それから一年後、ポスト福田の総裁選に麻生が名乗りを上げた。二階の『『江﨑君とも最近は仲良くやっている』と言っているが、どうなんだね？」という問いかけは、「まだ腹に一物あるのではないか」という気遣いであった。

江﨑は、あらためて思った。

〈二階会長は、いろいろと配慮される方だな〉

江﨑は、二階に言った。

「わたしは、もう麻生さんとは仲直りしていますし、手打ちもすんでおります」

「そうか」

九月九日、二階派は、千代田区平河町の砂防会館四階にある二階派事務所で会合を開いた。メンバーは、総裁選について活発な議論を交わした。

「次期総選挙のことを考えると、誰が自民党の顔としていいのか、それを念頭に置いて判断せざるをえない」

「そういう意味では、国民的人気のある麻生さんではないだろうか」

愛知和男には、そのやりとりに耳を傾けている二階の表情は、どことなく高揚しているように見えた。愛知は思った。

〈二階君は、こういう乱世になってくると血が騒ぐのだろう〉

麻生が新総裁になっても、自民党が次期総選挙に勝てるかといえば、とてもそのような状況ではない。仮に自民党が過半数を得ても、野党が参議院で過半数の議席を維持している状態は変わらない。大連立を組むか、あるいは、政界再編成をおこなうことで「ねじれ国会」を解消する必要がある。二階は、そのことも頭に描きながら、二階なりにいろいろなことを考えているのだろう。二階には、豊富な人脈や行動力がある。愛知は思う。

松浪健四郎

〈いよいよ、二階君の出番ではないだろうか〉
この日、二階派は、麻生を支持することを発表した。
松浪健四郎は、二階派がまとめた『政策提言２００８』を五千部作り、地元大阪十九区の党員に配って歩いた。
「我々のグループは、この政策に合意した麻生さんを応援します」

九月二十二日、自民党総裁選がおこなわれた。

麻生太郎が議員票二一七票、地方票一三四票、合計三五一票で新総裁に就任した。二位が与謝野《よさの》馨《かおる》で六六票、三位が小池百合子で四六票、四位が石原伸晃で三七票、五位が石破茂で二五票であった。


二階は、麻生内閣では、経済産業大臣に留任した。

松浪健四郎は、麻生政権の人事は失敗だったと思う。適材適所というならば、二階を幹事長に据えるべきではなかったか。

〈麻生さんは、人物研究をしていない〉

麻生総理は、党四役の幹事長に町村派の細田博之、総務会長に津島派の笹川堯、選対委員長に古賀派の古賀誠、また、官房長官に伊吹派の河村建夫を起用することで各派のバランスを取ったのかもしれない。が、もはや派閥を気遣うような人事をするべきではない。

総選挙は、遅くとも平成二十一年の九月までにはおこなわれる。虎視《こし》眈々《たんたん》と政権を狙う民主党の代表は、剛腕といわれる小沢一郎だ。選挙体制の布陣を敷くのであれば、小沢の手法を最もよく知る二階を幹事長に据えるべきだったと松浪は思う。

かつて新進党時代には、選挙対策局長、保守党時代には、幹事長として選挙を仕切った二階は、北海道から沖縄県に至るまで全国の選挙区を熟知している。平成十七年九月のいわゆる郵政解散選挙では、選挙を担当する総務局長として候補者擁立に力を発揮し、自民党を歴史的大勝に導いている。

「新経済成長戦略」再点検でピンチをチャンスに変える

小泉内閣時代に取り組んできた「新経済成長戦略」は、一四〇ドルを超す原油価格の高騰による経済悪化を受けて、大きな見直しを迫られることになった。小泉構造改革路線の延長線上にある従来の政策では、国会で野党の集中砲火を浴びるのは確実である。弁解や弁明を重ねながら、国会を乗り切るのは至難の業に違いなかった。

二階は関係者に思い切った提案を持ちかけた。「夏休みを返上しての『新経済成長戦略』再点検」である。幸いなことに事務方でも心ある人間は後押しをしてくれた。旧来の経済成長戦略を見直し、引き続き継続するものと、新たに国際情勢の動向等をにらみ、果敢に攻めるものとに仕分けする。五つぐらいの大テーマに絞っていけばやれないことはないだろう。二階の狙いはほぼ当たっていた。ようやく作業のめどがついてきたところで、福田の辞任騒動が持ち上がった。国内に対しても、諸外国に対しても、日本の経済政策の大方針を今こそはっきり明示しておく必要がある。内閣の継続性のうえでもこれは重要だ。

二階は、福田に閣議決定を進言した。説得を粘り強く続けた甲斐があって、内閣総辞職の五日前、「新経済成長戦略改訂版」として閣議決定にこぎつけた。二階をはじめ、関係者の一夏の奮闘は今後の経済政策の方向性を確立するうえで、見事に結実を見たのだ。

九月十九日、「新経済成長戦略」を抜本的に見直し、強化・加速すべき施策を取りまとめた「新経済成長戦略２００８改訂版」が閣議決定された。

二階大臣は、改訂案のポイントについて望月事務次官らに指摘した。

「厳しい経済状況のなかで、ピンチをチャンスに変えていくこと」

二年前の戦略策定時に掲げた平成二十七年度までの国内総生産（ＧＤＰ）の年平均実質成長率二・二％、ＧＤＰに輸出入による損益などを加味した国民総所得（ＧＮＩ）の年平均実質成長率を二・四％にする目標について「必ず達成するため、あらゆる政策でもっていきたい」とした。

ただ、平成十六〜十九年の平均実質成長率はＧＤＰが二・二％であるのに対し、ＧＮＩは一・六％と大きく下ぶれしている。これは資源高騰による損失が大きくなった影響が大きい。これに対し、改訂案は資源国との経済連携協定（ＥＰＡ）の締結などによって世界市場を獲得することや、海外からの投資マネー呼び込み策を打ち出した。

このほか、資源高騰に対応するため、少ない資源でより多い生産性を生み出す資源生産性向上策として、技術開発や省エネ促進を打ち出した。また、家計の購買力向上のため、「大企業を中心とした賃金上昇などを産業界に働きかける」ことや国産農林水産品の輸出強化、中小企業の国際展開促進なども盛り込んでいる。

改訂版では、最大の環境変化は、「資源高に伴う交易条件の悪化」とし、それを克服するため、①「資源生産性」の抜本的向上に集中投資して、資源高時代、低炭素社会の勝者になる、②製品・サービスの高付加価値化に向けてイノベーションの仕組みを強化するとともに、グローバル化を徹底し、世界市場を獲得するといった二つの基本戦略を打ち出している。これに基づいて、今後、日本経済はどのような方向に進むべきか、そのために実施すべき経済産業政策は何かを明らかにし、「資源生産性競争」時代における経済産業構造の構築、世界市場獲得と持続的発展のためのグローバル戦略の再構築、地域・中小企業・農業・サービスの未来志向の活性化を三本柱として施策を示している。

経済悪化の波がこれほどまでに大きくなるとは、いくら二階経済産業大臣でも予想だにしなかった。

だが、幸いなことに、日本には福田政権末期に閣議決定した「新経済成長戦略２００８改訂版」があった。これをうまく活用して舵取《かじと》りをしていけばいい。この点の功績はたとえようもなく大きいものだった。

二階をはじめ、経済閣僚が大声でアナウンスしなくても、この国の経済対策はレール上をすでに走り始めている。あとは適宜、燃料をくべ、予定された駅に停車していけばいい。ことに中小企業への緊急融資は各地域の経営者に好感を持って迎えられた。

二階は、原油に加え原材料価格の高騰《こうとう》や仕入価格の高騰を転嫁できていない中小企業者の資金繰りを支援するため、信用保証協会の現行制度の抜本的な拡充・見直しをおこなうことにした。

エネルギーに関する「産消対話」の推進

平成二十年八月二十九日、政府・与党会議、経済対策閣僚会議合同会議において、「安心実現のための緊急総合対策」の実施が決定した。その一環である新しい保証制度「原材料価格高騰対応等緊急保証」は、十月三十一日から開始されることになった。

この制度は、原油に加え原材料価格の高騰や仕入価格の高騰を転嫁できていない中小企業者の資金繰りを支援するため、現行制度の抜本的な拡充・見直しをおこなったものである

原油・原材料価格の高騰や仕入価格の高騰の影響を強く受けている業種の中小企業者を対象として、民間金融機関からの融資を受ける際の保証を、信用保証協会が引き受けることになった。

信用保証協会は、資金繰り相談に応じるため、全国約九百カ所に緊急相談窓口を設置するとともに、政策金融機関で「セーフティネット貸付」の拡充をおこなっている。

年末に向けて中小企業からの相談や申し込みが増えることが予想された。そのため、政府は、中小企業の資金繰り支援のため、総額六兆円の緊急保証制度を創設した。

二階は、各保証協会に窓口の人員増などを要請した。

「しっかりとした体制づくりをお願いしたい」

また二階は、民間金融機関にも、中小企業の資金繰り支援を要請した。

第一次補正予算では、「九兆円規模の保証及び貸付」としたものの、その後、この国際的な金融資本市場の混乱、世界的な景気後退等を受けて、十月三十日に「生活対策」を策定した。

二階は、思い切った政策を取る必要性を積極的に打ち出した。

「安心感を持たせるために、どんどんやれ」

原材料価格高騰対応等緊急保証は信用保証協会の一〇〇%保証であるが、対象業種も広げて、保証・貸付を併せて三十兆円規模に拡大することになった。

不況に陥ったとき、中小企業向けの政策で最も重要なことは、金融である。金融さえつなげば、中小企業が潰れることはない。こうした緊急時には、やはり信用保証協会が中心となって、企業を支えていかねばならない。


仁坂吉伸和歌山県知事が驚いたのは、経済産業省の対処の早さであった。日本が、サブプライムローン破綻を端緒とする大不況に突入した平成二十年の十月頃、債務保証に関して、二階大臣の率いる経済産業省は、いち早く手を打った。

あまりにも急激な景気悪化に対して、資金繰りがままならなくなれば、黒字倒産する企業も出てくる可能性があった。

そこで、各金融機関に融資を促し、セーフティネット融資を実施した。中小企業には信用がないので、信用保証協会ですみやかに信用をつけられるようにした。それも、ふだんならば、信用保証協会は融資額の八〇％を保証するのに対し、特別措置として一〇〇％保証とした。

これは、二階大臣のスピード感覚のなせる業だった。

ただ、どんなに信用保証協会が貸し倒れ金を一〇〇％保証するといっても、それでもなお、貸し渋る金融機関がある。経済産業省は、そのような金融機関のために、政府資金を政府系金融機関を通じて貸し出す、いわゆる、政策金融からの融資枠を拡大した。また、和歌山県も制度融資の限度額を大幅に拡大した。このことで、融資枠いっぱいに借りている中小企業でも、融資を受けられるようになった。

これにより、和歌山県の中小企業もずいぶん助かった。和歌山県は二階大臣の配慮を無にしないために、すぐに、融資が受けられることを大々的に宣伝した。和歌山県では、県の融資制度を利用した資金繰り対策による平成二十年十一月から平成二十一年六月までの融資額は七百九億円にものぼった。

二階は、原油高騰に対する抑制策の一つとして年内にもエネルギー産出国と消費国の会議、いわゆる「産消対話」を開きたいと考えていた。二階は、前回の経済産業大臣のとき、中東のカタールで開かれた「産消対話」にカタールのＯＰＥＣの議長などを務めているアティーヤ大臣と共同議長として会議をリードした。それは、それなりに効果があった。

経済産業省は、平成二十一年に日本で「産消対話」をやろうと計画していた。が、現在の原油高騰の状況、そして、国民の懸念の高まりなどを考えれば定期的な「産消対話」では間に合わない。

そこで「産消対話」を前倒しし、日本が出向いていくなり、日本に関係者を招集するなりしてやっていこうと考えたのである。

「産消対話」は、平成二十年十二月十九日、ロンドンで実現した。閣僚会合には、三十八カ国、三国際機関が出席。ブラウン英首相は、強調した。

「最も差し迫った課題は、価格の不安定であることは明らかだ」

二階は、原油先物市場の規制を提案し、今後の検討課題となった。

また、議長声明には「油価の過度の変動を緩和することが重要」と明記。市場の乱高下をなくすことを最優先とするほか透明性の向上、中期的な価格安定のため投資の拡大が重要などと盛り込んだ。

閣僚会合は、OPECの減産決定の直後であり、議論が百出した。が、価格が乱高下するということは適当でない。二階は、あらためて産油国と消費国との間における資源外交が重要であるということを認識した。

〈平成二十一年四月十九日には、日本でアジアの産油国と消費国とのいわゆる「アジア産消対話」が開催される。日本は、議長国として共同主催国のカタールのアティーヤ副首相とともに事前に十分連絡を取り合い、四月までにある一定の考え方をまとめておきたい〉

二階は、閣議決定した「新経済成長戦略2008改訂版」について自負している。

〈これが、今後の麻生内閣においても経済政策の中心になっていくことは間違いない〉

新経済成長戦略は麻生内閣においても評価が高い。十二月二十五日の経済財政諮問会議でその方針が明確になった。

「この成長戦略の指し示す方向について、経済産業省が中心になって、これからの十年の姿を描き、各省にも協力してもらって作り上げたらどうか」

二階は思う。

〈前回の経済成長戦略も、今回の新経済成長戦略２００８改訂版も、基本的な精神はなんら変わることなく、思想は一本貫かれている。修正する部分は大胆に修正しつつも、これらの線に沿って日本経済の発展の方向を模索し、そして必要とするところは大胆に、スピード感を持って取り組んでいく〉

麻生に二階の閣僚会合派遣を要請したブラウン英首相

平成二十年十月十五日、経済産業省の望月晴文事務次官は中国を訪問し、日中高級事務レベル協議をおこなった。十六日、望月は、李源潮中央組織部長とも会談をして、「日中中堅幹部交流」というテーマで意見の交換をおこない、あらためて「お互いに両国の中堅幹部の交流に対して盛んにやっていこう」ということになった。

十二月十四日、中国から「日中中堅幹部交流」として、斉驥《せいき》住宅都市農村建設部副部長を団長とする八十一人の中国の地震専門家や地方首長、建設関係者で構成される「中国四川汶川《しせんぶんせん》地震復興日本視察団」が日本を訪れた。十二月十八日には、歓迎会も催された。

二階は、「原油の生産国と消費国による閣僚会合」に出席するため、日本を離れてイギリスに滞在中であったものの、福田康夫元総理が出席して挨拶をした。

「本日は、二階さんに頼まれて、参加させていただきました。『日中中堅幹部交流』は、わたしが総理時代に胡錦濤国家主席と会談した成果であるから、非常にうれしく思っています」

中国の視察団のメンバーは、福田に会えて、非常に感激したようである。福田に「一緒に写真を撮ってほしい」と次々に頼み、パチパチと写真を撮っていた。

引き続き、平成二十一年一月十一日から一月十七日まで、郭允沖《かくいんちゅう》住宅都市農村建設部副大臣級監察専員を団長とする一行七十九人の中国政府視察団が訪日した。

滞日中、視察団は、外務省、内閣府、国土交通省など、日本の震災復興関係省庁、新潟県および兵庫県などを訪問し、関係者との意見交換や復興・防災施設等を視察した。地震多発国・日本で、防災に関する知識などを共有しようという目的である。また、これまでの日中交流で比較的手薄とされる課長級の中堅層の交流を盛んにし、重層的な日中関係を草の根レベルで築く狙いもある。

視察団は日本で、神戸市や新潟県長岡市などの震災復興現場を視察し、交流会をおこなうほか、防災関係者や関係省庁担当者と意見交換会を開いた。地方自治体が政府といかに連携を取っているか、非政府組織（ＮＧＯ）が被災者支援にどう取り組んでいるかなど、日本側が蓄積した経験などをもとに交流を深める。

「日中中堅幹部交流」は将来的には震災復興に限らず、食の安全問題や環境・エネルギー問題などへもテーマを広げていく方針である。二〇〇九年度からは、日本から中国への人員派遣も計画されている。


平成二十年十二月十七日、石油輸出国機構（ＯＰＥＣ）はアルジェリアのオランで臨時総会を開き、原油価格の下落に歯止めをかけるため、過去最大幅の日量二二〇万バレル減産することで合意した。開始は、平成二十一年一月一日からとなった。

減産量は市場予想を上回る規模になった。ＯＰＥＣは、平成二十年九月と十月に計日量二〇〇万バレルの減産を実施しており、累計の減産量は四二〇万バレルとなる。

また、十七日の閣僚会議前には、非ＯＰＥＣ加盟国のロシアとアゼルバイジャンが日量三〇万バレル規模の協調減産に応じる用意があると発表した。

これに先立ちサウジアラビアのアリ・ヌアイミ石油鉱物資源相は、日量二〇〇万バレル減産で合意したと述べていた。

平成二十年十二月十九日、「原油の生産国と消費国による閣僚会合」が、イギリス・ロンドンで開幕した。日本からは、二階俊博経済産業大臣が出席した。開催国・イギリスのブラウン首相から、強い要請があったからである。

平成二十年十一月十四日、麻生太郎総理は、アメリカ・ワシントンで開かれた金融サミットに参加した。そのとき、イギリスのブラウン首相から言われた。

「来月おこなわれる『原油の生産国と消費国による閣僚会合』には、二階さんに来ていただきたい。ぜひとも、彼をイギリスに派遣してください」

予算を組む大事な時期であった。が、ブラウン首相からの名指しである以上、行かなくてはならない。それに、石油産油国が大減産をしたことで、価格が乱高下している。「原油の生産国と消費国による閣僚会合」のように、産油国と消費国が対話できる場はほとんどない。二階は、ロンドンに飛んだ。

リーマン・ショックの衝撃緩和へのＥＲＩＡジャカルタ設置

平成二十年九月に米証券大手「リーマン・ブラザーズ」が経営破綻して以降、世界の新車市場は加速度的に縮小していた。日本の自動車メーカーもそのあおりを受け、非正規雇用者の解雇が社会問題になった。職を失った人々への緊急対策は必要であるが、これはどう考えても短期の対策である。

このような短期対策と同時に、中長期の対策にお金をつぎ込めたのは、二階大臣が着任早々の八月からリーダーシップを発揮したおかげである。二階は、普通であれば一年かかる仕事を、短期間でおこなったことになる。

平成二十年十二月十九日におこなわれた経済対策閣僚会議では、省エネや新エネに対する設備投資への減税などが盛り込まれた。

二階についていくのは大変である。もたもたしていると、転んでしまう、というのが望月事務次官の実感である。が、何といっても二階大臣は実行力があり、その行動もスピーディーである。しかも、二階が打ち出したことは、絶対に空振りにならない。だから、従う者も楽である。二階大臣の指揮のもとであれば、ほぼ間違いはないという安心感がある。

二階の行動が空振りに終わらない最大の理由は、やはり二階大臣の持つ人脈の広さであろう。「二階さんが言うのだから、仕方ない」と言ってくれる人が、閣内や与党はもちろん、野党にもいる。特に、経済産業省は、外務省や財務省など、他省と重なるところがある。協力体制なしではやっていけない。

望月は思った。

〈二階さんが大臣になられて、すぐに中長期の経済対策がなされたことは、本当によかった〉

二階は、国民からの支持も厚い。

例えば、農業関係者である。普通、農業に従事する者にとって、経済産業大臣は「自由化を進める」敵のような存在と見られがちである。ところが、二階が経済産業大臣に再任したとき、「二階さんなら安心だ」と喜ばれた。それほどに、信頼されている。

もちろん、ドーハ・ラウンド（ＤＤＡ）の推進もおこなわねばならない。国際交渉の場では、各国の利害がもろにぶつかる。特に日本は、参加百五十三カ国中の主要参加国の一員であることから、調整は非常に難しい。そうしたなかで二階は、日本の農業を守りつつ、バランスのとれた体制づくりを目指している。

その姿勢が鮮明であることから、両者の良き掛け橋となっているのである。

泉信也は、二階に期待している。二階は、何より構想力が豊かだ。そして、実行力もある。例えば、二階は、福岡市内の外国産木材輸入会社の元社長が「産地に恩返しを」と山崎広太郎前福岡市長と共に進めているマングローブ植林事業に共鳴し、地球温暖化対策の一環としてインドネシアでマングローブ一万本の植林構想を打ち出した。二階派に実行委員会を設け、所属議員やその支持者らにも協力を呼びかけている。また、アジア諸国の留学生の交流にも積極的に取り組んでいる。泉は思う。

〈二階会長は、いまの政治家のなかでは構想力、行動力、関係者に対するこまやかな配慮など広い分野にわたり傑出した存在だ。これからも日本の将来のために存在感ある政治家として頑張っていただきたい。それを支えるのが、わたしたちの役目だ〉

麻生内閣の支持率は、政権発足以来、下がり続けている。内閣支持率は、誰が考えても高いほうがいいに決まっている。が、二階は、その数字に一喜一憂する必要はまったくないと思っている。政権運営の参考にすればいい程度のもので、数字を追いかけても逃げてしまう。国民の期待を担い、総理の重責を担った以上、結果を残すために全力投球で仕事に取り組む。それ以外に支持率を上げる妙手などない。

マスコミではあまり伝えられていないが、麻生内閣は、相当な景気対策を打っている。平成二十一年度の予算案も、しっかりしたものをつくった。二階は、この予算案を通常国会で一日でも早く成立させ、次につなげていくことが大事だと思っている。

経済産業省としては、まずは景気対策に取り組んでいる。また、これからはイノベーションを中心にし、活力みなぎる社会を構想していくことが大事であり、経済産業省は、いかなる困難などきであろうとも、この先は明るいという展望を持って国民をリードしていかなければいけない。そういう意味では、明るい社会を築くための対応策をいくつか講じている。

その一つは、アメリカやヨーロッパ経済が自信を喪失しているとき、わずかながらも成長方向を示しているアジア対策だ。

平成二十年九月十七日、インドネシアのジャカルタでASEAN事務局を支援する国際研究機関であるERIA（東アジア・ASEAN経済研究センター）の開所式が開かれたが、この構想を打ち出したのは、第三次小泉内閣で経済産業大臣をつとめていた二階であった。

二階は、平成十八年、日ASEAN閣僚会議、日中韓対ASEAN会議、あるいは、インド、オーストラリア、ニュージーランドなどが参加する閣僚会議などで「東アジア版OECD構想」を提唱した。この構想は、小泉総理のバックアップもあり、関係各国の賛同を得た。そして、二年後の平成二十年六月三日、ASEANの十カ国と日本、中国、韓国、インド、豪州、ニュージーランドの計十六カ国が加盟するERIAとして正式に設立される運びとなった。日本は、今後、十年間で百億円の資金を提供する。

なお、設立本部をジャカルタに置いたのは小泉総理の考えであった。二階は、当時、小泉総理から指示を受けた。

「日本が本気でアジアのために貢献しようという姿勢を明確にするために、本部は日本に置くのではなく、ＡＳＥＡＮに置いてはどうか」

この指示は、的確であった。そうすることで日本が本気でＡＳＥＡＮをバックアップしようとしている姿が理解されるようになった。

二階は、ＥＲＩＡが今後、東アジア経済統合に向けた中核的な政策提言機関として重きをなしていくであろうと期待している。

ＥＲＩＡ加盟国の人口の総計は、約三十一億人、経済規模は、約一一兆ドルにものぼる。各国が、今後一致結束して同じ目的に向かってことを運ぼうとしている。日本は、これまで何度か同じような構想を主導しようと試みた。しかし、「日本が主導するのならＮＯだ」「日本が先頭に立つのは面白くない」という国もあり、なかなか各国の賛同を得るに至らなかった。だが、今日、ようやくアジア各国は、日本に期待すると同時にＥＲＩＡ設立に至るまでの二階自身の努力と日本の献身的な働きを高く評価するようになっている。

アメリカ経済やヨーロッパ経済が目を覆うような状態になっているときに、たとえわずかでも躍進の可能性を秘めているのはアジアだ。アジア全体を引っぱっていくためにもＥＲＩＡの存在というのは極めて大きい。

しかも、ＥＲＩＡが平成二十年六月三日に設立されたのは奇跡的なことといえる。なぜなら、それからわずか三カ月後に未曽有《みぞう》の金融危機が起こった。ＥＲＩＡが設立されたとき、半年も経ずして金融危機が起こることになるとは思いもしなかった。

ＥＲＩＡは、具体的には、各国の発展のために道路、港湾、あるいは、農業問題など思い切ったインフラ投資をしていく。インフラは、一国では解決できないような問題もある。それをＥＲＩＡ

全体の問題として位置づけ、これに取り組んでいこうという気運がじょじょに盛り上がっている。

これは、画期的なことだ。このようなかたちが、これからの新しいアジア政策の推進の中心的な役割を果たす存在になっていくと思う。

伊藤忠彦の目指す紀伊国屋文左衛門のような活躍

二階グループの「新しい波」のメンバーである伊藤忠彦は、「頑張ろう知多半島物産展」のほかにも、もう一つ地元でのイベントを計画した。

それが、「第二回全国醬油サミットｉｎたまりの里武豊《たけとよ》」だった。国産大豆を使って純正の丸大豆醬油を作り、健康に注意しながら、日本の伝統調味料の醬油、醬油文化、食文化を大事にしようというイベントだ。

平成二十年十一月八日と九日の二日間にわたり開催された醬油サミットも、伊藤の発案だった。

伊藤は、自身の地元の武豊町が日本一だと思い込んでいた。

ところが、これに対して、二階が言った。

「おいおい、知らないのか。醬油の原点は、おれの選挙区の和歌山県湯浅《ゆあさ》町だぞ」

伊藤が調べてみたところ、司馬遼太郎《しばりょうたろう》の著書『この国のかたち』の中にも、醬油の原点は和歌山県湯浅町にあるらしいという記述があった。

伊藤は、二階に言った。

「わかりました。第一回目は、二階先生の地元にお譲りします」

平成十九年十月二十七日と二十八日の二日間、醬油発祥の地の和歌山県有田郡湯浅町で第一回醬油サミットが開催された。

伊藤は、第二回目の醤油サミットを、二階の地元に負けないよう、もっと立派に一生懸命になってやり遂げた。

そのおかげもあってか、第三回目は香川県小豆島町で、第四回目は千葉県銚子市で、第五回目は石川県金沢市でやりたいと、次々に手を挙げてくれる市や町が出てくるほどの盛況を得ている。

伊藤の地域の活性化への取り組みは、二階の影響が大きかった。

伊藤は、二階の活躍ぶりをじっと見ていて、思った。

〈二階先生を見ていると、紀伊国屋文左衛門《きのくにやぶんざえもん》のような活躍をされているな〉

紀伊国屋文左衛門は、紀州湯浅（和歌山県有田郡湯浅町）の出身と伝えられており、紀州が生んだ豪商として知られている。実際、二階の地元にも近い。

文左衛門には、みかん船伝説とも呼ばれている、紀州みかんや塩鮭《しおざけ》で富を築いた話がある。

文左衛門が二十代のある年、紀州は、驚くほどみかんが大豊作だった。収穫されたみかんを江戸に運ぼうとしたが、その年の江戸への航路は、嵐に閉ざされていた。江戸へ運べなくなり、あまったみかんは上方商人に買い叩かれ、価格は暴落した。当時、江戸では、毎年鍛冶屋の神様を祝う「ふいご祭り」があった。この祭りでは、鍛冶屋の屋根からみかんをばらまいて、地域の人に振る舞う風習があった。が、紀州から船が来ないため、江戸のみかん価格は高騰していた。

紀州では安く、江戸では高い。これに目をつけたのが、文左衛門だった。

さっそく、文左衛門は、玉津島明神の神官で舅《しゅうと》の高松河内《かわち》から大金を借り、みかんを買い集め、家に残ったぼろい大船を直し、荒くれの船乗りたちを説得し、命がけで嵐の太平洋に船出した。大波を越え、風雨に耐え、何度も死ぬ思いをしながら、文左衛門はついに江戸へたどり着くことができた。

このときの様子が、「沖の暗いのに白帆が見ゆる、あれは紀ノ国みかん船」とカッポレの唄に残っている。

みかんが不足していた江戸で、みかんは高く売れ、嵐を乗り越え、江戸の人たちのために頑張ったと、文左衛門は江戸っ子の人気者になった。

その後、大坂で大洪水が起き、伝染病が流行っていると知った文左衛門は、江戸にある塩鮭を買えるだけ買った。帰るより先に、上方で「流行り病には、塩鮭が一番」とデマを流し、文左衛門は上方に戻った。デマを信じた上方の人々は、われ先にと塩鮭を買い求め、文左衛門が運んできた塩鮭は、飛ぶように売れた。紀州と江戸を往復し、大金を手にした文左衛門は、それを元手に江戸に材木問屋を開いた。江戸城をも焼いた明暦《めいれき》の大火のときには、木曾谷の材木を買い占めて、一気におよそ百万両を手にしていた。

こうして文左衛門は、しがない小商人《こあきんど》から豪商へと出世、富と名声をつかんだのである。

そんなことを思っていた伊藤は、地元の美浜町エリアから、みかん二・五トンほどを購入した。一〇キロの箱を二百五十箱買った伊藤は、それをすべて東京へ運んだ。そして、そのみかんを、東京で予算編成作業に頑張っている人たちに配って歩いた。

〈うちの地元のみかんを食べて、お仕事、頑張ってください〉

そういう伊藤の気持ちを、みんなに伝えたかったのだ。

これも二階の見様見真似ではあるが、そんなことをしながら、一つひとつ、次へとつないでいけることを願い、伊藤は一生懸命になった。

最近、国会議員のなかにも、官僚や役所の批判を繰り返す人たちが多く見られる。

伊藤忠彦も、官僚や役所の人たちの仕事ぶりを見て、怒鳴ることもある。

「いったい、どっちを見てるんだ！」

本来なら、国民側を見て仕事をするべきなのだが、自分たちのほうを向いて仕事をしていることがあるからだ。

だが、そうは言っても、役所は使わなければいけない。その使わなければいけない役所の人たちをちゃんと使い、その人たちが、本来、考えなければならない方向、向かなければならない方向に向かわせていくことが、国会議員としての大事な仕事でもある。

その仕事を、二階は、見事にきちんとやりきっている。そして、その二階のやり方を、伊藤も受け継ぎ、国会議員と役人の良き関係性を築いていくことが大事なことだと学んでいる。

伊藤は、今、見様見真似でチャレンジしている。

〈二階先生は、この能力を、どうやって身につけたんだろう？〉

そんな気持ちで、二階の様子を見ている。が、それをすべて知るよしはない。

だが、伊藤は、二階が秘書時代、県会議員時代、国会議員時代、それぞれの時代にやってきたことの積み重ねのおかげで、今の二階を支えてくれるメンバーが構築されてきたのだと思っている。

今、二階の周りを見渡してみると、あっちを見ても、こっちを見ても、一緒に苦労してきた人たちばかりが、二階を取り囲んでくれている。それは、国土交通省も、財務省も、総務省も、農林水産省も、どの省を見渡してみても、二階と一緒にやってきた人たちが分厚く取り囲んでくれている。

伊藤は、二階自身ではないため本当のことはわからない。が、二階の人生のなかで、国会議員初期の時代に、民主党の渡部恒三最高顧問や平成十年に亡くなった奥田敬和元運輸大臣に、とても可愛がられ、そのときに、役所の人たちとどう付き合うのかを教えてもらったことが大きいのではないかと感じている。そのなかでも、一番大きかったのは、二度の運輸政務次官の経験であり、その後、運輸大臣に就任したことだと思える。

和歌山県は、日本最大の半島、紀伊半島の西側に位置する。が、道路事情は整備されていなかった。そこで、二階は、どうしても道路整備をしたいと願っていた。二階が秘書として仕えた遠藤三郎は、建設大臣を務め、遠藤が東名神高速道路を建設したといわれている。その関係からも、二階は、道路関係者との関係を築いていた。

伊藤の地元には、中部国際空港がある。この中部国際空港の建設にあたっては、建設する、しないで揉《も》めていた時期がある。そのとき伊藤は、県会議員だった。

その後、伊藤の父親の喜《き》一郎《いちろう》（ＵＦＪ銀行名誉顧問）は、中部空港調査会の理事長を務めることになる。

何かと、伊藤は中部国際空港と縁があることを感じていた。また、伊藤が見習っている二階も、関西国際空港の開港に力を注いだということで、伊藤自身も二階が経験したことと同じような状況に自分が置かれていると感じることもある。

中部国際空港の滑走路整備への奮闘

なんとか苦労して開港までこぎつけた中部国際空港は、現在、二本目の滑走路の建設に向けて、奮闘中である。そして、その中部国際空港へとつながる西知多《にしちた》道路の建設にも、伊藤はひた走っている。

西知多道路は、愛知県東海市の伊勢湾岸自動車道東海インターチェンジから、常滑《とこなめ》市の中部国際空港に接続する知多横断道路常滑インターチェンジに至る地域高規格道路である。国が関与する二本目の空港アクセスとして、極めて重要な道路だ。キロ数では、二〇キロに満たない程度だが、その中でも、九キロほどに資金が特に必要となる。全額では、一千四百億円から一千八百億円くらいと見積もっている。

伊藤は、中部国際空港の二本目の滑走路の早期実現とともに、西知多道路の事業についても国直轄事業になるようにと、国と県との大切な話し合いを進めている。

すでに、知多市内をはじめとするパブリック・インボルブメント（住民参画）もほぼ終え、道路の位置についての都市計画決定に向け、進めて行く段階に入った。

また、中部国際空港の二本目の滑走路に向け、国費として調査費一千万円が、開港三年目にして付いたことも、伊藤にとっての大きなよろこびとなった。

が、これも、伊藤が二階グループの一員というおかげで、調査費が付いたといえる。

二階が自民党総務会長、中部国際空港の予算を担当する国土交通大臣は冬柴鉄三、そして、福田内閣の官房副長官は二橋正弘《ふたはしまさひろ》のときのことだった。

伊藤は、中部国際空港の調査費が付くか、付かないかで焦っていた。そこで、伊藤は二橋を紹介してもらい、官邸まで乗り込んでいった。

「二橋さん、どうしても、中部国際空港の調査費がほしいんです。どうしたらいいんでしょうか？」

二橋は、単刀直入に訊いた。

「なんだ、なんだ。突然、伊藤君も飛んで来たりなんかして、いったい、どういうことだ？」

二橋は驚いていた。

伊藤は、説明しながら、しつこくお願いした。

「どうしても、この予算がほしいんです。ぼく、この件で二橋さんのところに乗り込んだことを、二階さんに報告しなきゃいけないんですよ」

じつは、二階へ報告しなければいけないということは、突然出た伊藤の嘘だった。が、その効果は、絶大だった。

「わかった。じゃあ、二階さんから冬柴さんに言ってもらって、冬柴大臣から経済財政政策を担当している大田弘子大臣に話してもらうんだな。これしか、方法はないだろうな」

二橋は、伊藤にそう知恵を付けてくれた。伊藤は、二橋に対して、念のため確認した。

「わかりました。じゃあ、それ、やったらいいんですね？」

「知らんけど、おまえ、そういうことだろうな」

二橋のその言葉を聞いた伊藤は、その足で二階のところに出向いた。

伊藤は、急いで二階に報告した。

「先生、二橋さんに会って、中部国際空港の件で、こう言われました」

そう言って、伊藤は話を続けた。

伊藤の話を聞いた二階は、さっそく、国土交通大臣の冬柴に電話を入れてくれた。

そこから、話はどんどんつながっていったらしい。

こうして、伊藤の念願だった中部国際空港の調査費一千万円を獲得することができたのである。

伊藤は、しみじみ二階グループに所属しているというよろこびを味わった。

〈二階先生の人間関係を、フルに使わせてもらって、わたしでもこんな仕事をさせてもらうことができるんだな。本当にありがたいことだ〉

伊藤の父親も、亡くなる間際、伊藤にこう語っていた。

「中部国際空港は、早く二本目の滑走路を造らなければいけない」

空港の滑走路は、二本整備されていることが普通だ。平成十九年八月二十日、那覇空港で台湾から到着した中華航空機が起こした燃料漏れによる大爆発のような事故が、ひとたび中部国際空港で発生したとなれば、すべてがストップしてしまうことになる。だが、滑走路が二本あるならば、事故が起きたとしても、残りの一本の滑走路で代替できることになる。

また、中部国際空港は、日本のど真ん中という地の利と日本の製造業の中心産業圏域という実利からいって、最も重要な貨物空港となり、名古屋港も最も取扱量の多い港となることは明らかだ。経済効果が一番いい場所にある。二本の滑走路が整備され、完全二十四時間化されたならば、好不況にかかわらず、絶対に日本の真ん中にある中部国際空港が栄えるのは、目に見えている。

だが、国土交通省では、空港は、需要の伸びが極めて重要な要素で、計算上、十年たっても着陸回数十三万回を達成できない条件下では、巨額の設備投資をする決定はできないという。が、伊藤にすれば、そういう理屈よりも、空港が整備されたことにより、さらに日本経済を発展させることを考えるべきだと思うのである。

中部国際空港の二本目の滑走路整備は、伊藤の父親の遺言でもある。

開港した平成十七年二月十七日、伊藤は、亡くなった父の写真を持参して開港式に出席した。この二月十七日は、二階の誕生日でもある。その二階は、この中部国際空港の建設を認可したときの運輸大臣である。そのため、二階も中部国際空港には、思いを入れてくれている。が、それ以上に、伊藤の熱い思いのほうが、影響を大きく与えているかもしれない。

二橋正弘

伊藤が毎日、二階と顔を合わせるたびに、「中部国際空港、中部国際空港」と言うからだ。伊藤は、そう思っている。

〈きっと、二階先生の耳にはタコができているんだろうな〉

「いかなる地域も見放さない」地方創生・未来都市推進議員連盟

麻生太郎政権の誕生とその背景、推移までをたどってきたところで、次には時を戻そう。

麻生内閣は、安倍晋三、福田康夫と二代続けて一年余りで退陣したことから、「選挙に勝つための人気のある人物」として選出された面もあったが、前述のリーマンショックなどによりにわかに「麻生おろし」が起こり、ついには民主党政権が成立するまでに至る。麻生内閣は政権交代を目の当たりにし、いわば蹉跌《さてつ》の内閣となった。

以降の四年間は自民党にとっても二階にとっても雌伏の時代となるが、この間にあらためて〝政治とは何か〟を問い返し力を蓄えて〝政権奪取〟がなされた〝今〟につながっていく。

このことを二階は、前記『月刊日本』のインタビューに次のように語っている。

「政治は何よりもまず地方、あるいはまだ発展途上の地域のために、どういうエネルギーを発揮していくかということが大事です。自民党はそのことに伝統的に取り組んできた政党です。これからも地元の皆さんと一緒になって地域を盛り上げていく努力をしていきたい。その総合力が国土の発展につながると考えています。自民党はいかなる地域も見放すことはしません。地方の皆さんも、希望をもって奮起をしていただきたい。やはり地元が立ち上がらなければダメですよ。それを国が応援するということが大事だと思います。

それから、台風の問題にはしっかり取り組んでいかなければならないと思っています。昨今の台風は、誰もが気づいていることではありますが、異常です。この台風によって特に地方の方々は大変な困難に遭遇しています。これは国を挙げて対応すべき問題です。「台風一過」という言葉がありますが、台風が過ぎ去ったからといって忘れてしまってはなりません。国としてもっと科学的に対応する必要があります。しっかり取り組みたいと思います」

さらに、この流れの中に一つの議連が誕生する。

令和二年九月、二階俊博幹事長や菅義偉官房長官、河村建夫元官房長官らの呼びかけで、「地方創生・未来都市推進議員連盟」が設立された。この議連は、地方創生や防災のあり方を議論する議員連盟で、六十五人もの議員が呼びかけ人として参加している。

二階派の議員も多いが、菅に近い森山裕国会対策委員長や梶山弘志経済産業大臣も入っている。細田派では、細田博之元幹事長や世耕弘成参院幹事長、竹下派では関口昌一参院議員会長、麻生派も鈴木俊一総務会長が名を連ねている。

二階がこの議連について語る。

「名前の通りです。みんなで勉強しましょうということですよ。みんながやりたいというから、賛成しているわけです」

ＧＯＴＯトラベルキャンペーンは、コロナ禍で観光業界が大打撃を受けたなかで、実施されている。

二階も、観光業の状況にかなりの危機感を持っている。

「あらゆる業種、あらゆる企業が大変なときに、観光は大事だが、生活にゆとりがあって、人々が気分に余裕を持ったときに初めて成り立つんですよ。経済社会が安定・発展の状況になって、初めて見つめられる産業です。観光は、経済社会の発展の後ろからついていく産業。目立つから、観光観光と言うが、落ち着けば大丈夫。人々はワッと出てきますよ。東京を外したことは残念ですが、東京を外したら意味が薄れるから、今度は、東京中心ということも第二弾として考えてもいいんじゃないですか」

政府は、九月十一日に十月一日から東京都をＧｏＴｏトラベルキャンペーンの対象に加える方針を表明した。

習近平を国賓として招待することについて、香港、南シナ海、新疆《しんきょう》ウイグル自治区などの最近の中国の動きをとらえて、自民党内からも反対する声が上がっている。

二階は、この動きをどう見ているのか。

「わたしが努力したわけでもないですけど、中国、そして習近平との交渉をここまで積み重ねるのに、先人たちがどれほど努力してきたかを思うと、軽々しい言及をおこなうことは、少し早いんじゃないですかということです。外交ですからね、総理大臣が舵《かじ》を取る。周りでワアワア言うことではありません」

日中関係の今後について、二階は語った。

「お隣ですから、日本にとって影響は大きい。どのくらい大きいか測りかねる国を相手に、ひと言で『中国は？』と言って済むものではない。高いところに登ったようなつもりで、見下したものの言い方をするものではないでしょう」

二階の「国土強靭化」への強い思い

二階は、自然災害が多発する現在の状況を少しでも改善するために、国土強靭化を推進し続けている。

二階が語る。

「災害の様相がまったく変わってきていますから。国土強靭化をしながら、もっと災害に対する対処をさらに敏感にしなければなりませんね。雨が降り始めたときから、科学的データを駆使し、想像力も働かせながら、いち早く手当てしないと」

二階と同じ和歌山県の偉人・濱口梧陵《はまぐちごりょう》は、津波から村人を救った「稲むらの火」の物語の主人公として有名だ。

二階が語る。

「災害のことを真剣に考えているのに、公共事業がどうのこうのと……まったくわかっていない。災害は、常日ごろの準備。それがないと何も始まらない」

二階は、平成二十七年十二月、国連で決議された「世界津波の日」の発案者でもある。

「国連にも行ってきましたよ。津波を知らない国もいっぱいあったなかで、日本が果たすべき役割として、これは良かったですね」

筆者も、濱口梧陵の生きざまに感激し、『11・5津波救国〈稲むらの火〉濱口梧陵伝』を執筆した。

筆者は広島生まれのためか、最初は津波のイメージが湧かなかった。だが、東日本大震災の映像を見て、初めて怖さがわかった。

二階が自らの体験を語る。

「高校生のときかな、津波を『見に行こう！』と思ったけれど、やっぱり怖くて行けなかったね。災害に対する新たな法律をどう作るべきか考えるときでしょう」

田中角栄はかつて「政治は生活なり」との言葉を残している。

また、田中角栄は、「議員たるべき本分は、議員立法だ」と発言し、道路三法をはじめ、多くの法案を作った。

二階が語る。

「田中先生がすべてをやったわけではないですが、法律を作ろうというその発想が飛びぬけています。役人ではない人がね」

菅政権を支える新三役の鼎談

筆者は、月刊誌の『月刊Ｈａｎａｄａ』の二〇二一年一月号で、菅政権を支える二階俊博幹事長、下村博文政調会長、佐藤勉総務会長の自民党三役による『菅総理に心配は無用です』と題した大座談会を企画し、司会を務めた。以下にその内容を掲載したい。

――菅内閣がスタート早々に、携帯料金の値下げやデジタル庁の新設など国民のニーズを捉えた政策を矢継ぎ早に打ち出しました。各論からズバリと入るのは菅総理らしいですね。

二階　菅内閣は支持率も高く、順調なスタートを切ったと思いますね。これから一つひとつの問題や課題について十分に議論を重ねていかれるでしょう。我々党としては、安心して支持していける内閣だと思っています。

――二階幹事長は最も早い段階で菅さん支持を表明したわけですが、岸田さんより菅さんのほうが総理大臣に相応しいと思われた？

二階　「誰より誰が」といった話をしたら、自民党議員全員について言わないといけなくなりますよ（笑）。それぞれ皆さんに特長や特技があって、菅さんはご自身の人生の中で温めてこられたことを国のトップになってしっかりやっていこうとされているわけですから、思う存分力を発揮していただけるよう、党として全面的に支えていきたい。

下村　安倍前総理は理念型の政治が根底にあったと思うんですね。一方で菅総理は、国民目線で国民が困っていることは何か、それに対して政治で解決できるところはスピード感をもって対処していく。それこそが政治の在るべき姿だとお考えなのではないかと思います。実践型の政治と言えるのではないでしょうか。

佐藤　私も二階幹事長と下村政調会長と同様、地方議員出身なのですが、先輩方に教わったことは「まず、お前自身が困っていることに対して政治が解決できることをやりなさい。それが政治家のいろはの『い』だよ」ということだったんですね。たとえば道路でも、県庁に行くのに一時間かかるところを三十分で行けるようになれば便利になるとか。菅総理はそうしたいわば政治家の原点を大切にされており、国民目線で大きな課題に取り組まれている。あのような政策を安倍政権の官房長官として七年八カ月の間、温めてこられたのではないか。これから矢継ぎ早に同様の改革案が出てくると期待しています。

下村　日本の弱点といいますか、遅れた分野をどう改善すればよいのか、官房長官ですから一番わかる立場におられた。それらにスピード感をもって対応されているのが国民に評価されているのではないでしょうか。

二階　菅総理は政策的に何もかも理解されておられますよ。官房長官というのは政権の要であり、一心同体です。そのご経験が大いにあるということは、予行演習十分で登板したと言えるわけですね。ですから党は全面的に信頼し、バックアップできる。

下村　コロナ対策でＧＤＰ（国内総生産）の約四割、二百三十兆円もの経済対策をおこなった国は世界中で日本だけです。にもかかわらず評価が厳しかったというのは、国民目線で見たとき、例えば十万円の一律給付金が手元に届くまで時間がかかり過ぎだという印象を持たれたのではないか。三月頃に国会で議論して、届いたのが六、七月でした。持続化給付金や家賃支援給付金もそうですね。

これは政府の対策が後手後手に回ったということではなく、世界のなかでも日本のデジタル化が遅れていたという要因が大きかった。だからこそ、菅総理はすぐさまデジタル庁の創設やマイナンバーカードの普及を打ち出したわけです。国民にとってより便利になる政策ですね。我が党の政調会も、スピード感をもって対応していきたいと考えています。

――ＧｏＴｏキャンペーンも当初は批判がみられましたが、菅総理は官房長官時代に断行しましたね。

二階　あのＧｏＴｏキャンペーンで、国民の皆さんが「旅に出てみよう」という前向きな気持ちになったと思うんですね。「こういうことをやろう」と国政で打ち出したことに対して、国民の皆さんが応じて下さった。大変素晴らしいことですね。

下村　ＧｏＴｏキャンペーンが始まったのが七月二十二日で、東京都の参加が十月からですが、観光庁の調べでは、十月中旬までに約三千百万人もの人が宿泊施設を利用している。そのうち、新型コロナウイルスに感染した方は百人程度。いかに旅行者や観光業に従事されている方々が感染対策に配慮されているか。コロナ対応と経済活動の両立に成功している事例だと言えます。

佐藤　私の地元、栃木県でも旅館の予約がまったく取れない盛況ぶりで、皆さんとても喜んでおられますよ。

二階　何よりも国民の皆さんの間に「旅行に行こう！」という旅に出る楽しみが日常生活の中に溶

け込んできた感じがします。旅行をすると気分転換にもなる。これまで経験しなかったことを学ぶこともできる。旅には数多くの利点があります。

――ＧｏＴｏキャンペーンが成功したので野党は何も批判できず、これ幸いとばかりに学術会議の問題を今国会で盛んにやっていますね。

下村　日本学術会議の任命問題については、実に菅総理らしいなと思いましたね。つまり前例主義を取らず、本当の改革を進めていくという姿勢がよくあらわれている。原理・原則として、学術会議委員の任命権は総理にある。ところが、学術会議から推薦された人を全員総理が任命しなければならないということになれば、それは総理に任命権がないのと同じことになります。

それと学術会議は行政組織であり、学術会議の会員は公務員です。行政組織ですから任命権は総理大臣にあり、学術会議の推薦者のなかから判断したわけで何ら問題などありません。もし学術会議の皆さんが、総理が任命権を行使したこと自体にけしからんという思いをお持ちで、「推薦者を全員任命しろ」という思いがあるのであれば、欧米と同じように民間組織にすべきだと思います。

歴史的な経緯をみても、学術会議は当初は政府の諮問機関として対応していたのですが、いまや各省庁ごとに審議会ができ、そこで議論するようになり、政府も学術会議に諮問しなくなっています。学術会議からも答申や勧告・要望、申し入れもほとんどおこなわれていません。直近の新型コロナの際も、世界のアカデミアは次々と対策や提言を行いましたが、学術会議からは七月になってようやく一本と九月に一本のみ。しかもそれを各省庁や民間が参考にしたという話はまったく聞きません。

また、軍事研究は一切しないというのも、一民間団体の主義、主張であれば結構ですが、行政機関の一つであり、公務員組織が防衛研究自体を拒否するというのは問題です。いわば学術会議自体が学問の自由を自ら阻害している。やはり、学術会議の在り方そのものを見直していくべきだと考えています。

——もう一つ大きな問題が、憲法改正です。佐藤総務会長は昨年十月召集の臨時国会から衆議院憲法審査会長を務めてこられましたが、なぜ憲法改正の議論が進まなかったのか。

佐藤　憲法審査会長になって初めて経験してわかったのですが、進めない理由は何もないんです。単に野党が「やりたくない」というだけだったという印象を私は持っています。

——野党は「安倍政権のうちは議論に応じない」と言っていました。

下村　枝野さんなどは仰っていましたね。菅政権になったわけですから、その理由はもう成り立ちません。

佐藤　そもそも、国民投票法改正案が二年以上も国会で放置されていること自体があり得ないことです。国会で全会一致で決めたことを採決しないなど、完全なルール違反ですよ。一刻も早く成立させるべきです。そのうえで憲法改正は崇高なものですから、憲法審査会という崇高な場で議論をしていただく。自民党が示している改憲案に対して野党の皆さんも案を出して、まさに現場で闘わせていくことが重要だと考えています。野党の枠組みが変わり、憲法議論はやぶさかではないという政党も出てくると期待しています。

下村　「国民投票法改正案」すなわち「改憲」と思いがちなのですが、そうではなく、商店街や商業施設などへの共通投票所の設置を可能にするなど、国民投票の利便性を高めるものであってイデオロギーの問題ではないんです。今国会で国民投票法改正案は絶対に通していただきたい。

——ところが、現時点でなかなか議論が進んでいない。なぜですか？

佐藤　なぜなのか訊きたいのは我々のほうですよ。なぜ野党は採決すら拒否するのか、まったく理解できません。

二階　国民の皆さんも議論を始めなさいよという気持ちになっておられると思いますね。憲法改正を進める環境づくりも、党を挙げて努力していきます。

――実に画期的だと感心したのが、菅総理が所信表明演説で地球温暖化というグローバルな問題を取り上げたことです。菅総理は「温室効果ガス排出量を二〇五〇年までに実質ゼロにする」と宣言し、総裁直属の「二〇五〇年カーボンニュートラル実現推進本部」を新設、本部長にはなんと二階幹事長が就任された。これは大仕事で、「そんなことできるわけがない」といった声も出ています。

二階　できない理由を探すのではなく、どうすればできるかということを考えるべきなんです。いままさにそうした気運が醸成されており、しっかりと取り組むことは日本にとって大きなチャンスです。

――バイデン氏が米大統領になればパリ協定に復帰すると言っていますから、世界的な気運が高まる可能性があり、菅政権に追い風となる。

二階　日本発の環境問題の取り組みを世界に示すべきです。

下村　これまで環境問題とエネルギー問題は相対立しているように見られてきたんですが、どう連動させていくかを具体的に党を挙げて考えていくべきです。つまり、環境対策とエネルギー政策を同時におこなうことで持続可能な経済成長につながると発想を転換することで、新たな産業を生み出すこともできる。

二階　非常に重要な視点ですね。後ろ向きな考えではなく、「これは追い風だ」と捉えて前向きにやるべきです。

――二階幹事長が力を入れておられる国土強靱化も環境問題といえますから、連動して相乗効果が生まれる。

佐藤　強靭化政策には一応は期限が設けられていますが、環境の変化に対応した国土強靭化というものが必要になってきますから、「これをやったから終わり」などということはなく継続して取り組んでいく課題です。

下村　いまや「百年に一度」と言われるような災害が全国各地で起きていますから、ますます国土強靭化と環境政策が重要になっていますね。

二階　行政の側も、被害を受けてから、災害に見舞われてから、「ここを修復しましょう」とか、「次はどうするか」などと対策を考えることを日常的におこなってきた。こんなバカな話はないわけで、そうしたことをしっかりと反省し、これからは被害に遭う前に対策を考えて講じる。そうすれば予算も半分、いやそれ以下で済む場合もあるわけです。

佐藤　一度の災害でダム一基分ぐらいの復興予算がかかるんです。先行投資をしておいたほうが、人命を守るという点でも予算の点でも明らかにプラスなんです。

二階　災害にやられたあとは、割合頭の固い財政当局も「災害なら仕方がない」といって予算を出すんですよ。そうではなく、やられる前に対策を講じる。災害に遭ってから役所に陳情に行くなんてバカげたことはもうやめて、これからは「災害に立ち向っていくんだ」という取り組みが国を挙げて必要です。そうした取り組みに欠かせないのが先人たちの教えです。たとえば、災害の被害を受けやすい場所などはその地域の長老や古老たちがよく知っている。そのような方々の話をよく聞くことが大切です。

佐藤　私の地元には渡良瀬遊水地があって、普段から災害に対して高い意識を持っていますが、「騒いでいる」地域と「騒いでいない」地域があり、実際に災害の被害総額が全然違うんですね。

それこそ昭和二十二年のカスリーン台風の被害をご存じの方がおられる地域は、資金を出し合って堤防を修復する組合があるなど常に災害への備えをしている。そうした地域は災害にも強い。だから私は、地元の皆さんに「騒いでください」と常に申し上げているんです。

二階　長老、古老を大切にしなきゃいかんですね。

――政界でも（笑）。

二階　いや、政界ではどうかわかりません（笑）。ただこれだけは言えるのは、政界で長老と言われる人たちは進歩的でなければだめです。時代遅れの長老はご遠慮願いたい！

佐藤　幹事長、もうそのあたりで（笑）。

――いま党の布陣を見ますと、佐藤総務会長と下村政調会長、そして党四役の山口泰明選挙対策委員長のお三方が当選同期なんですね。その上に二階幹事長がおられて非常に座りがいいと。しかも幹事長は、あの田中角栄を抜いて幹事長在任、歴代一位の最長となられた。

二階　私はいつも「長ければいいというものではない」と申し上げており、自分にも日々言い聞かせているんです。一日一日しっかり仕事をする。明日も頑張ろう。その積み重ねです。

――角さんや金丸（信）さんなんかの時代は幹事長の足を引っ張り、時にその座から引きずり降ろそうという勢力があったのですが、いまはそうした動きもない。党内が安定していますね。

下村　少なくとも、二階幹事長の足を引っ張るというのは過去なかったですね（笑）。

――そうした度胸のある議員がいないと。

二階　いやいや（笑）。

――党内がここまでまとまっているのは、幹事長の存在とやはり一度野党になった苦い経験が大きいのでは。

佐藤　それはもう、我々は衆議院で三百人から百十九人になってしまったわけですから。落ちるところまで落ちたわけです。あのトラウマがあるからこそ、ここまで頑張ってこられた。それと国民の皆さんの「民主党政権には戻したくない」という思いもあったからこそ、ここまでこられたのかなと思います。

下村　野党になったことで学習しましたね。いまから考えますと、それ以前は国民目線で見てどこか自民党に驕りがあったのではないか。それが一度野党になったことで、「かつての自民党のようにはならない。もしなれば再び野党に転げ落ちる」という危機感を強く持つようになりましたから。

二階　自民党の熱心な支持者のなかにも、やはり長期政権による自民党の惰性のようなものがあるのではないかという批判が底流にありました。野党を経験したことは、自民党にとっても日本の政治にとっても、素晴らしいと言ったら負け惜しみを言っているようですが、あの経験はよかったと思います。

――野党はまったく学習していない。

佐藤　それはまだまだ自民党にも言える話でして、いま党内にも若い人たちが多くなってきて、それはとても良いことでもあるのですが、一方で我々が経験してきたことなどを一切経験していない人のほうが多くなっている。ですから、いつまたひっくり返るかもしれないという危機感は常に持っていますよ。だからこそ、幹事長のような長老が必要なんだと思いますね。

下村　二階幹事長は懐が深いので、党内運営や政策面では言いたいことが言えますし、もしこれをやりたいということであれば幹事長はすべて話を聞く姿勢でおられるので、党内での不平不満がない。二階幹事長になられてから、幹事長室への人の出入りが日常的に多く、長い列ができていることもある。

二階　かつてどなたかが、出入りが激しい幹部の部屋を「交差点のようだ」という表現をされていましたが、まさに幹事長室は交差点のように出入りしてもらうのが望ましいと考えています。もし人が出入りしづらい部屋になってしまったら、党の活性化など望むべくもありません。

――懐が限りなく深くて、そして怖いというのが理想ですね。

佐藤　鎮座ましましていただいていればそれで済む、という理想形だと思っています（笑）。

――菅政権の外交政策、特に中国との今後の関係について。

二階　外交というのはそれぞれの国々で人々が気宇壮大に考えて対応すべきではありますが、一方でやはり自分の身の丈も考えて対応しなければなりません。ただ言うだけだったり外から吠えているだけでは仕方がない。正面から向き合ってさまざまな話を真摯にできるようにするのが大事ではないか、と思っています。よく何も知らない人が、我々が中国に行き、幹部の人たちと話し合うごとに文句をつけたりすることがあるんですが、文句をつけている人たちはただ批判するだけで、実際に話し合いをする機会も全く作れない。単に文句を言っているだけですから、これでは外交は成り立たない。

――菅政権の下でも、習近平氏を国賓で招く。

二階　それは菅総理の念頭にもあるでしょう。習近平氏だけでなく、アメリカ大統領とも、主要国の要人とも会談を重ねていかれると思います。日本はもはや東洋の島国ではないのです。地理的には島国かもしれませんが、世界のなかにおける日本の発信力と責任はそれだけ大きくなっているわけですから、菅総理には堂々と外交を展開していただきたい。日本が生きる道は外交しかないんですから。外交ほど大事なことはありません。

下村　菅総理の初めての外遊がベトナムとインドネシアでしたが、自由で開かれたインド・太平洋という視点で、自由、民主主義、法の支配、人権の尊重を重視する姿勢をしっかりと示した。日本は今後も日米同盟が基軸であることには変わりありません。一方で、中国と日本は世界第二、第三の経済大国ですから両国にとっても関係は非常に大切であって、だからこそ言うべきことは言い、お互い議論すべきことはしていく。そうしたなかで、自由で開かれたインド・太平洋というメッセージを菅総理が初めての外遊で打ち出したことは、今後の米中との関係を構築していくうえでも戦略的な外遊だったと評価しています。

佐藤　菅総理は、外交面でも早々に手腕を発揮されたといえますね。

二階　日本が孤立して威張っていてもどうしようもありません。海外との協力を積極的におこなっていくべきです。だからもっともっと総理が海外に出て行きやすいようにしていく必要があります。いま国会では、総理が出席しなくてもいい会議がいっぱいある。そこで足止めするのでなく、「どうぞ世界中を回って日本の外交を大いに展開して日本の活路を見出して下さい」と党が支援しないといけません。総理が海外に出るとなったら、役所の幹部がその許可を得るため走り回るなんてこんなバカなことはない。

佐藤　国会の制度も考える必要があると思いますね。

二階　菅総理の外交をみんなでバックアップしていくという点で、私は今後自民党において女性の国会議員の皆さんにもどんどん海外に出て行ってもらおうと考えています。女性の視点で世界に発信していただきたい。と同時に、海外からも議員の方々をお招きして意見交換を積極的におこなっていきたい。

また、青少年にも海外にもっと出て経験を積んでいただきたいんです。若い時分に海外を直接見ることは、その人の将来にとっても大切なことです。日本は島国ですから、自ら進んでおこなわないといけません。

かつて我々の時代は、それこそ水盃を交わして海外に出向いた（笑）。ただ飛行機に乗るだけですからいまもそう変わりはないのですが、海外に出るということに関しては大変な決断が必要だったんですね。

――いま、若い人たちがなかなか海外に出ていかないと聞きます。

二階　だからこそ、私は修学旅行でも海外にどんどん行くべきだと思っているんです。こうしたことは、もっともっと力を入れて取り組んで参りたいと考えています。

下村　私が文科大臣のとき、二〇一三年から「トビタテ！留学ＪＡＰＡＮ」という制度を立ち上げたんです。これは企業からの寄附により、高校生と大学生に返済不要の留学奨学金を給付する初の官民協働留学促進制度で、これによって毎年約五千人の学生が留学できました。

留学ＪＡＰＡＮでは、たとえば農業高校の高校生が、自分は海外で農業体験をして日本の農業の素晴らしさを伝えたいとか、水資源の乏しいアフリカで井戸掘りをしてその技術を伝え貢献したいなど、具体的な志を持った学生たちが留学していったという特徴があり、大変好評です。

二階　素晴らしい取り組みですね。是非、党としてバックアップしていきましょう。

同時に、海外からも若い人たちを招く。日本の良さや素晴らしさを知ってもらうためには、海外の人に実際見てもらうことが一番です。実際に見てもらえば、「日本はこんなに素晴らしい国なのか」とわかる。

子どもたちの交流なども、もっとやっていいと思うんです。ありがたいことに、いまや、引率者がいて安心して行けるとなれば、「うちの子も行かせてあげたい」という家庭が増えている。もし経済的な理由などでそのようなことが叶わない家庭があれば、国が全面的に支援する。

未来ある子どもたちのためにも、国際交流を私は進めていきたいと強く思っているんです。その経験は、必ずや子どもたちのかけがえのない財産になる。まさに「可愛い子には旅をさせろ」ですよ。

著者略歴

一九四四年、広島県に生まれる。広島大学文学部仏文科を卒業。「週刊文春」記者をへて、作家として政財官界から芸能、犯罪まで幅広いジャンルで旺盛な創作活動をつづけている。

著書には『十三人のユダ　三越・男たちの野望と崩壊』(新潮文庫)、『昭和闇の支配者』シリーズ(全六巻、だいわ文庫)、『安倍官邸「権力」の正体』(角川新書)、『孫正義に学ぶ知恵』(東洋出版)、『落ちこぼれでも成功できる　ニトリの経営戦記』(徳間書店)、『逆襲弁護士　河合弘之』『専横のカリスマ　渡邉恒雄』『激闘！闇の帝王　安藤昇』『永田町知謀戦』(1〜4)『百円の男　ダイソー矢野博丈』『日本のドン　血と弾丸の抗争』『田中角栄　最後の激闘』『日本を揺るがした三巨頭』『スルガ銀行を屈服させた男たち』(以上、さくら舎)などがある。

政権奪取秘史《せいけんだっしゅひし》　二階幹事長《にかいかんじちょう》・菅総理《すがそうり》と田中角栄《たなかかくえい》

二〇二一年三月六日　第一刷発行

著者　大下英治《おおしたえいじ》

発行者　古屋信吾

発行所　株式会社さくら舎　http://www.sakurasha.com

東京都千代田区富士見一-二-一一　〒一〇二-〇〇七一

電話　営業　〇三-五二一一-六五三三　FAX　〇三-五二一一-六四八一

編集　〇三-五二一一-六四八〇　振替　〇〇一九〇-八-四〇二〇六〇

装画　大庭英治

装丁　石間　淳

印刷・製本　中央精版印刷株式会社

ISBN978-4-86581-288-6